教育高质量发展

JIAOYU GAOZHILIANG FAZHAN

XINSHIJIAO YU XINSHIJIAN

新视角与新实践

张 峻 / 著

山西出版传媒集团
山西人民出版社

图书在版编目（CIP）数据

教育高质量发展：新视角与新实践 / 张峻著 . —太原：
山西人民出版社，2023.8（2024.11重印）
ISBN 978-7-203-12998-1

Ⅰ.①教… Ⅱ.①张… Ⅲ.①教育质量—研究—中国
Ⅳ.①G40-058.1

中国国家版本馆 CIP 数据核字（2023）第 150246 号

教育高质量发展：新视角与新实践

著　　者：张　峻
责任编辑：傅晓红
复　　审：崔人杰
终　　审：梁晋华

出 版 者：山西出版传媒集团·山西人民出版社
地　　址：太原市建设南路21号
邮　　编：030012
发行营销：0351—4922220　4955996　4956039　4922127（传真）
天猫官网：https://sxrmcbs.tmall.com　电话：0351—4922159
E—mail：sxskcb@163.com 发行部　sxskcb@126.com 总编室
网　　址：www.sxskcb.com

经 销 者：山西出版传媒集团·山西人民出版社
承 印 厂：山西承方印刷物资有限公司

开　　本：787mm×1092mm　1/16
印　　张：15.25
字　　数：240千字
版　　次：2023年8月　第1版
印　　次：2024年11月　第2次印刷
书　　号：ISBN 978-7-203-12998-1
定　　价：56.00元

如有印装质量问题请与本社联系调换

序　言

　　《中共中央关于制定国民经济和社会发展第十四个五年规划和二〇三五年远景目标的建议》确定"十四五"时期教育事业的主要目标是"建设高质量教育体系"。党的二十大报告指出，"高质量发展是全面建设社会主义现代化国家的首要任务"。在当前和今后一个时期内，"高质量发展"是建设中国特色现代教育体系的关键词和生命线。深度研究教育高质量发展的科学内涵和实现路径，对于充分发挥教育的基础性、战略性支撑作用，统筹推进教育、科技与人才三位一体融合发展具有重要意义。

一

　　教育高质量发展是强调教育本质的客观要求。联合国教科文组织曾提出教育有三大功能，教人懂事（知识），教人做事（能力），教人做人。教育作为重要的社会活动，在注重功能性的同时不能忽略其本体性。教育应当坚持"以人为本"的教育哲学观，个体的发展和完善是教育活动的根本出发点，促进作为"个体"的人的社会化，实现个体自我价值与社会价值的统一。现阶段，我国教育高质量发展基本的立足点是马克思主义关于人的全面发展的思想，这一思想是我国教育方针的重要理论基础。培育德智体美劳全面发展的社会主义建设者和接班人这一教育的根本目标，有力阐释了育人与育才的相统一，育人为本，育德是基；系统回答了我国教育培养什么人，为谁培养人的时代之问，这既符合人的发展和教育发展的规律，也是新的时代赋予教育高质量发展的根本遵循和历史使命。

二

教育高质量发展是我国教育事业持续发展的关键阶段。我国自古重教，官学私学发展兴盛，教育思想先进活跃，教育名家不断涌现。新中国成立之后，国家百废待兴，我国加大了对教育事业的投入与建设，教育在提高全民素质、推动社会主义国家建设的进程中发挥了巨大的积极作用。改革开放后，教育事业的地位逐步从战略重点上升为优先发展，发展目标逐步从规模扩张转向质量提升，信息化建设逐步从无到有，体制机制改革逐步深化。经过了半个多世纪的努力，我国教育水平得到了极大的提高，教育事业取得了突出成就，实现了从教育大国到教育强国的根本性转变。2018年，全国教育大会召开，习近平总书记发表重要讲话，系统总结和深刻阐释了中国教育改革发展实践中形成的新理念、新思想、新观点，对加快推进教育现代化、建设教育强国、办好人民满意的教育作了总体部署，这是开启教育事业新征程的里程碑，为我国教育改革发展指明了方向。放眼未来，我国就是要传承和弘扬优秀教育文化传统，在现有教育发展基础之上，乘势而上，全面提升，办具有更高质量的教育。

三

教育高质量发展是回应时代需求的正确方向。纵观整个全球教育发展历史，教育这一社会活动从来都是积极回应时代所需，推动人类文明向前发展。中世纪后期的欧洲，手工业发展迅速，城市逐步繁荣，行业学校和城市学校应运而生。17世纪到19世纪，工业革命的完成将人类从工具时代带入机器时代，新的生产组织形式对劳动者的素质提出了更高的要求，国民教育体系在各国逐步建立。20世纪50年代后，全球政治格局发生了变化。第三世界国家需要通过教育提高国民素质，推动国家繁荣富强，摆脱经济发展贫困的状态。发达国家需要深入推动科技与教育，以此保有国际竞争力。当前，新一轮科技革命和产业变革正在纵深推进，教育与经济社会发展的关系愈加紧密，我国推动中国特色社会主义进入了新的时代，经济强国、科技强国的加快建设，全面建设社会主义现代化国家新征程的开启，比以往任何时候都更需要教育充分发挥人力资源和人才资源开发的长效作用，满足人民群众日益增长的新要求和新期盼，步入提高质量、优化结构、促进公平的新阶段，进一步提升支撑服务引领能力。

四

教育高质量发展是理论与实践共同推动的现实结果。教育高质量发展的理论遵循，一方面要深刻领悟认识"我国经济已由高速增长阶段转向高质量发展阶段，正处在转变发展方式、优化经济结构、转换增长动力的攻关期""高质量发展是全面建设社会主义现代化国家的首要任务"的科学判断，完整、准确、全面贯彻新发展理念，深刻理解教育高质量发展在国家发展大局中的地位和作用，深刻理解教育高质量发展与中国式现代化、与共同富裕的关系；另一方面要从我国教育事业发展的轨迹中，科学客观认知教育高质量发展这一概念的动态性，创新教育各个领域的基础理论，发展教育学学科体系、学术体系和话语体系。教育高质量发展的实践探索，要准确把握加快推进教育高质量发展的重点任务和关键内容，鼓励各级各类教育加大创新力度，鼓励各省各地区科学开展试点工程，在人才支撑和科技创新供给的壮阔实践中，拓宽教育高质量发展的新路径，汇聚教育高质量发展的新动能和新优势。

五

教育高质量发展是彰显中国式现代化的有力支持。党的十八大以来，党中央坚持把教育作为国之大计、党之大计，作出加快教育现代化、建设教育强国的重大决策，推动新时代教育事业取得历史性成就、发生格局性变化。我国已建成世界上规模最大的教育体系，教育现代化发展总体水平跨入世界中上国家行列。坚持中国共产党的领导，坚持社会主义办学方向，这是新时代办好中国特色社会主义教育、推进教育现代化建设的根本性、全局性和方向性的问题。在正确的方向指引下，我国的教育事业坚持教育的"四为服务"，扎根中国大地，按照中国的特点和中国的实际办教育。同时，拓展更为广阔的国际交流平台，融通中外，交流互鉴，兼收并蓄，走出一条中国教育之路，发展成为具有中国特色、世界水平的现代教育，讲好中国式教育现代化的故事，传播好中国教育高质量发展的声音，增强我国教育在全球板块格局的影响力、竞争力和话语权，为世界教育事业贡献中国智慧、中国理念和中国方案。

<h1 style="text-align:center">六</h1>

本书的价值在于有效统一教育高质量发展的学术性和实践性，系统研究教育高质量发展方向性与路径性问题。研究教育高质量发展既要进行理论的深度分析，同时需要在实践中拓展应用。加快推进教育高质量发展，需要传承持续创新，立足新的发展阶段，把握新的发展方向，迎接新的时代挑战，从新的视角去认识教育发展，从新的路径去拓展教育发展。书中对当前我国教育发展形势作以准确的把握，对教育高质量发展的重要意义、核心内容、面临的挑战以及实施路径进行全面的分析，既关注诸如教育投入、教育体制机制改革、教育结构调整等基础性、根本性、长远性问题，同时不乏对当前教育理论与实践的热点话题进行客观讨论和系统研究。例如，教育质量与教育公平协同推动、职教高考改革、混合所有制办学、创新型人才培养以及老年教育体系建设等内容，这对于我国加快推进教育高质量发展具有重要的指导性和启示性意义。希望我们共同致力于中国教育事业的高质量发展，为建设教育强国、科技强国和人才强国贡献更多的力量。

对此，我们脚踏实地，心存希望，步履不停。

是为序。

张晓永

2023年5月31日

山西师范大学党委书记

目　录

第一章　让优质教育惠及人人

——深入推进新时代教育公平发展

　　党的十八大以来，以习近平同志为核心的党中央始终把教育摆在优先发展的战略位置，将促进教育公平作为国家基本教育政策。习近平总书记指出，教育公平是社会公平的重要基础，要不断促进教育发展成果更多更公平惠及全体人民，以教育公平促进社会公平正义。①党的二十大报告提出，要办好人民满意的教育，促进教育公平。教育公平是社会公平价值观在教育领域的延伸和体现，代表了人类对教育发展的一种价值理念判断和社会制度选择。在历史和现实的把握上，追求教育公平是一个较为漫长的过程，教育效率优先和加快发展的结果，会在一定程度上出现教育诸多方面的不公平、不公正现象。从一定意义上讲，这是改革和发展所付出的代价。但这并不意味着我们可以放任教育不公的社会问题蔓延发展，相反，在教育事业不断发展的过程中，必须高度关注、研究和解决教育公平问题，将教育公平作为与效率同样重要的价值目标，着力于实现教育公平与效率的有机统一，做到在保证教育公平的基础上，最大限度地提高教育效率，在谋求教育效率的同时，最大可能地扩大和增进教育公平。

---

① 2016年9月9日，习近平总书记在北京市八一学校考察时的讲话。

第一节　新时代教育公平的内涵

一、教育公平观的历史溯源

教育公平是人类社会最古老的理念之一。我国古代大教育家孔子主张"有教无类"，墨子提出"强人说"等，都体现了朴素的教育民主思想。20世纪60年代以后，随着世界经济的全面复苏，要求教育公平的呼声日渐强烈，教育民主运动迅速高涨。联合国出版了较多书籍，并发布了相关文件，美英等国的许多社会学家、经济学家、政治家以及其他学者也分别从不同的角度，对教育公平问题进行了广泛而深入的分析与研究。

教育公平原则是现代教育民主化运动的产物，也是教育民主精神的体现。回溯西方教育公平理论，最初是由一些新兴资产阶级为反对封建特权提出了"受教育权平等"的口号，随后由以约翰·洛克（John Lock）、卢梭（Jean-Jacques Rousseau）、爱尔维修（Claude Adrien Helvétius）等为代表的一批欧洲空想社会主义者进行了阐述和发挥，形成了较为稳定的教育公平观。其特点是建立在社会制度公平的基础之上，突出了教育乃是"天赋人权"的思想。19世纪末20世纪初，兴起了以"个体自由"为核心的资本主义民主教育理念，其中的代表人物是美国学者杜威（John Dewey）。他认为，教育平等是实现个人自由与社会民主的基本途径。在理想的民主主义社会里，每个人都自觉地相互分享各种利益，而合理的教育，就是使每个人都有对于社会关系和社会控制的个人兴趣，都有能促进社会的变化而不致引起混乱的心理习惯。

第二次世界大战后，随着世界经济和教育的迅猛发展，出现了新的教育流派——技术绩效主义。他们认为，社会的不平等，既不是源于社会出身、家庭背景、生活环境不平等的因素，也不是因为经济制度的不合理，而是由于个体的社会竞争能力，如知识、学历、文凭、技能等方面的差异所导致。

教育平等的重要意义在于，它可以为所有的人提供同样均等发展的机会。1960年，联合国教科文组织明确提出，"歧视"和"不均等"是教育机会不均等的两种体现。"歧视"指"基于种族、肤色、性别、语言、宗教、政治或其他观点、民族或社会出身、经济条件或家庭背景之上的任何差别，排斥、限制或给予某些人以优先权，其目的在于取消或减弱教养中的均等对待"。"不均等"指在区域和群体间存在的"差别对待"。

1966年，霍普金斯大学的詹姆斯·科尔曼教授（James S.Coleman）针对美国白人和黑人学校中教育资源的巨大不均等现象，第一次提出将教育平等的概念提升到教育结果平等的层面。随后，联合国教科文组织正式提出了改革全球教育的途径和发展方向是"形成学习化的社会"，强调"平等的机会必须包括同样成功的机会"。2007年，世界经济合作与发展组织（经合组织）把教育公平定义为："教育公平包括教育公正和教育覆盖两层含义，教育公正就是保证个体在教育获得过程中，并不因为性别、经济条件等而影响其不能获得更高的教育。教育的覆盖主要是保证所有的社会公民都能有机会获得基本的教育，例如，每个人都能读写和做简单的算术。"

二、新中国教育公平的探索与实践

教育公平是现代教育改革的重要核心内容之一。新中国成立特别是改革开放以来，党和国家高度重视教育公平问题，为解决教育公平问题做出了坚持不懈的努力，取得了历史性的成就。

新中国成立之初，按照《共同纲领》确定的"民族的、科学的、大众的"新民主主义文化方向，党和国家对教育的定位也是公平的、大众的和人民的。也就是说，教育必须为广大人民群众服务，而不仅仅是少数富裕阶层和少数人的特权。工农大众受教育权利由此得以实现。最为突出的表现即为在全国范围内开展扫盲运动，普及小学教育，满足人民群众子女就学规模需求，同时也注重教学质量建设。

从1950年起，我国逐步重视工农干部的培养和培育，提升工农干部的素质能力。建立了向高校输送人才的三年工农速成中学，具备三年以上工龄的产业工人和参加革命三年以上的工农干部都可以进入工农速成中学学习。这成为工农干部进入大学的主要途径。为了大批量培养为新中国建设的高级人才，还创办了各种工农速成学校、夜校、政治学校和干部培训学校等。同时，为了加快建设强大的国防，实现社会主义工业化，国家在每个学段都进行了侧重安排。中小学阶段实行重点学校制度，集中力量办好一批重点学校，层层选拔尖子生，为高级人才培养做铺垫。在高等教育方面，集中力量发展理工类专业，直接对接国防建设和工业化发展，培养出了一批高素质的专业技术人员，大大缓解了新中国成立初期对于优秀人才需求的巨大压力，在当时起到了巨大的历史作用。为了让更多工农子弟拥有更多受教育的权利，20世纪50年代末60年代初，通过改革，我国建立了保送制度，对于工农速成中学的优秀毕业生、工人、农民和工农干部可以通过保送进入大学，拓宽了工农子弟上大学的路径。这一时期，我国更加突出对学校教学质量的提升和建设。

改革开放以后，党和政府高度重视教育工作，实施"科教兴国"战略。随着各项事业逐渐走向正轨，对"左"的路线的全面否定，在教育领域也进行了"左"的批判与摒弃，对教育领域的乱象进行了彻底的整顿，为教育发展奠定了良好的基础。经过全国上下的共同努力，教育改革和发展取得了较大的进步，促进了教育公平和质量提升。但是，由于20世纪50年代实行的重点学校制度和优先发展高等教育的制度，造成教育资源配置的失衡，基础教育发展缓慢，特别是农村学校发展落后，出现了城乡两极分化的现象。为了改变这种不公平现象，国家相继颁布和制定了《义务教育法》以及相关配套法律制度，实施统一高考，促进了基础教育的公平发展，特别是义务教育普及水平得到前所未有的突破。义务教育入学率从1991年的97%提高到2000年的99%以上，相关的重读率、辍学率、文盲率都有所下降，各种差距都在缩小。①

进入中国特色社会主义新时代，我国教育公平事业在以习近平同志为核心的党中央的坚强领导下，根据国内实际情况，在教育公平的各个方面都展开了积极的探索和实践。第一，通过继续推进学生资助体系建设，为贫困学

---

① 王永平：《和谐社会中的教育公平探析》，硕士学位论文，山西大学政治与公共管理学院，2006，第14页。

生提供多元资助，缩小东中部和西部学生的资助水平差异，不让一个学生因贫失学。第二，下大力气解决乡村教师补充难，质量不高的问题。党的十八大以来，党中央、国务院高度重视乡村教师队伍建设。2015年，国务院办公厅印发了《乡村教师支持计划（2015—2020年）》，从师德荣誉、补充交流、职称编制，到工资待遇、培养培训、管理改革，对乡村教师给予全方位支持；各地区也纷纷落实"省级统筹、统一选拔"的乡村教师补充机制，从源头上保证乡村教师质量，保障乡村教育质量；通过"国培计划"集中针对乡村教师开展培训，不断提升乡村教师的专业能力；通过信息化推动教师培训常态化，提升乡村教师适应现代教育的素质需求，再造学习链条，促进乡村教师专业发展的积极性和主动性。通过校长教师交流轮岗制度，合理优化配置教师资源，促进义务教育均衡发展。第三，通过实施"全面改薄"计划，以及农村寄宿制学校建设、营养改善计划、城乡义务教育经费保障机制、农村教师特岗计划等系列工程的推进，大大改善了农村的办学条件，提升了农村教学的质量。第四，通过颁布《加强义务教育阶段农村留守儿童关爱和教育工作的意见》，鼓励、动员和组织社会各部门、各界人士参与关爱留守儿童工作，营造全社会共同关爱留守儿童的良好氛围。第五，通过实施专项招生计划和选育衔接，畅通贫困地区学子纵向流动渠道。第六，通过开展义务教育均衡发展督导评估认定工作，改善办学条件，优化师资配置，保障特殊群体的权益，有效提升了教育教学质量。在这些政策的推动下，我国的教育公平发生了翻天覆地的变化。学前教育毛入园率、小学净入学率、初中阶段毛入学率、高中阶段毛入学率、高等教育毛入学率分别从1949年的0.4%、20%、3.1%、1.1%、0.26%分别提高到2021年的88.1%、99.96%、102.5%、91.4%、57.8%。

三、新时代教育公平的新内涵

党的二十大报告指出，要"坚持以人民为中心发展教育，加快建设高质量教育体系，发展素质教育，促进教育公平""办好人民满意的教育"。在当前和今后一个时期内，我国教育事业发展将坚持教育公平、高质量发展和以人民为中心三项原则，这赋予了教育公平新时代内涵。新时代教育公平既关注资源配置的合理、教育机会的均等，又强调教育过程的质量和教育结果的精准。这意味着新时代教育公平要解决的主要问题已由"有学上"转变为"上好学"，要完成的主要任务已由如何让"一个都不能少"转变为怎样能"不让一个孩子掉队"，促进人人得以享受平等的教育机会与权利，平等地享有教育资源和教育质量以及通过接受教育实现个人成长。

（一）教育起点公平

教育起点公平是教育公平的第一道门槛。教育起点公平就是要求在法律上保障公民享受平等的受教育机会。我国《宪法》规定，公民具有受教育的权利。1995年我国在《教育法》规定，公民不分民族、种族、性别、职业、财产状况、宗教信仰等，依法享有平等的受教育机会。《义务教育法》规定，凡具有中华人民共和国国籍的适龄儿童、少年，不分性别、民族、种族、家庭财产状况、宗教信仰等，依法享有平等接受义务教育的权利，并履行接受义务教育的义务。国家从法律层面和高度为每一位公民的受教育权利和机会给予保障，确保受教育的可能性。忽略个人的政治、经济、家庭以及自身等因素来谈教育公平，将无法促进实质上的教育机会平等。2015年，联合国教科文组织发布的《教育2030年行动框架》提出总目标是"确保全纳、公平的优质教育，使人人可以获得终身学习的机会"。其中主要倡议对妇女、残疾人及其他弱势群体提供平等的教育和培训。这样的教育公平思想和理念，在世界范围内得到认可，并在不少国家得以践行，推动实现面向人人的教育公平。所以，要想实现教育起点实质性的公平，就要对处于教育弱势地位的人加以"特权"，削减因外部因素，如身体残缺、家庭贫困、地域经济和教育差异等导致的教育机会不平等，才能实现教育机会与教育权利的平衡与统一，让公平而有质量的教育不再是一种奢望，让人人站在同一起跑线上，真正实现起点平等。

（二）教育过程公平

教育过程公平是教育公平的核心，教育起点公平的延续，教育结果公平的前提。甚至可以说，教育过程公平直接意味着新时代人民群众对教育公平的追求，是指受教育者在教育教学过程中，平等接受教育影响和教育资源，平等参与教育教学活动的过程。但是，公平并不等于均等，不是追求简单的一模一样，而是要根据不同学生的年龄、性格特点、能力禀赋进行因材施教，因人而异，创新教学方法，给予学生适合的教育资源供给。卢梭在《爱弥儿》中指出，教育应根据人自身的本性引导人的发展。[①]也就是教育要因材施教，遵循学生的个性特点，提供适当的教育。教育公平不是要求以统一的标准要求受教育者，因为统一的标准本身就忽视了个体差异，以表面的公平代替实质的公平。所以，应该是差异地对待每一位受教育者，"给予每个人以其应得的东西"。这是教育过程公平的核心。[②]"应得"就是从受教育者的真实需求和实际情况出发，尊重受教育者身心发展规律，为其提供适合的教育，充分挖掘其潜能，促进受教育者个人的才能和能力得到充分的发展。

新时代的教育过程公平，要不断深化教育领域改革，不断优化教育过程，注重影响教育过程公平的主客观两个方面，注重教育资源分配的公平和教学过程的公平。教育资源公平分配就是政府要对学校所需要的人力物力资源公平分配，教学过程公平就是要求教师教育教学过程中公平对待每一位受教育者，二者缺一不可。政府在促进教育过程公平过程中起到主导作用，引导和支持更多、更优质的资源向贫困薄弱环节倾斜，注意"木桶效应"带来的影响，补齐最短木板的长度，促进各级各类教育高质量发展，使受教育者在教育过程中人人得以享受优质的教育资源，为个体在每个成才阶段提供机会发展成为更好的自己，这才是教育过程公平的真实内涵。

（三）教育结果公平

教育结果公平是在受教育者享有同等受教育机会的前提下，尊重个性差异，接受公平的教育过程之后，受教育者的身心健康发展，潜能充分发挥，实现了个人最佳的发展结果。需要注意的是，教育结果公平并非指通过接受教育，产生同样的教育结果，而是人人共同享有人生出彩的结果公平，通过多渠道就业实现个人发展的结果公平。正如习近平总书记所指出的，每个人都"共同享有人生出彩的机会，共同享有梦想成真的机会，共同享有同祖国

---

① 山世亮：《供给侧结构性改革背景下中国教育公平研究》，博士学位论文，吉林大学马克思主义学院，2021，第40页。

② ［英］戴维·米勒：《社会正义原则》，应奇译，江苏人民出版社，2001，第344页。

007

和时代一起成长与进步的机会"。[①]

教育结果公平并不单指整个教育最后的结果，而是每个学段，各个类型教育都存在教育结果公平的要求，是每个学校教育阶段都要追求的目标。不同阶段的教育结果公平目标和衡量标准是不同的。高学段的教育结果公平建立在低学段教育公平的基础之上。如果低学段做不到教育结果公平，高学段也很难做到公平。相当于，每个阶段的教育结果公平是后一阶段的教育过程公平，是相互承接，不能断连的。"人们追求教育结果公平其实表现为教育效果和教育质量的公平"[②]，从这个意义上说，结果即过程，过程即结果，只有促进教育高质量发展，才能有高质量的教育结果公平，只有教育结果公平，才是高质量的教育。

（四）相关概念辨析

作为一种建立在一定社会经济基础之上的社会意识形态，教育公平是人们对现实经济关系的一种直接反映。进入新的发展阶段，我国高度关注并着力于解决优质教育公平问题，所以有必要弄清楚与教育公平相关概念的联系与区别。在此基础上，全面把握教育公平的实质。

1.教育平等与教育公平

在现代汉语中，公平指"处理事情合情合理，不偏袒哪一方面"；平等指"人们在社会、政治、经济、法律等方面享有相等待遇，泛指地位相等"。通常人们说"公平合理"，而不说"平等合理"，可以说"男女平等"，但不能说"男女公平"。也就是说，公平与平等内涵不同，不能混合使用。教育平等是一个政治经济学的概念，反映的是人们在社会政治、经济、文化生活中实际享有的法律地位和作用，它是对人们客观具有的相等的教育权利、教育机会等社会现实状态作出的事实判断，强调的是人们应当均衡地享有受教育的权利和机会。在我国教育平等已经实现，《教育法》明确规定，中华人民共和国公民有受教育的权利和义务。而教育公平主要侧重于人们对教育机会均等实现程度的认识和评价，是在事实判断基础上进行的价值判断。

---

① 习近平：《习近平谈治国理政》第一卷，外文出版社，2018，第40页。

② 山世亮：《供给侧结构性改革背景下中国教育公平研究》，博士学位论文，吉林大学马克思主义学院，2021，第45页。

从理论上讲，教育公平必然要求教育平等，受教育不能"因人而异"，不能提出各种附加条件，任何附加条件都是对受教育者的歧视。但事实上教育公平与教育平等往往不具有一致性，教育公平承认合理差异与差距的存在，公平与否来自相互的比较与鉴别。人生而不同，具有不同的天赋才能、不同的性格特点，接受教育的水平不可能完全相同，所以，一味强调均等的教育，反而会带来新的不公。一般来说，社会所提供的通过竞争上岗、经商理财、社会公关等非基本权利的机会，是全社会每个人的基本权利，应该人人完全平等。由于机会不均等导致的经济不平等是一种社会不公平。但由于个人的能力和努力程度不同，造成教育资源分配或个人收入上的差异，则是公平的。对那些在生理以及社会阶层分化中处于弱势的群体，酌情给予补救或救助，也是公平的。[1]

2.教育正义与教育公平

柏拉图在《理想国》中对"正义"问题进行过描述，现在的政治哲学中"正义"也是一个很重要的概念。"正义涉及道德上正当地对待他人，包括恰当地分配各种社会善事物，以及人们的基本权利和义务能够得到保障，保证人们都能获得追求自己良好的生活前景和发展的根本条件。"[2]正义在《现代汉语词典》中解释为"公正的，有利于人民的道理"。正义有对某种善的追求与肯定，是通过合理的制度，让人们能够平等地享受善的生活。只有符合人民的利益才是正义的，这是评价正义与否的根本标准。"正义代表了人类普遍的利益，正义一方面保护公共善，增进公共福祉，另一方面根据每个人天赋的自然权利而赋予每个人应该拥有的社会善。"[3]正义涉及人的尊严、价值和人的发展的根本范畴，其本质是人对自身本质的确认，人类对于权利、财物和美德等生活价值的追求，只有在符合人对自我的本质追求时才是正义的。[4]公平在《现代汉语词典》解释为"处理事情合理，不偏袒哪一方面"。可以看出，公平有中正的意思，是一种中立的价值观的体现，有均等的意思。而正

---

① 汪莉：《教育考试制度与教育平等》，《教育理论与实践》2001年第10期。
② 金生鈜：《教育与正义》，福建教育出版社，2012，第6页。
③ 金生鈜：《教育与正义》，福建教育出版社，2012，第7页。
④ 张晖：《教育公平理论以及在我国的实践》，硕士学位论文，山东大学政治管理学院，2006，第7页。

义有多种价值形态，可以是效率，可以是公平，也可以是自由。只要是符合"善"，符合人民利益的，都可以认定为是正义的。可以说，正义涵盖的价值范围更广，公平只是其中一种。

教育正义以教育公平为基础，教育公平以教育正义为终极目的。教育正义更多关注的是教育制度层面，要求从制度上保障每个受教育者享受平等的教育权利，要求政府、学校作出的行为都要符合正义标准，体现出一种人文关怀。教育公平更多考察的是社会。自古以来，不患寡而患不均，教育公平涉及每一位公民是否能受到平等的待遇，重点关注的是社会整体利益与个人利益，人与人之间的利益均衡。只有个人利益得到充分保障，社会利益才能达到平衡。

3.教育公正与教育公平

公正在《现代汉语词典》解释为"公平正直，没有偏私"。具体来说，有两层含义，一是要按照同一个原则或者同一个标准衡量处于同一情境的人和事，要求一视同仁，不能厚此薄彼；二是强调付出和回报成正比，有付出就应有回报。公平更多指的是人与人之间的关系，是权利与义务关系。教育公正指向的是国家各种制度和政策规定的全体社会成员受教育的权利和义务是一致的，有什么样的权利就有什么样的义务。教育公平考量的是人们如何评价教育资料、教育机会、教育利益和教育权利的分配和利用。教育公正关注的是每位受教育者获得的权利和承担的义务是不是合理，教育公平则关注的是利益分配是否均衡。教育公平有教育公正的含义在里面，不仅指受教育者获得的权利和承担的义务是一致的，而且还指各受教育者之间获得的权利应该是平等的。

4.教育效率与教育公平

关于教育公平与教育效率的关系，理论界有三种不同的观点。第一种观点认为，教育的发展必须以公平为最高原则。因为从实现社会公平的理想出发，受教育是全社会成员的基本权利，全体公民必须有完全平等的教育机会。第二种观点认为，效率是第一位的，是教育发展的最高原则。只有生产力高度发展，才能创造更多的物质财富，才能为教育公平提供必要的物质基础，教育公平才有保障。第三种观点认为，教育公平与教育效率要相互兼顾，在教育发展过程中处于同等重要的地位。效率为教育公平提供了物质保障，公平又为经济效益的提高提供了社会保证。没有效率就没有真正的公平，没有公平也不会有真正的效率，二者相互制约和依存。[①]

对这三种观点，应当作出具体的分析。从总体上看，前两种观点都有失公允，有平均主义和自由主义之嫌，第三种观点在目前社会上占主导地位。教育公平与教育效率是内在统一的，这是毋庸置疑的。教育效率的提高是实现教育公平的物质保证，反过来，教育不公平对教育效率也有制约作用。例如，社会不公平显著增加时，就会对社会稳定和谐造成负面影响，势必会影响到效率的提高。因此，要有效兼顾效率和公平，将二者视为同样重要的价值目标。从教育发展史上来看，提高教育公平质量和水平的前提条件是社会生产力的发展，经济发展水平提升促进教育规模的不断扩大，在此基础上，教育资源配置效率得以最优化，教育公平才有可能得以高质量地实现。尽管在实践中也出现了暂时的不协调或有对抗的矛盾，但是二者的最终目标是一致的。

值得注意的是，"效率优先，兼顾公平"的原则，是针对整个社会主要是经济领域讲的，教育公平和教育效率的关系则具有一定的特殊性。由于在教育发展的不同阶段，教育公平本身具有不同的特点和重心，特别是作为一种社会现象，教育的进步同样存在着代价的问题，以往教育机会不均等，直接会造成效率不高，这对于教育资源的稀缺性及其可持续发展造成了巨大压力。因而在教育决策上，从降低教育代价考虑，究竟教育公平与教育效率哪个更为重要，需要审慎地作出具体的分析。一般认为，在基础教育阶段，应当特别强调教育公平，努力实现教育的均衡发展。这正是由基础教育在提高全体国民素质，培养各级各类人才过程中发挥基础性作用所决定的。基础教育总体水平的提高，是经济总体水平提高和社会文明总体水平提高的基础，是增强综合国力的基础。[②]确立和坚持均衡发展的原则，对于促进基础教育持续、健康发展，遏制不合理的非均衡发展的趋势和维护社会的稳定，都有着现实

---

① 敖俊梅：《少数民族高等教育招生政策探讨》，硕士学位论文，中央民族大学教育学院，2004，第22页。
② 梁平安：《试论教育均衡发展的"三必须"》，《吉林教育》2011年第3期。

的和历史的意义。

基于此，从我国具体国情出发，现阶段我国教育公平所追求的目标定位，在义务教育阶段，努力实现入学机会的均等，尽量缩小教育过程在办学条件方面的差距，促进教育结果在提高质量基础上的公平性。在非义务教育阶段，则应当在兼顾公平的基础上，更多地强调效率，只有效率的极大提高，才能保证和逐步体现公平。在非义务教育阶段，教育公平目前只能是事实上不平等条件下的某种尺度上的平等，如在高等教育阶段，主要体现为扩大就学范围、竞争机会均等、成功机会均等、努力缩小由于经济条件差异造成的就学机会的不均等等。在过去，由于我国高等教育资源有限，国力不强，财力有限，需要坚持效率优先的原则，坚持有所为有所不为、有重点地发展的原则，集中有限的资金，加强重点大学、重点学科建设，培养大批高素质人才和提高我国科技创新能力，适应知识经济的兴起和日趋激烈的国际竞争的需要。

5.教育考试与教育公平

考试是现阶段选拔人才最直接、最有效的途径之一，也是科学测试和评价人才优劣比较客观、比较公正的手段之一。教育考试采取公开竞争的形式，通过让学生参加层层选拔性、淘汰性的考试，目的在于形成一定的能力序列，便于从中遴选出国家需要的优秀人才。通过考试这种形式，可以有效地激励教育竞争，让有限的教育资源发挥出最大的配置效益，提高人才的培养和选拔效率。但是，在实际的操作过程中，也会出现一些新的不公平问题。例如，我国现行的高考制度存在区域省份间的差异。该政策的实施初衷是为了照顾不同地区的文化差异，弥补不同学校之间的差异。但是，在实际操作过程中，部分具备一定条件的家长选择在高考前让孩子"移民"到录取分数较低、录取率比较高的省份，从而进入更好的高校。

应当承认，在我国这样的人口大国，通过大规模教育考试对教育人才资源进行重组与配置，使社会流动更合理、更有序，反映了社会结构的变化向着更加理性的方向发展，这符合人们一般的公平标准，有利于社会的安定与安宁。为此，在不能找到或难以找到替代现有考试更好的制度和手段以前，应当充分肯定考试制度存在的合理性和必要性，当然同时要注意采取相关的一系列措施，尽可能地保证发挥考试的积极效应。比如要进一步建立和完善公平的教育投资政策，促进入学机会、享受资源以及收益分配上的平等；加快制定和实施《考试法》，加强考试的管理、科研、命题、监考、评卷、录取及执法监督等，努力克服考试制度上的缺陷及执行过程当中的行为失范等。还有，就是要鼓励和引导社会形成多元化的人才价值观，大力推进素质教育，努力实现教育的可持续发展。

6.社会公平与教育公平

公平问题涉及多个层面、多个因素，学术上有多个学科进行研究，不同学科研究的角度不同，公平的内涵和外延也不相同。综合各种公平的定义，所谓社会公平，可以说是一种主观感受，是人们对自己在社会上所处的地位，所拥有的权利，所获得的收入的一种感觉，是通过比较才能感受到的，它受社会价值的影响，受社会政治经济文化所制约。社会公平是一个相对概念，不同的社会时期，社会公平观有所不同。即使在同一社会历史条件下也存在着不同的社会公平观，这是由马克思主义关于物质决定意识和经济基础决定上层建筑的唯物史观所决定的。①教育公平作为社会公平的重要组成部分，受其外部条件和内部因素的双重制约。作为一种社会理想，它的实现是与消除社会不平等相联系的，各类经济社会外部因素，如社会地位、文化程度、政治制度等都会深刻地影响和制约着教育公平。教育公平在很大程度上取决于当时社会生产力的发展水平和社会公平的实现程度。如在阶级社会里，不同阶级之间不可能有真正均等意义上的社会公平，当然也就不可能有真正的教育公平。也就是说，教育公平和社会公平一样，脱离具体的历史环境，不受社会政治经济文化影响的教育公平是不存在的。必须将教育公平放在一定的社会环境中，才有具体的意义。这一点，需要我们在研究教育公平问题时引起高度重视。

另一方面，教育是促进社会公平之本。这是由教育具有的特殊功能所决定的。教育公平的基本价值取向表现在总是努力促进改变处于不利地位的社会阶层的教育状况。如著名教育家查尔斯·赫梅尔（Charles Hummel）所讲，

---

① 郑淮：《略论我国的社会分层变化及其对教育公平的影响》，《华南师范大学学报(社会科学版)》1999年第4期。

实现教育公平"意味着任何自然的、经济的、社会的或文化方面的低下状况，都应尽可能从教育制度本身得到补偿"[①]。美国教育家杜威也认为，教育至少具有三种重要的职能，一是促进青年社会化，处理好个人与社会的关系；二是促进个人的身心成长和发展，主要可促进个人心理和道德生长的"发展"；三是提供实现个人更优价值的途径。在社会经济存在不平等的情况下，教育是缓解社会不公的最有效的途径。通过受教育，可以改变家庭出身，可以帮助弱势群体实现阶层跨越，改善生存状态。十一届三中全会以后，我们主要把教育当作促进经济发展的"孵化器"和"加速器"。但是，教育还有一种最基本的功能，就是它能促进社会的公平。通过教育，让更多的人拥有成功的机会，改变阶层固化，促进社会，向更公平的方向迈进，实现共同富裕。

特别要指出，教育公平具有自己特殊的本质规定性。如由"就近入学"所引起的教育公平问题，虽然与其他领域的公平一样，也应强调合理公平地分配资源，但鉴于受教育者对象的特殊性，受教育者的先天禀赋或缺陷可以而且应当成为公平分配的前提，但绝不应该成为公平分配的对象。由此造成的教育不公平是一个严重的社会问题，不仅直接影响个体的生存和发展，而且还会引发和加剧社会其他方面的不公平，对稳定社会秩序、维护国家安全等造成不利影响。因此，在我国社会转型时期，必须高度重视教育公平问题，优先考虑教育公平问题。在一个相对比较公平的环境中，推进教育有序竞争和提高效率，确保绝大多数社会成员公平受益，应当成为我们的奋斗目标。

7.教育收费与教育公平

自20世纪90年代中期以来，我国通过采取加快发展教育产业，建立和实行教育成本分担机制，实行缴费上学制度，促进多元化、多样化办学等举措，增加了教育的投入，扩大了教育的规模，提高了教育的办学效率。2021年，高校在学总人数超过4430万，高等教育毛入学率从2012年的30%，提高至2021年的57.8%，实现了历史性跨越，高等教育进入世界公认的普及化阶段。从宏观上讲，这些举措对于充分满足广大人民群众受教育的需求，为更多的

[①] 查尔斯·赫梅尔:《今日的教育为了明日的世界》,联合国教科文组织,中国对外翻译出版公司,1983,第69页。

人提供享受高等教育的机会，实现就学机会的均等化，促进教育公平，加快人才培养，发挥了十分积极的作用。但从社会微观层次看，一些经济收入较低家庭子女仍旧会因学费问题不能进入心仪的学校求学，或因为其他一些社会不公平因素的影响，造成新的教育的不公平。在非义务教育阶段，受教育者适当分担教育的一部分人才培养成本，符合市场经济条件下等价交换的原则，这是公平的。但由于经济基础不平等，不同经济收入群体实际上很难获得真正均等的教育机会，如高等教育阶段出现学生因家庭经济贫困在选择学校和专业方面的局限甚至辍学的问题。这反映出由于经济基础的差异，社会分层的变化，对教育公平产生了深刻影响。

四、教育公平的特殊属性与特点

（一）教育公平是一种"以人为本"的人文价值判断

客观存在的教育现象，本身并无公平与否的问题。教育公平是人们依据社会公平的一般原则对教育现象作出的道德评判。在教育起点方面，体现为"有教无类"的伦理思想。"有教无类"是孔子的思想。孔子认为，人生而是有差异的，出身贫富不同、聪明程度不同、身份不同，但是，教育不能因这种先天差异而有所不同，甚至是剥夺某些人的受教育权利。于是，他在民间大办大学，让普通老百姓都有接受教育的权利，打破"学在官府"的状态，扩大了教育对象，让更多的人能接受教育。他为"教育"这种本身客观存在的没有公平与否的现象，赋予了"公平"的价值。孔子的这种思想一直延续到今，在《教育法》《义务教育法》中都有体现。特别是党的十八大以来，以习近平同志为核心的党中央高度重视教育公平，赋予了教育公平更为全面、更为深层次的意义和价值，实现从基本教育公平的全覆盖到更高质量教育公平的广覆盖，为教育起点供应赋予了新的伦理价值。在教育过程方面，体现为"因材施教"的伦理思想。"因材施教"也是孔子的教育思想，他在教学中坚持通过"视其所以，观其所由，察其所安"来了解学生的人性、出身、智力、性格气质、才能、志向等方面的差异。①《论语·先进》记载，德行：颜渊、闵子骞、冉伯牛、仲弓。言语：宰我、子贡。政事：冉有、季路。文学：子游、子夏。众弟子有的长于"德行"，有的长于"言语"，有的长于"政事"，有的长于"文学"。②因此，北宋理学家程颐说："孔子教人，各因其材。"朱熹对此的注释是："圣贤施教，各因其材。小以小成，大以大成，无弃人也。"③《辞海》对因材施教的解释是：教育工作的一种原则，指在共同的培养目标下，对不同的受教育者提出不同的要求，采用不同的教育方法。因材施教就是要尊重个体差异，让受教育者在教育过程中不会因为先天差异而受到不平等对待，这是教育过程中的伦理精神所在，也是以人为本的体现。在教育结果方面，体现为"和谐发展"。"有教无类"和"因材施教"的教育结果导向是"和谐发展"。"和谐发展"体现了教育结果公平的伦理精神。和谐是事物发展的规律和准则。孔子将和谐定义为"和而不同"。也就是承认事物之间的差异性，强调事物之间协调统一发展。和谐也符合中国传统中庸思想，不偏不倚，恰到好处。和谐教育是指受教者各个方面得到适当的发展，建立起均衡的知识体系，也是一种均衡公平思想，包括获得德智体美劳全面发展，实现个体的自我完善，实现教学相长，师生关系融洽；体现社会责任感，促进人与社会和谐发展。而所有这些起点、过程和结果的公平均指向教育的主体"人"，是一种"以人为本"的价值判断，展现的是终极人文关怀。

（二）教育公平是相对的公平

公平是一定社会关系下的相对的公平，其标准是历史的。教育公平也是这样。在不同的历史条件下，在不同的社会关系中，人们对教育公平的评价标准不同，对于教育公平的理解也是不同的。正如恩格斯所说："关于永恒的公平的现象，不仅因时因地而变，甚至也因人而异。一个人有一个人的理解。"所以，绝对的教育公平是不存在的。即使为每一位受教育者提供同样的教育条件，也会因各种主客观原因，导致最后结果的不公平。也就是说，教

---

① 张良，刘薄：《彰显孔子"因材施教"教学思想的现代魅力——基于现代心理学的理论阐释》，《重庆科技学院学报(社会科学版)》2010年第6期。
② 杨伯峻：《论语译注》，中华书局，2009，第16页。
③ 朱熹：《四书章句集注》，中华书局，1983，第362页。

育公平总是在一定阶段、一定环境、一定条件中存在的。从纵向上来看，相对于之前的发展水平，可以说教育更加公平；从横向来看，相对于同类型的教育，可以说是表现得更加公平。教育公平只能以一种相对化的状态而存在。

（三）教育公平具有历史性，是不断变化发展的

教育公平属于人们的精神需求内容，不是一成不变的，随着社会的进步不断产生新的不同的更高的追求和寄托。在不同的社会历史条件，不同的生产力水平下，有不同的教育公平观。在古代，教育公平是"权利"的公平，教育资源的分配依据父辈祖辈的政治地位进行分配；而现代社会，受教育权利是基本的权利，不会因权力地位不同而差别对待，而是以法律的形式确定每个人公平受教育权利，以政策为导向，尽可能地缩小因外部因素影响而导致的教育不公平问题，让每一位受教育者都能接受优质均衡的教育。可见，教育公平处于不断发展变化之中。在不同的发展阶段，教育公平有不同的发展问题。初级阶段主要解决的是量的问题，重点是解决义务教育的普及化问题；之后，随着普及化问题的解决，人们更多关注质的提升，这一阶段就是要保障受教育者在教育过程中能够接受更高质量的教育，接受更加公平公正的待遇。所以，教育公平永远在路上，是一个不断变化发展和完善的过程。

第二节　新时代教育公平的新问题与新挑战

从根本上讲，追求教育公平将是一个动态的过程，不同的时代有不同的教育公平问题。教育供给的增加，会在较大程度上促进教育公平，但受发展阶段制约、教育理念偏差、与社会需求脱节、政策扶持尚缺精准等影响，新时代仍面临一些教育公平的问题和挑战，主要表现为加快城镇化的过程中产生新的教育不公平，出现教育区域发展不平衡、教育资源配置不均衡，以及一定程度上的教育分层等问题。

一、教育区域发展不平衡

教育区域发展的不平衡主要源于各地区经济发展水平不同。从一般意义上讲，我国东部地区的经济发展水平相对较高，教育发展水平相应较高，而中西部地区经济发展水平相对落后，教育发展水平相应要低，呈现出"东强西弱"的局面。

根据《教育部 国家统计局 财政部关于2021年全国教育经费执行情况统计公告》显示，2021年，全国教育经费总投入为57873.67亿元，其中一般公共预算教育经费（包括教育事业费、基建经费和教育费附加）为37463.36亿元。其中，东部地区为18135.51亿元，中部地区为9459.78亿元，西部地区为8177.24亿元，东部地区一般公共预算教育经费远高于中西部地区，远大于中西部地区之和，是西部地区的2倍多。根据教育部2021年最新统计数据显示，我国共有普通本科学校1238所，东中西部普通本科学校分别为604所（48.79%）、388所（31.34%）、246所（19.87%），西部地区的普通高等学校数目最少，不足东部地区的一半。西部地区的内部差异也十分明显，在西部地区，陕西省的普通本科学校数量最多（55所），但青海和西藏两省区分别仅有4所。

二、教育资源配置不均衡

（一）各级各类的教育投入重点仍需进一步精准

各级各类教育投入精准度要进一步加强，是当前优化教育资源配置的重点之一。党的十八大以来，我国在各级各类教育均加大了投入，并取得了历史性的成绩，但仍需在具体投入上提高精准度和有效性。精准各级各类教育投入重点主要受以下因素所影响。一是由各级各类教育自身发展的特性。例如，职业教育投入相对较大，是普通教育投入的3倍。但在保障总体投入的前提下，要根据中等职业教育为基础、高等职业教育为主体、职业教育本科层次为牵引的发展现状和方向进行有效投入。二是由教育自身发展阶段决定。例如，基础教育在新中国成立初期，主要投入在人民群众的扫盲运动。投入经费与现阶段基础教育投入经费在量、方向以及重点工程上都存在差异。三是由经济社会发展阶段决定。例如，当前义务教育投入重点在于进一步推进"双减"政策优化完善，加大对薄弱校的扶持力度，缓解义务教育"城镇挤""乡村弱"的不均衡问题等。同时，当前应加大对尤其是流动儿童与留守儿童等弱势群体、残障儿童与英才儿童等特殊群体的支持保障，这是推进中国式教育现代化，突出强调"有教无类""一个都不能少"的重要体现。

（二）城乡教育差距较为明显

城乡教育差距一直是我国教育发展不充分不平衡的重要体现。我国在基本实现普及义务教育以后，教育的主要问题就从"有学上"转到"上好学"。相对于城市而言，农村地区学生享有优质教育资源供给相对较弱。"有学上"解决了入学机会的公平，也就是教育起点的公平，但教育过程的公平和教育结果的公平，需要更为深入地探讨和实践。教育是一个连续性和累积性的过程，高质量义务教育的缺位，导致学生接受高中阶段教育和高等教育的机会降低。城乡教育质量差距还表现在教师质量的城乡差距。与城市相比，农村地区在公共服务供给、个人成长发展、子女教育等各个方面都存在一定的短板和弱项，教师长期留在农村地区进行教学工作面临的挑战更多，与其实际生活息息相关的"难题"更多。这就加剧了经济条件发展好的县城以及城市对优秀农村教师的"虹吸效应"。导致农村学校优秀教师"留不住、引不进"，直接影响农村地区教师队伍建设水平，影响教学质量的提高。

（三）校际资源存在一定的差距

一般意义的校际发展方向、发展目标和发展路径存在差异是合理的，但校际资源占有差距较大则需要引起重视，这从根本上讲就是优质教育资源不足的表现。优质教育资源主要体现在学校基础设施建设完善、师资队伍建设水平高、推动教育教学方法创新扎实稳妥以及能落实先进教育思想理念等方面。在此基础上，占有优质教育资源的学校会广泛受到政府、社会各界的关注和支持。例如，在高等教育阶段，相比较普通大学，"211""985"高等院校以及"双一流"高等院校和学科，得到来自多方的支持会更多，也更容易吸引更好的生源，进入较为良性的发展轨道。同样，在基础教育阶段，在人民群众心中"好"的幼儿园和"好"的学校，师资力量和教学水平，整体学校的校园文化都能够得到人民群众的认可。反之，则发展难以突破瓶颈。

三、教育存在一定的分层现象

在我国，教育支出属于家庭支出的重要组成部分。2017年，北京大学中国教育财政家庭调查研究显示，我国家庭教育支出水平和规模均处在较高水平，全国基础教育阶段生均家庭教育支出8143元。[1]2015年，北京、上海、广州等特大城市（地区）的家庭年人均教育支出达到5441.1元，三口之家平均年教育支出高达16000元，家庭藏书量177.7本。[2]具有不同社会资本、文化资本、经济资本以及政治资本的家庭在一定程度上会影响家庭对子女教育的投入成本、投入内容和投入类型。家庭背景相对优越，生活在城市，经济富足，父母社会地位高，受教育水平高，教育观念先进，孩子教育投入多，会给孩子创造更优越的教育条件；相反，处于农村偏远贫困地区的家庭，很难在上述各方面与家庭背景优越的家庭保持一致性水平，也很难为孩子创造更优越的教育条件，直接影响了教育地点、教育过程和教育结果的公平，造成

---

① 陈涛、巩阅瑄、李丁：《中国家庭文化价值观与影子教育选择——基于霍夫斯泰德文化维度的分析视角》，《北京大学教育评论》2019年第3期。

② 刘保中：《"鸿沟"与"鄙视链"：家庭教育投入的阶层差异——基于北上广特大城市的实证分析》，《北京工业大学学报（社会科学版）》2018年第2期。

一定程度上的教育分层。

（一）教育起点的分层

长期以来，我国实行的义务教育均衡发展工程促进了义务教育阶段起点的公平，但是受家庭背景的影响，仍存在一定程度上教育机会和起点的不公。一些研究表明，家庭背景在子女教育机会获得方面的影响作用越来越强，具体来看，家庭的教育观念、经济资本和文化资本等都在子女的教育机会取得上发挥着重大作用。家庭条件优越，父母理念先进、愿意为孩子投资的家庭，能给予孩子更多的投入，包括经济、陪伴、引导、帮助和支持，孩子会享受更多的受教育机会。而家庭条件相对处于劣势的父母，或者出于经济困难，或者出于对孩子的期望值偏低，为孩子接受继续教育的经济付出比较低，某种程度上影响了孩子求学的机会，造成了继续教育的起点不公平现象。还有一些处于农村偏远地区的家庭，受环境条件的制约，难以为孩子创设更优质的教育环境，影响了孩子享受更优质教育的机会。

（二）教育过程的分层

在教育过程中，人人享有相对公平的教育条件是教育公平的重要考量因素。但是，受家庭背景的影响，不同的学生受教育条件会存在千差万别。条件优越的家庭会为孩子的成长成才创设更优质的环境和条件，选择更好的学校求学，为孩子提供更多优质的学习培训，让孩子有更多的机会全面发展，优质发展。而家庭条件相对处于劣势的父母，会在一定程度上受限于为孩子提供良好的教育条件，会造成教育过程机会的不公。2021年，我国"双减"政策正式推行，国家对校外培训机构进行了规范和治理，但不可否认"影子教育"在激烈的分数竞争和家长及学生的需求下，其热度仍保持高位，教培机构、一对一辅导以及私人家教等多种提分方式的"影子教育"仍充斥着学生的周末和节假日。这对于家庭资本不占优势的家庭来说，仍是较重的负担。长此以往，会出现新的教育过程不公的隐性问题。

（三）教育结果的分层

教育结果公平最直接的体现就是学生毕业后进入社会获得工作机会和发展机会的公平。家庭资本对学生的成长发展并非绝对影响，但通过大量研究表明，仍会存在一定的影响。家庭对教育结果的影响主要表现在两个方面，一是直接影响，父母是否能够直接为孩子就业提供优质的机会；二是间接影响，通过对不同教育起点、过程的影响，最终影响孩子的成长发展机会。家庭背景优越的学生，通过家庭为其提供更多更为优质的学习机会，有可能有更多机会获得社会地位和经济价值更高的发展途径和发展平台。相反，家庭背景相对较弱的学生，成长和发展途径相对受限。研究表明，父母的职业地位和受教育程度对进入更为优质的学校就读有显著的促进作用。家庭社会经济地位越高的学生也更可能选择学术教育轨道。[①]

第三节　新时代教育公平问题产生的原因分析

教育公平是一个长期存在的问题，是伴随着教育活动一直存在的问题，受相应阶段的政策、文化和经济的影响，其中区域经济发展不平衡、由来已久的城乡二元结构、教育制度政策原因及地域文化差异等是影响教育公平的主要因素。

一、区域经济发展不平衡

20世纪八九十年代的简政放权和分税制改革让地方拥有了一定的教育投资和管理权，这在释放学校办学活力的同时，也在一定程度上造成经济社会发展水平相差较大的区域形成明显的教育差距。[②]经济发展区域不平衡导致教育发展表现出明显的地区差异，而在整个教育体系中，尤以高等教育与经济发展之间的失衡问题最为突出。我国东部地区的经济发展水平较高，中西部地区则相对落后，而对应的不同区域在教育经费投入上也呈现出东多西少，东强西弱的局面。以2019年为例。全年东部地区生产总值511161亿元，中

---

① 吴愈晓：《教育分流体制与中国的教育分层》，《社会学研究》2013年第4期。
② 陈南、程天君：《以"高质量教育公平"国家战略回应时代挑战》，《人民教育》2023年第2期。

部地区生产总值218738亿元，西部地区生产总值205185亿元。[1]东部地区2019年全年的教育经费支出为14032.63亿元人民币，中部地区为9320.48亿元人民币，西部地区则是6404.12亿元人民币。[2]地区教育经费的支出会在较大程度上受到该地区经济发展的影响，东部地区的经济发展强盛，中西部地区的经济发展较弱。相比于中西部地区，东部地区在教育经费的多方投入上更为充裕。

二、城乡二元结构的影响

城乡二元结构制度以城乡二元户籍制度为基础，衍生出其他各项城乡二元分化制度和体系。新中国成立之初，我国为了扭转经济发展落后的局面，制定了一系列的发展规划和体制安排，使国家走出农业大国的落后状态，发展为工业强国。1958年，开始改革户籍制，户籍制度以城市户籍和乡村户籍划分，这项改革削弱了农村在社会发展中的地位，农业、农村被边缘化。此后，城市的各项发展，如经济、文化、教育、公共服务等都优于农村，两者差距逐步扩大，因此，社会就发展成两种身份居民的二元社会。这种以户籍制度为基础的城乡分割的二元体制，衍生出了教育制度的不平等，亦已成为我国教育公平所面临的较为突出的问题。

三、教育公平制度供给不足

有学者认为，现阶段我国教育公平制度供给不足，严重影响了教育公平制度结构系统的完整性，妨碍了教育活动的公平和公正。评价一项制度的好坏，并不只是停留在设计完美的理论"经院制度"，更重要的评价尺度在于这些理论制度在具体实践运行中所取得的成果。某项失败的制度也不一定只在于制度设计上的缺陷，在制度具体实施过程中的失效也会导致该项制度的失败。在制度运行过程中主要存在三个问题会影响到教育公平制度的运行。一是存在一定不透明不公开的现象。教育制度涉及人口广泛，不同的人站在不

---

① 数据来源：《中华人民共和国2019年国民经济和社会发展统计公报》。
② 王津善：《社会阶层固化趋势下的我国教育公平问题与治理对策研究》，硕士学位论文，西安建筑科技大学马克思主义学院，2020。

同的角度对教育政策的理解各不相同，不能正确地理解教育制度的本质和内涵，造成教育制度在运行过程中的异化，影响了教育制度的最终实效。二是存在一定的监管不力的现象。对政策落实的监管存在机构之间打太极，难以相互协调的问题，导致无法形成合力促进教育制度的高效运行。同时，没有充分调动人民群众对教育制度的监管也是导致教育制度无法充分运行的原因之一。三是责任机制不够完善。一些制度在运行过程中存在责任跟进缺乏的现象，存在运行边际成本过高，导致制度最终难以付诸实践。

四、地域文化差异影响较大

文化是人类精神活动的产物，抽象意义上的文化是意识层面的文化，包含世界观、人生观和价值观；具体意义上的文化，包括自然科学与技术、语言和文字等内容。除去经济和政治因素，文化因素是对教育产生深刻影响的第三大因素。在工业化和城镇化不断发展的背景下，城市文化和乡村文化发生了分化，城市文化更具有时代性和创新性，生活节奏更快，乡村文化更具有封闭性，更简单，生活节奏慢，因此城市文化更加符合工业化和城镇化发展的需求，更加符合现代化发展的趋势，便成了主流文化，而乡村文化因为不入流而渐渐消逝，并逐渐"被城镇化"。因文化具有绵延性，一旦形成便根深蒂固，所以出身农村的学生即使进入城市也很难在短时间内适应城市文化。同时，在教育领域也表现出明显的城市文化价值取向，包括一些政策导向和课程设置也更多地体现城市文化的特点，乡村文化在教育领域也存在被边缘化的问题。这样农村学生在学校教育中也处于劣势地位，造成了新的教育不公的问题。

第四节　新时代推进教育公平的方向路径

教育公平是教育高质量发展的先决条件，直接影响着教育高质量发展，影响着人民对教育的满意程度。新时代推进教育公平，要站在教育强国和社会主义现代化强国建设的高度，全方位推动各阶段教育的质量提升，缓解教育不均衡、不充分的问题，满足老百姓日益增长的对优质教育的需求。在"有学上""好上学"的问题解决后，现在面临的关键问题是"上好学"。所以，精准定位各级各类教育公平问题，提高解决教育公平问题的针对性和有效性，才能将教育改革发展的成果更加公平地惠及全体人民。

一、进一步提高学前教育的普及普惠水平

（一）提高经费保障力度

经费投入是学前教育发展的基本保障。为进一步提高学前教育普及普惠水平，需要进一步拓展思路，创新体制机制改革，完善财政性和非财政性经费投入和使用机制。一方面，建立以"政府投入为主、家庭合理分担、社会力量适当筹措"的经费投入保障制度，逐步加大对普惠性幼儿园的支持，特别是在生均公用经费的保障方面，要力求做到公办园和普惠园相当。另一方面，调整经费结构，在保证生均公用经费不变的前提下，提高教师队伍的待遇，积极开展教师培训，不断提高教师专业化水平，增强教师队伍稳定性，提高学前教育保育水平。

（二）合理配置普惠性幼儿园

建设普惠性幼儿园是进一步推动优质均衡普惠性学前教育的重要抓手。要做好统筹规划，在全面了解经济发展、城镇化发展进度和人口出生变化的基础上，科学合理地配置普惠性学前教育资源。一方面，在人口出生率高的地方，城镇化率高的地方，特别是在两孩政策和三孩政策实施之后，对学前

教育需求旺盛的地方，要通过新改扩建的普惠性幼儿园保障人民群众子女的入园需求，力求做到公平。另一方面，在农村地区，特别是一些偏远的农村地区要通过预测预警，合理裁撤或合并幼儿园，优化资源配置。同时，可以在条件成熟的地区，通过政策引导，搭建帮扶平台，促进公办带民办，优质带薄弱，城区带乡村等形式扩大优质资源的覆盖率，让更多优质资源惠及更多的民众。

（三）构建科学有效的幼儿园评价体系

构建科学有效的评价体系有利于学前教育健康稳步发展。依据中共中央、国务院印发的《深化新时代教育评价改革总体方案》，系统推进学前教育领域评价改革，构建科学有效的幼儿园评价机制。一方面，要明确幼儿园的办园方向，建立符合幼儿身体成长规律的评价指标体系，促进幼儿身心健康发展，避免"小学化"倾向。另一方面，要坚持科学评价，不但要有结果性评价，更要注重过程性评价与发展性评价，重视自评与他评相结合，促进内涵质量提升，最终促进幼儿园向优质均衡发展，切实发挥好"指挥棒"的导向作用。

二、积极推进义务教育优质均衡发展

（一）促进义务教育城乡一体化优质发展

义务教育城乡一体化发展是乡村振兴战略的基本要求，是国民素质提升的根本保障，是实现中华民族伟大复兴的人才支撑，是新时代、新征程经济社会发展的应有之义。2021年，我国县域义务教育基本均衡督导评估验收全部通过。接下来，义务教育面临的新任务是优质均衡创建工作。优质均衡就是要求更为全面、更高质量、更加满意。一是统筹城乡教育基础资源，促进乡村教育特色发展。根据城乡教育发展的经济社会环境以及人口流动情况，完善向农村倾斜的投入政策以及特色发展支撑政策，充分发挥农村教育的优势，突出农村地区的发展特色，把优势做得更优，特色做得更特，打造成为能够与城区教育互促共进的特色优质教育。二是统筹城乡教师资源，切实提升教师专业素养。在义务教育基本均衡实现之后，制约教育、制约乡村教育质量提升的核心力量是教师队伍建设。因此，切实提升乡村教师队伍能力，是新时代统筹城乡一体化发展的关键之关键。通过政策倾斜吸引优秀年轻教师留在乡村，通过人文关怀和精神关怀让优秀教师常驻乡村，通过提高教师待遇和工资福利让教师稳扎乡村，通过加大培训力度和城带乡导师制不断提升乡村教师队伍专业素养，满足"人人都想成为好教师"的幸福诉求。三是注重生源的平衡调配，促进均衡发展。用优质的师资、良好的硬件、更优的成长机会、关爱保护政策以及生源均衡政策，缓解乡村生源流失的问题。

（二）着力提高义务教育办学质量

提高义务教育办学质量是办好人民满意教育的重点工作之一。着力提高义务教育办学质量，需要强化课堂主阵地作用，优化教学方式，加强教学管理，完善作业考试辅导，切实提高课堂教学质量。加强课程教材建设，提高校本课程质量。进一步完善招生考试制度，建设以发展素质教育为导向的科学评价体系。建设完善县域义务教育质量、学校办学质量和学生发展质量标准体系。充分发挥教研的积极作用，依据区域发展特点，挖掘学校发展特色，以促进学生核心素养形成目标，以问题为导向，开发以课堂教学改革为主题的课题研究，以课题研究引领区域义务教育全学段、全师生、全学科课堂教学质量提升，进而促进全域办学质量的提升。

（三）积极推动教育数字化发展

教育数字化有利于促进优质教育的可及性和覆盖率。优质教育资源的短缺，城乡、区域、校际的教育差异是客观存在，也会随着时代的发展衍生出新的差异。要如何做大"优质教育"资源这块蛋糕，充分发挥有限的优质教育资源的覆盖面，"互联网+"教育，让数字化赋能教育，是可行之策。通过搭建中小学智慧教育公共服务平台，不断开发，及时更新优质教育资源，一方面可以为薄弱学校、偏远山区、落后地区学生提供自主学习的平台，另一方面也可以为教师成长搭建学习平台，改进教师教学。通过双向提升，促进教学质量的提升，提高义务教育的高质量发展水平。同时，通过数字化赋能，还可以增强家校协同育人能力，促进"双减"落地，提升学生核心素养。通过数字化赋能，还可以拓宽学生视野，提升学生全面适应能力。目前，我国不断建设国家智慧教育平台等公益性数字资源，已取得了较好的效果和成绩。"国家智慧教育平台"荣获 2022 年度联合国教科文组织哈马德·本·伊萨·阿勒哈利法国王教育信息化奖。该奖项是联合国系统内教育信息化最高奖项。[1]
持续加强此类公益性数字资源平台建设，扩大优质教育资源供给覆盖面，提升师生数字化素养能力，不断缩小城乡、区域、学校、群体间优质资源分配差距。

三、积极推动高中阶段教育的高质量普及

（一）推进高考招生制度改革

高考制度是基础教育改革的指挥棒，也是职业教育改革、高等教育改革的助推器。一是要系统规划，统筹城乡差异。充分考虑城乡教育的差异性，通过特招、专项招生等优惠政策，给中西部薄弱地区考生提供更多的进入重点高校的机会，为更多学子创造更多享受优质教育的机会，并逐步形成完善的长效机制。二是要综合推进，注重学段协调。高考改革影响着高中教学模式的变化，选课走班、小班化教学、志愿选报、师资配置、硬件匹配等都会随着高考改革进行一系列的改革调整，同时，也会影响基础教育的教学模式改革，也对职业教育和高等教育招生和办学提出新的挑战。可以说，高考改革是"牵一发而动全身"的改革，需要树立大教育观，进行综合改革，互促互进。三是要注意改革的科学性和专业性。高考改革是一项专业性极强的任务，涉及命题机构、考试机构、招生机构等，需要各环节提高专业水平，提升工作的科学性才能确保高考招生顺利开展。四是要注重多主体的协调性。高考改革涉及不同的社会主体，有政府、社会、学校、家长等。在改革过程中要兼顾他们的不同影响和作用，协调各主体的利益诉求，创造条件形成合力，推进高考招生制度改革的顺利开展与落地。

（二）坚持高中多样化发展

高中多样化发展是时代的诉求，可以满足不同学生个性化发展，多样化发展需求。在新时代，新高考背景下，实现教育公平，高中多样化发展可以从两个方面发力。一方面，可以尝试依据不同高中的发展特色建立不同类型

---

[1] 国家智慧教育平台获联合国教科文组织教育信息化奖，（2023-06-10）。http://wap.moe.gov.cn/jyb_xwfb/gzdt_gzdt/s5987/202306/t20230610_1063656.html。

的高中，比如综合高中、科技高中、人文高中、艺术高中等，为各类高中建立不同的培养目标，建立符合学校发展特色的制度，提供相应的条件支撑，促进各类高中协同发展，"各美其美"。另一方面，打造多样化的高中课程体系。课程多样化是高中多样化发展的核心。根据不同学校的发展特色和培养目标，对接高校学科专业课程需求，优化高中课程设置、整合课程模块、开发校本课程，构建多样化可选择的课程体系，满足不同学生个性化的学习需求。同时，要更新教学模式，让学生提前适量接受大学知识，体验大学授课方式，实现高中阶段教育与高等教育的有效衔接。

（三）促进普通教育与职业教育协调发展

普通教育与职业教育协调发展有利于满足人民群众多样化教育需求。不断完善普通高中和职业高中协调发展的教育体系和机制，就要打破以往职业教育只可在内部循环的固有模式，创新职普融通的多样化模式，深化职业教育与普通教育相互影响、相互促进的教育教学，畅通不同类型学生的升学渠道，为学生提供多种发展路径，让具有不同兴趣爱好特长的学生有更多选择的机会。面向普通高中开展职业启蒙教育、劳动实践教育，引导青少年树立技能报国、技能成才的理念。探索推动职业学校和普通高中课程互选、学分互认、资源互通、学籍互转，鼓励学生在规则的基础上自主选择职业教育和普通教育。

四、加快构建现代职业教育体系

（一）深化职业教育供给侧改革

习近平总书记强调，在全面建设社会主义现代化国家新征程中，职业教育前途广阔、大有可为。新时代加快构建职业教育体系，就必须全面加强党的领导，坚持立德树人，落实党的教育方针，提高职业教育的地位，优化职业教育的定位。依据《职业教育法》推动职业教育全方位改革，深化办学模式、育人方式、体制机制改革，促进校企合作，打通职业教育的升学途径，提升职业教育的学历层次，为中华民族伟大复兴培养更多高素质的能工巧匠。一方面，根据地方经济社会发展需求，提升专业与产业发展的匹配度，提升人才的社会需求度。另一方面，依据职业从业标准制定完善专业建设标准，进行分级分类培养，促进每一位职业学校毕业生最大化享受就业机会，实现人生出彩。

（二）优化多元协同的办学格局

多元办学主体是职业教育办学的重要特征之一。优化多元协同的办学格局，一是制定鼓励混合办学的制度机制，创设多元办学的氛围。鼓励有能力的企业特别是大企业参与办学，成为办学主体。吸引国外优质资源参与我国职业教育办学，提升职业教育办学的国际化水平。二是深化校企合作，企业专业技术人员与学校教师共同商讨专业课程设置，提升专业培养的实用性，提升专业与产业需求的契合度。三是加强教师队伍建设。一方面聘请优秀企业家、能工巧匠、技能大师和专业拔尖人才到校担任兼职教师和技术顾问，另一方面引进高技能型创新型人才任教。同时，加强师德师风建设，强化教师综合素质培训，鼓励教师进入企业提升动手操作能力，提高职业院校的"双师型"教师的比例，扩大受教育面。四是继续加大职业教育投入力度。为职业教育公平发展，高质量发展提供必要的经费和物质支撑，补齐长期以来的教育短板，为接受职业教育的学生提供更优质的教育资源，促进教育公平发展。

（三）强化职业教育类型定位

第四次修订的《中华人民共和国职业教育法》中明确指出，职业教育是与普通教育具有同等重要地位的教育类型。党的二十大报告强调，要优化职业教育的类型定位。职业教育作为重要类型教育组成，强化其类型定位，有利于更好地发挥职业教育在提升国民素质中不可估量的作用。强化职业教育类型定位，一是要提高职业教育自身建设水平。夯实中等职业教育基础地位，提高中等职业教育关键办学能力；全面建设高等职业教育，发挥其在人才培养、技术创新等多元社会功能；高质量建设职业教育本科院校，打通技术技能人才升学通道，满足人民群众多样化教育选择。二是要落实落细统筹职业教育、高等教育、继续教育协同创新的发展目标。从思想上高度认识职业教育的重要地位，创新发展职业教育与高等教育、职业教育与继续教育有机融合、互促共进的教育模式。不断优化通识教育与专业教育的结合点，生存教育与发展教育的结合点，发挥职业教育在保障就业、促进增收、改善民生、推动人民群众全面发展的重要作用。

五、促进高等教育向更高水平的公平发展

（一）优化高等教育空间布局

受经济社会发展等多种因素的影响，东中西部高等教育空间布局存在不平衡的问题，影响了学生公平受教育的权利，需要进行优化调整。一是要抓住"双一流"建设的历史机遇，以中西部经济发展为基础，围绕产业发展需求，挖掘中西部高校的特色学科专业，促进一流学科和一流专业的发展，提升重点高校建设比例。二是中西部省份可以结合本省优势，制定优惠政策吸引东部重点高校到本地办分院，促进优质资源西迁，引领带动整个地区高等教育的质量提升。三是要站在新的历史起点，扩大对外开放，不但要走出去，也要引进来，利用区位优势、依据"一带一路"倡议，推动人类命运共同体，深入推进共建"一带一路"教育行动，与"一带一路"沿线国家优质高校建立起合作伙伴关系，促进双向留学，开展合作办学，探索新的合作与交流领域，扩大科研合作范围，提升合作特色，推动长期有效合作机制建立，提升中西部高校的国际化水平。

（二）健全高等教育保障体系

促进高等教育公平有质量的发展，要结合地域实际，拓宽思路，创设良好的保障体系。一是要加大经费投入，提升经费保障水平和利用效率。一方面增加政府投入，积极争取中央财政经费支持地方高校改革发展。另一方面，调动社会各界力量多渠道筹措高等教育发展专项经费。二是改善体制机制障碍，创设有利于高等教育发展的环境，提升高等教育办学活力，促进高等教育在良好有序的环境中健康成长。三是充分利用国家对中西部建设的倾斜政策，加强科研平台的建设和培养，努力建设一批教育部重点实验室和工程研究中心，为创新型人才培养提供良好的平台。四是加强信息化平台建设，促进优质资源共创共建共享。一方面是充分利用国家智慧教育公共服务平台，在尊重知识产权的前提下，因地制宜地进行二次创作，通过"微创新"提升师生享受优质教育资源的机会。另一方面，要推进高等教育校企合作、校校合作的信息化平台建设，拓展行业与学校之间的深度交流与合作，实现区域之间、各校之间优质资源互享。五是加大对区域特色学科的扶持力度，整合资金、人才、平台和硬件设施，促进特色学科质量和水平的提升，提升中西部高等教育的竞争力。

（三）加强师资队伍建设

师资力量是决定高等院校教育质量、影响力和竞争力的根本。一方面，要系统考虑，出台人才引进的优惠政策，从各个环节入手，让优秀的人才能够引进来，留下来。除了中西部地区要从政策、经费和环境创设等方面吸引优秀人才"进来"并"留下"之外，东部地区也要对中西部地区的优秀人才"手下留情"。就如教育部办公厅在2021年1月25日下发的《关于坚持正确导向促进高校高层次人才合理有序流动的通知》所指出的，高校之间不得片面依赖高薪酬、高待遇竞价抢挖人才，不得简单以"学术头衔""人才头衔"确定薪酬待遇、配置学术资源。东部地区在抢挖中西部优秀人才时，也要合理地为中西部高校输送需求的人才，与中西部高校建立合作关系，进行科研合作和教学指导。另一方面，中西部高校也要将着眼点放在从提高自身高校教师实力的角度出发，加强对本土教师的培训，提升教师的专业能力，增强自身造血功能，从根本上解决优质师资短缺的瓶颈，促进教育质量的不断提升。

六、加大对特殊教育的扶持力度

（一）推进融合教育发展

融合教育是全新的特殊教育理念，是促进特殊教育公平高质量发展的新路径。通过融合教育，可以让特殊儿童很快地融入普通社会，获得更加美好的生活。要推进融合教育，一是要创设宽松悦纳的环境，让特殊儿童在没有排斥的环境中轻松成长。二是要制定专门的部门统筹管理融合教育的发展，提高普通教育参与特殊教育的积极性和主动性，促进普通教育与特殊教育的深度融合。三是要建立融合教育示范点，搭建普通教育与特殊教育的资源共建共享平台，开设普特融合课程，为特殊学生提供优质课程资源。通过示范点引领整个区域融合教育发展。四是要大力发展非义务教育阶段的特殊教育融合。一方面是推动职业教育与特殊教育融合，设置适合特殊学生特点的专业，让特殊学生掌握一门技能，为残疾学生提供就业的机会；另一方面，尝试幼儿园开展融合教育。鼓励有条件的地方创办特殊教育幼儿班、幼儿园特殊教育班，儿童福利院开设学前特教班等，让更多的特殊学前儿童有机会享受普通教育。

（二）强化特殊教育的支持保障力度

特殊教育是教育中的短板，要不断加强各方面的支持，才能提升特殊教育能力。一是继续加强基础设施标准化建设，改善特殊教育学校的办学水平。做好无障碍物环境建设，提升文化建设水平和信息化建设水平。二是积极推进普通教育与特殊教育相融合，创设条件为有需要的学生提供随班就读的机会。在普通学校配置一定比例的特殊教育教师，创设基本的特殊教育保障措施，做好必要的"兜底"。三是提升特殊教育的服务层级。积极开拓高等职业教育和普通高等教育特殊教育学生的升学渠道，增设适合特殊学生求学的专业，为有需要的学生提供升学机会，重视特殊儿童的成才、发展和进步，让他们有更多人生出彩的机会。

（三）提升特殊教育教师队伍的素养能力

一方面，要从各方面加大对特殊教育师资的培养力度。高校特别是师范类院校和医学类院校要加大对特殊教育专业的重视，加快培养一批特殊教育专业教师队伍；要加大对已入职的特殊教育师资队伍进行定期培训，不断提升特教教师的现代化执教水平。另一方面，要大幅提高特殊教育教师的福利待遇津贴标准，将特殊教育教师的职称评定单列，完善对特殊教育教师的奖励机制，提升特殊教育教师的职业地位和荣誉感，让更多有识之士愿意进入特殊教育行业，让更多的优秀特殊教育教师能够安心留在特殊教育领域潜心钻研提升能力，让更多有需求的学生得到公平而高质量的特殊教育机会。

七、加强终身学习体系的建设

（一）完善全民终身学习推进机制

完善全民终身学习推进机制是建设终身学习体系的关键环节。推进终身教育体系建设需要制定完善终身学习法律法规、设立负责推进终身学习的组织机构、打造开放的教育体系、建立个性化的学习制度等，也是我国完善全民终身学习推进机制的基本路径。但是一个国家的终身学习体系是建立在这个国家的历史传统、社会制度、科学技术发展水平等社会基础之上的，这也就决定了我国建设的终身学习体系必然挖掘中国本土的教育资源，在终身教育体系本身及其建设机制方面形成中国特色，体现世界性与民族性的统一。

（二）优化学习资源供给

习近平总书记指出，要"努力发展全民教育、终身教育，建设学习型社会"[①]。终身教育视域下，受教育机会不再局限于儿童、少年、青年等阶段教育，而是包括全体人民的受教育机会。新时代要大力推进继续教育和职业教育的教育资历认证，以增强职业院校和成人教育受教育者的就业竞争力。通过慕课等国家开放型教育教学资源建设，促进社会各阶段获得接受教育的机会；通过创办老年大学，使老年人也有享受教育机会的权利，有发展自己的可能性；通过在线教育，实现"时时可学、处处可学、人人可学"，使每个人都有实现自己抱负的机会，从而实现人生出彩，与祖国共同进步。

（三）营造良好社会氛围

终身教育无论对个体自身还是对建设学习型社会都具有重要的积极作用。终身教育要充分体现学习空间的开放性与灵活性，学习内容的全面性与多样性，学习目的的丰富性与层次性。在当今日新月异的时代，科技的变革与进步、经济社会的快速发展，一方面需要我们不断地充实自己、完善自己，把学习作为生活的必需，能够从学习中体会乐趣，体验到成就感。另一方面只有在全社会范围内，营造一种学习的良好氛围，国民的素质才能不断提高，劳动力的能力才能不断更新，国家和社会才能得以进步。

[①]《习近平主席在联合国"教育第一"全球倡议行动一周年纪念活动上发表视频贺词》，《人民日报》2013年9月27日，第3版。

第二章　充分发挥教育投入
基础性保障性作用

——健全教育投入长效机制

　　教育投入问题，多年来一直为人们所关注。在过去很长的一段时期内，我国教育事业发展的一个主要"瓶颈"就是教育经费投入不足。数据显示，1991年中国公共教育支出不足世界公共教育支出的2%，负担的三级正规教育的学生却约占世界的20%，人均教育经费约10美元，相当于发展中国家平均数的1/3。[①]2000年11月，我国全日制在校学生约2.3亿人，占全球受教育总人口的20%，规模位居世界第一；而年度公共教育经费为170亿美元，仅占世界各国教育经费总数11500亿美元的1.5%。以占世界1.5%的教育经费支撑占世界1/4的教育人口，[②]这就是我国作为一个发展中国家"穷国办大教育"的真实写照。党的十八大以来，党和国家优先保障和加大教育投入。在2012年，国家财政性教育经费支出首次实现在国民生产总值占比4%的目标。之后国家财政性教育经费支出占GDP比例连续12年保持在4%以上。我国已经进入

---

① 王善迈,赵婧:《教育经费投入体制的改革与展望——纪念改革开放40周年》,《教育研究》2018年第8期。
② 《明天你到哪里上大学——中国民办高校考察报告(下)》,(2000-11-11),《中国青年报》。http://edu.
sina.com.cn/edu/2000—11—11/15169.shtml。

"后4%"时代。①教育投入的工作重点从过去增加投入总量逐步过渡为既要不断拓宽教育投资渠道，保证教育投资的稳定来源，持续增加教育投入规模，提高各级教育生均经费；又要优化教育经费配置结构，健全和完善与高质量发展相适应的教育投资体制和教育财政体制，合理有效精准地分配和使用教育经费，提高教育经费使用效率和效益。

第一节　教育投入与教育发展

一、重视教育投入与教育投资的理论基础

教育投入，也称教育经费、教育资源、教育经济条件，指一个国家或地区用于发展教育事业，培养各级各类人才所需的全部人力、物力和财力等费用的总和。教育投入以货币的形式表现出来，就是教育投资。1998年，我国颁布了《面向21世纪教育振兴行动计划》，其中明确提出，要"……必须转变把教育投资作为消费性投资的观念……把教育投资作为一种基础性的投资，千方百计增加教育投入。"这一论断是我国在教育投资理论研究和思想认识上取得的一个重大突破。

从本质上讲，教育投资就是一种生产性的投资。教育生产者的劳动能力，具有较强的商品性、生产性和投资性特征，这是马克思曾论述过的"所谓非物质生产领域中的特例"。早期西方经济学家也对教育经济价值有过一些观点论述。例如，古典经济学家亚当·斯密（Adam Smith）首次将人的经验、知识、能力作为国民财富的主要内容和生产要素。②德国历史学派的先驱李斯特

---

① 陈纯槿、郅庭瑾：《世界主要国家教育经费投入规模与配置结构》，(2018-03-18)。http://www.niepr.ecnu.edu.cn/2a/70/c17379a207472/page.htm。

② 王善迈：《教育投入与产出研究》，河北教育出版社，1999，第2页。

（Friedrich List）提出精神资本即为智力的成果和积累。[1]英国经济学家马歇尔（Alfred Marshall）则认为投资教育、改革教育是扭转英国衰落的重要举措。马克思主义的社会再生产理论认为，社会再生产过程是物质资料的再生产、劳动力的再生产和生产关系再生产的统一。劳动力再生产是社会再生产的重要组成部分，是社会再生产正常进行的必要条件。马克思创立的劳动价值论更进一步指出生产商品的劳动具有二重属性。马克思认为，生产劳动分为简单劳动和复杂劳动，单位时间内，复杂劳动所创造的价值大于简单劳动，复杂劳动需要劳动力付出更多更高的教育投资，而复杂劳动创造更高价值的背后是教育和训练的结果。

第二次世界大战后，随着第三次科学技术革命的兴起和社会生产力高度发展，劳动的科技含量和自动化程度大幅度提高，工业结构和产业结构迅速改变，生产劳动逐步变为科学劳动，社会劳动不断智力化，科学技术和教育对经济增长率的贡献越来越大。在这种背景下，20世纪50年代末60年代初期，在美国出现了人力资本理论，并对随后几十年西方教育和经济产生了广泛的影响。这一理论紧密联系美国等发达国家经济发展的实际，具体地计算了教育投资的收益率和贡献率，进一步证实了教育投资是一种生产性极强的投资行为。人力资本理论认为，教育投资于人力资源，经过教育和培训，成为人力资本，增加了产品的科技含量、文化含量、艺术含量等，提高了物质资本的边际生产率，促进了国民经济的增长。这可以从美国等一些国家发展教育产业的实践中得到有力的佐证。同时，西方发展经济学也认为，只有物质资本，没有人力资本，物质资本的效率不能得到充分的发挥。而人力资本的形成需要通过资本投入教育与培训中，从而完成价值转化。

相对于传统的实物形态的物质资本、货币资本，通过投资教育所产生的非物质形态的知识资本和人力资本，作为一种新的极其重要的社会生产要素和财富要素，在知识经济时代和信息时代的经济活动中的作用更为客观，对经济增长更为有利。因为固定资产投资的功能，是追加生产资料，在外延上扩大再生产，它只是发展生产力的第二因素；而教育投资的功能，则是提高

---

① 王善迈：《教育投入与产出研究》，河北教育出版社，1999，第3页。

劳动力再生产的水平，是内涵式的扩大再生产，它是发展生产力的第一的因素。具体来讲，教育的投资功能可以归纳为以下几个方面：第一，教育可以大幅缩短人们的必要劳动时间，从而提高劳动生产率；第二，教育通过对科学知识的生产和再生产，把科学技术转化为生产力来促进国民经济增长；第三，教育通过培养专门人才和智力劳动者来促进一个国家的经济增长。另外，教育可以通过培养上层建筑、意识形态各个领域的人才，对经济增长产生作用，还可以通过陶冶劳动者的思想道德，促进经济的发展。在肯定教育经济功能的同时，还应该看到教育的政治功能、文化功能、道德功能、发展功能。如要解决人与自然关系，实现和谐发展、可持续发展，最终还要靠教育普及和发展。因此，可以说教育投资是全社会的"第一基本建设"。不仅具有重要的理论意义，而且具有重要的现实意义。

二、保障教育投入是实现教育价值的前提条件

教育投入问题作为制定和实施教育政策的核心内容，教育投资是保障教育正常运行最基本的物质条件。教育投资的多寡，既是一个国家教育政策的根本体现，也是衡量这个国家对教育的重视程度及其教育发展水平的重要标志。从教育投资固有的特点看，教育极具战略性，教育发展所需要的资金数额较为巨大，需要长期连续地、不间断地进行投入，达到一定的规模，才能见效，并且教育投入越多，产出越多，符合投入产出比的一般规律。同时，教育投资的风险性较小，其收入回报具有稳定性、成长性的特点，通过投资把一般劳动力转化为具有专门知识和技能的劳动者，可以大幅度地提高劳动生产率，产生较之一般物质生产行业更大的经济效益和社会效益。从我国经济社会发展趋势来看，提高人力资源优势的重要出路在于发展教育。同时，教育是缩小收入差别，促进社会公平的主要途径和手段。人力资本理论研究表明，工资差别在一定程度上反映了教育水平的差别，通过发展教育，缩小国民教育水平的差别，国民收入分布差别就会相应缩小。因此，教育在缩小我国东西差别、城乡差别方面具有重大历史意义和现实意义。

三、优化教育投入结构是拓宽教育投资渠道的基本手段

教育成本，就是指在人才培养过程中实际消耗的所有费用的总和，它是测度某个教育机构为培养人才所耗费的教育资源量的一个基本尺度。美国纽约州立大学的布鲁斯·约翰斯通（D.Bruce Johnstone）教授提出应当通过收取学费或杂费，对教育成本予以适当分担或补偿。斯通认为，教育本质上是一种极具商品性和生产性的投资行为，它对政府、企业和个人都具有一定的使用价值。要获取教育的使用价值，政府、企业和个人都必须从各自的角度进行投资。从政府来说，是为了提高全民素质，开发地方人力资源，推动经济的发展。企业是为了培养拥有高素质的经营管理人才、市场营销人才、财务管理人才、新产品开发和研究人才等，以确保在激烈的市场竞争中获胜。从家庭及受教育者个人来说，则是要在就业后取得较高的收入或较好的发展，也应为掌握一定的经济发展知识和技能进行教育投资。

四、遵循教育投资与效益规律是提高教育投入效能的根本原则

教育投资及其效益，是教育经济学研究的一个核心问题。劳动者劳动能力的发挥，要以劳动者与生产资料的结合为前提，同理，教育投资要产生效益，也是有一定条件的。一般来说，必须具备两个条件：一是有足够的劳动岗位；二是要保证劳动者的合理分配和使用以及必要的合理流动。为此，在一定程度上，必须尊重市场经济规律和教育发展规律，充分发挥市场的决定性作用和政府宏观调控作用，努力使教育资源得到合理配置，产生最佳的经济效益和社会效益。具体来说，教育投资应当遵循的客观规律，主要有教育投资与经济发展相互作用的规律，教育投资的供需矛盾规律，教育投资的超前增长规律，教育投资的区域差异规律，教育成本的递增规律，生均成本与学校规模的反向发展规律等。[①]

---

① 沈百福：《关于教育投资规律的思考》，《教育发展研究》2001年第10期。

第二节　我国教育投入的政策发展方向

一、教育投资的国际比较与分析

(一) 教育经费来源

从教育经费的来源看，各国教育经费的来源一般都是基础教育以政府公共投资为主，高等教育投资渠道更为多元。世界各国的基础教育基本是由省(州)一级的地方政府统辖，而相应的基础教育经费的筹措和提供随之也就成为这一级政府的主要职责之一，中央财政转移支付与地方税收是基础教育经费的主要来源。具有代表性的基础教育投入模式有两种：其一为英国、韩国等为代表的以中央政府转移支付为主的基础教育经费的构成模式；其二为以美国为代表的以地方税收为主要渠道的基础教育经费构成模式。英国的地方教育经费主要来源于中央的转移支付及少量的地方税。英国用于基础教育的财政拨款，一部分拨给中央一级的教育行政机构并由其支配使用，还有一部分通过直接拨款和税收资助拨款等形式拨给地方当局，再由地方当局从中拨出一部分连同地方税收及其他来源的经费一起作为地方教育经费。美国则采取基本资助加专项的基础教育拨款方式。

(二) 教育经费分配

从教育经费在各个教育阶段上的分配情况看，任何一个国家教育投资的重点都不是一成不变的，教育经费在各教育阶段的分配比例有升、有降，经常是随着社会的进步、经济的发展和教育事业的发展而变化的。从总体上讲，世界各国教育经费分配的重点有从初等教育转向中等教育，再从中等教育转向高等教育的倾向。例如，日本在明治年间和大正年间，教育经费投资重点在初等教育上；战后，逐渐转向中等教育、高等教育，1976年高等教育经费比率占教育经费总额的18.4%，比60年代高出了5.4%。[1]

（三）教育拨款模式

从教育拨款模式上看，国际上常用的拨款模式主要有增量拨款模式、零基预算模式、公式拨款模式、绩效拨款模式等。增量拨款模式实际上是一种"基数加发展"的拨款模式。政府部门和负责拨款的机构根据学校上年的拨款数作为基数，参考学校今年的需要，例如，学校是否扩大规模，是否增加新的专业，是否实施新的项目等，在财力可能的条件下确定每年的拨款增量。多数发展中国家采用这种模式。这种模式的特点是便于操作，在财力有限的情况下有利于集中财力办事。这种模式的缺点是随意性较大，受拨款者主观意志影响较多，缺乏透明、公平和效率。

公式拨款模式是建立在对学校成本行为的科学分析的基础上的一种模式。拨款机构在对学校成本行为进行分析之后，确定出一组能够反映学校成本行为的公式来，在征得学校同意后，按照公式算得的拨款额向学校拨款。该模式较好地体现了经费拨款的公平、透明、效率原则，在美国、英国等发达国家得到了广泛应用。

绩效拨款模式是一种以产出为基础的拨款模式。近年来，越来越多的国家意识到绩效是衡量一所学校办学效益的基本因素，因此开始在其原有的拨款模式中逐步引入绩效指标，作为考虑拨款的因素。绩效指标主要包括：教学及学生指标、科研指标、财务及资源管理指标。这种拨款模式的困难主要在于对于绩效的测量以及确定绩效与拨款额的关系。

综观美国、日本等国家的教育投资，主要经验有：一是大力增加教育投入。这已成为当前世界各国教育事业发展的主要潮流。20世纪70年代各国公共教育拨款占GDP的比例，北美发达国家高达7%以上，但在20世纪80年代后有所下降。20世纪90年代以后发达国家的教育投资水平呈上升趋势。1995年，北美发达国家的公共教育经费占国内生产总值比例平均达到5.5%，比1985年提高了0.4个百分点；同期，欧洲发达国家达到5.4%，提高了0.2个百

---

[1] 李新月：《教育投资的来源与负担结构》，《湖北教育经济学会2001年学术年会论文》，2001年10月。

分点。二是教育投资保持甚至超过了国民收入的增长速度。例如，日本在1970—1982年间，国民收入年均增长11.7%，而公共教育投资年均增长率则为15.8%。即使在经济发展的低速增长或停滞时期，教育费也保持了较高的增长率。三是政府公共投资是义务教育的主体。在这一方面，世界各国保持较高的一致性。发达国家和发展中国家在政府应是义务教育投资主体上达成共识，来自政府的公共经费一般均占义务教育投资总额的85%~90%。这种做法体现了义务教育的公共属性，政府在国家公共服务建设和供给方面的基本职能，同时有利于通过政府强有力的手段，切实保证一国范围内义务教育的实际需要和均衡发展，并为每个适龄儿童接受义务教育创造较为平等的机会。[1]四是注意充分调动民间投资的积极性，发挥私立学校的作用。例如，日本除义务教育制的小学和初中，绝大多数是国立和公立外，幼儿园、高中、短期大学、大学以及专修学校等，60%~90%都是来自自筹资金和学生的学费。[2]五是世界各国都采取了符合各国实际的保障措施。主要有以下一些做法：（1）通过立法确立经费保障主体和职责。例如，法国实行集权制，由法律规定国家要负担教育经费的85%以上。日本、韩国、挪威等国走的是自下而上的道路。美国则是典型的分权制，由联邦、州、地方自上而下地确定教育经费总额。（2）税收是重要的经费投入来源。例如，巴西和坦桑尼亚，直接将税收的一部分用于教育，同时还向国民征收教育费。韩国和美国则是征收教育特别税。（3）设立教育基金，拓展经费来源渠道。代表国家有巴西和印度。（4）鼓励和支持捐赠。（5）通过借贷发展教育。主要是非洲较为贫困的国家，肯尼亚、赞比亚等国通过借贷发展基础教育，进行扫盲。（6）发行教育公债。例如，美国曾有41个州通过发行教育公债，来解决校舍建设资金不足的问题。（7）对教育部门提供间接经费等。[3]

---

① 高如峰：《义务教育投资的国际比较与政策建议》，《教育研究》2001年第5期。
② 王利光：《试论日本教育经费的分担与分配——兼谈日本的经验对我们的启示》，《教育科学》1995年第8期。
③ 许劲松、朱蓉蓉、洪林：《论地方高等教育发展中应当处理好的几个关系》，《教育学术月刊》2011年第9期。

二、我国教育投资政策的选择

（一）三种不同的教育投资政策

根据教育投资主体的不同及其在教育总投资中所占比例的差异，教育投资政策可以有三种类型：一是教育成本主要由个人家庭分担的教育投资政策。二是教育成本主要由政府负担的教育投资政策。三是教育成本由个人家庭、企业单位和政府共同承担的教育投资政策。这三种教育投资政策，分别代表了一种特定的教育投资运行机制，各有其特定的功能和适用范围。

第一种政策，即由个人家庭承担教育的主要成本。这种政策一般只适合于比较简单的劳动力生产和再生产过程，因为在社会化大生产条件下，劳动者受个人家庭经济收入水平的制约，受教育的权利和机会都会被限制在一个较小的范围内；再者，教育投资主要按照个人的意愿和偏好来进行，或只作为一件私人的事情由个人来提供，社会将无法按照生产活动的实际需要来组织教学，既不利于人才的培养，也不利于经济社会的协调发展。

第二种政策，即主要或全部由政府承担教育的成本。这种政策能有效地保障教育发展的均衡性与稳定性，可为每个人创造平等的受教育机会和条件。20世纪70年代以前，世界各国教育经费基本上采用全部由政府承担的模式。政府直接投资或包办全部投资造成对教育控制过严、管理过死的结果，使教育发展缺乏应有的生机与活力，也不利于调动社会各方面力量投资教育的积极性，不利于多渠道、多元化地发展教育事业。

第三种政策，实际上是上述两种政策的综合与归纳。它兼备了上述两种政策的优点与长处，因而具有广泛的适应性。从实践看，20世纪70年代以后，由于高等教育从精英化到大众化的转变，教育规模迅速扩大，教育成本日益增长，各国普遍面临着经济困难和公共经费不断增加的压力。为缓解高校财政困难，各国政府开始调整高等教育经费来源结构，逐步形成多元化筹措教育经费机制。

（二）政府投入为主，多渠道投入教育经费投入制度实施的依据

通常情况下，教育投资由谁承担主要遵循两个原则。一是受益原则。即谁受益谁承担。教育投资既可获得经济效益，又可获得非经济效益。受益者

既可以是教育者，同时也可以使整个社会受益。二是能力原则。即谁有能力谁负担教育投资。[①]在具体教育实践中，教育投资由谁来承担的问题还受到具体国家经济、文化等多方面因素的影响。这也是从全球范围看，各国呈现多元化教育投资的原因。但从总体来看，政府是教育投资的主要承担者。

政府将教育投资列为公共经费，且公共经费是教育经费主要来源渠道的立论依据主要有以下几个方面。第一，教育是提高劳动者素质和能力的主要途径，为国家和社会培养大量劳动力，促进经济社会的进步与发展。同时，教育投资的社会收益不仅体现在教育对国民经济增长和个人收入增加的贡献上，还包括相当程度的外溢收益。包括犯罪率下降、社会凝聚力增强、技术创新和代际收益（父母把教育收益传给子女）。另外，教育对发展中国家的人口出生率、保健营养标准也有重要的外溢作用。教育投资不仅可以获得较高的社会效益，而且具有较为显著的外溢效益，依据受益原则，国家和社会是教育投资的直接受益者，应为教育投资的承担者。第二，从教育公平和机会均等的观点来看，如果教育是根据市场情况确定的，那么只有付得起学费的人才能上学。这样不但会出现教育投入不足，而且会影响个人终身收入。因此，这种由教育机会不均等带来的收入分配不公平会世代延续下去。而由于受规模经济的影响，财政收入具有集中性的特点，且可以在全社会范围内进行分配，依据能力原则，由公共经费来资助教育，其效率会更高。政府作为教育投资的主要承担者，通常通过财政拨款、科研拨款、用于教育的税费、专项补助以及对学生资助等形式进行投资。

多渠道筹措教育经费的立论依据是教育成本补偿理论。教育收益率是对个人收取学费的依据之一。在非义务教育阶段，实施个人教育成本补偿的另一个重要理论依据，在于成本补偿的社会公平效果。教育成本补偿的社会效果主要体现在两个方面：一是个人成本补偿会使得教育资源在初等、中等、高等三个教育阶段的配置和不同收入水平的人群中的配置更加公平。二是会使社会收入更加公平。另外，企业也是重要的教育投资者。例如，在职业教育和高等教育领域，企业作为产教融合、校企合作的主体，势必要承担起在

---

① 王善迈：《教育投入与产出研究》，河北教育出版社，1999，第14页。

经费保障、教学实施、效果评价等多方面的责任。享誉全球的德国双元制职业教育，企业作为经费投入的主体，约50%的双元制职业教育成本由企业支出。家庭也是教育投资的主要承担者，一是当家庭看到教育投资的高回报率，家庭参与教育投资的意愿就更高；二是当社会优质教育资源需求大于供给，为争夺优质资源而导致家庭参与教育投资的份额会增大。另外，学校部分收入也用来做教育投资，特别是在高等教育领域。

（三）我国教育投资政策的演进历程

我国政府始终高度重视教育投入。新中国成立后，我国教育经费投入制度较为单一，主要是政府单一投入，但由于经济发展水平较低，人口众多，教育经费投入负担相对较重，是典型的"穷国办大教育"。推动改革的初衷是提高教育经费投入，缓解教育经费短缺的现状。1978年，党的十一届三中全会召开，提出我国处于社会主义初级阶段，根本任务就是发展生产力。推动所有制结构改革，推动社会主义市场经济发展，同时在推进转变政府和财政职能等方面进行了一系列改革。自此，教育经费投入制度由政府单一投入逐步转化为以政府投入为主，多渠道投入。在制度上保障了经费投入的持续增长，鼓励了各方社会资源投入我国教育发展中。我国教育投资政策改革和发展主要经历以下几个阶段：

第一阶段（1978—1985年）：开始实行多渠道筹措经费办法。这一阶段，我国经济建设重心实现了重大转移，经济管理体制发生了重大变化，客观上要求教育也应建立新的教育经费分担机制。典型的政策导向即为教育费附加[①]的开征。1984年，我国在农村学校办学经费方面作出改革，提出要在农村开征教育费附加，按农民和乡镇企业收入的一定比例征收。随后，在1985年，将教育费附加扩大到城市。1985年，《中共中央关于教育体制改革的决定》中明确提出，对基础教育实行"分级办学、分级管理"的体制，地方各级政府成为筹措基础教育经费的直接责任者，有力地调动了地方政府办教育的积极性，这为实行多渠道筹措教育经费的路子迈出了关键的一步。

---

① 教育费附加是由税务机关负责征收，同级教育部门统筹安排，同级财政部门监督管理，专门用于发展地方教育事业的预算外资金。

第二阶段（1986—1992年）：初步形成教育投资多元化格局。1986年，国务院颁布《征收教育费附加的暂行规定》。《中华人民共和国义务教育法》颁布实施，我国教育投资逐步形成了"财""税""费""产""社""基"等六种教育经费来源渠道，即以财政拨款为主，辅之以征收用于教育的税（费）、对非义务教育阶段学生收取学费和对义务教育阶段学生收取杂费、发展校办产业、支持集资办学和捐资助学、建立教育基金等多渠道筹措教育经费的新格局。新格局带来了新变化。据有关资料显示，1985—1991年，全国除政府财政预算内拨款之外，另筹措资金1000多亿元，用以新建中小学校舍2.75亿平方米，改造破旧校舍1.6亿平方米，消除中小学危房4.23亿平方米，使中小学危房比重由20世纪80年代初的16%下降到3%以下。[①]

第三阶段（1993—2011年）：健全教育经费投入体制机制。这一阶段的重点是通过法律的形式，将多渠道筹措教育经费、保证教育经费稳步增长的机制确定下来。[②]一是先后出台多项政策，对教育经费投入制度作了适应经济社会发展和推动教育改革进步的调整。例如，1993年中共中央、国务院印发的《中国教育改革和发展纲要》（以下简称《纲要》），1994年国务院印发的《〈纲要〉实施意见》，1995年颁布的《中华人民共和国教育法》，均对保证教育经费六条来源渠道的支出、增长与管理，做出了明确的规定。2010年，《国家中长期教育改革和发展规划纲要（2010—2020年）》的出台，进一步对加大教育经费投入、完善投入机制以及加强经费管理等方面提出了更为全面系统的要求。二是明确提出要逐步提高"两个比例"和"四个增长"。即提高财政性教育经费支出占国内生产总值的比例和占财政支出比例。中央和地方政府教育拨款增长要高于财政经常性收入增长，按在校学生人数平均的教育费用逐步增长，生均公用经费、教师工资逐步增长。并提出到2012年，国家财政性教育经费支出占国内生产总值比例达到4%。为实现这一目标，教育部会同财政部、国家发展改革委专门成立4%办公室，加强对各地情况的分析评价，推动各地完善教育经费的投入保障机制，有力保障了4%目标在2012年

---

① 资料来源：中国教育经费统计资料，1985—1991。
② 江野军：《基于新公共管理理论的义务教育发展研究》，硕士学位论文，天津大学管理学院，2004，第31页。

顺利实现。三是持续拓宽教育经费筹措通道。1994年，国家对教育费附加做了新的调整，将教育费附加改为在消费税、增值税和营业税的基础上加征3%税率。①2011年，《国务院关于进一步加大财政教育投入的意见》中提出，要将教育费附加征收范围扩大到在中国境内包括独资和合资的所有外资企业和个人，并同时全面开征地方教育费附加。通过开征教育费附加，增加了财政性教育经费。同时，还将政府基金中土地出让收入中按照扣除征地和拆迁补偿、土地开发等支出后余额10%的比例，计提教育资金。②

第四阶段（2012年至今）：优化教育经费支出结构。增加教育投入之后，必须确保把每一分教育经费都用到刀刃上。党的十八大以来，深化多渠道筹措教育经费模式得到进一步巩固和发展。2012年，为推动对农村地区基础教育的投入力度，财政部印发《关于进一步落实从土地出让收益中计提教育资金相关政策的通知》。进一步推进落实2011年财政部、教育部联合印发的《关于从土地出让收益中计提教育资金有关事项的通知》中提出要从土地出让收益中计提10%的教育资金的要求。并进一步强调切实保障教育资金有效使用，加强教育资金的收支监督管理，保障教育资金专款专用，严禁挤占和挪作他用。③2018年，国务院办公厅发布的《关于进一步调整优化结构提高教育经费使用效益的意见》。到2020年，中国已经实现各级各类教育的普及，尤其是义务教育，从基本均衡迈入优质均衡发展阶段，这是加大教育投入力度与优化教育支出结构的成效。在实现各级各类教育的普及之后，要实现各级各类教育的高质量普及，实现《中国教育现代化2035》确定的教育现代化目标，需要进一步增加教育投入，并以全新的教育公平观与质量观，优化教育资源配置。

经过上述四个阶段的发展，我国教育经费的筹措及管理、投资总量及结构等都发生了深刻的变革，初步建立起了教育成本分担机制，形成了以政府

---

① 资料来源：1994年国务院下发《关于教育费附加征收问题的紧急通知》。

② 王善迈，赵婧：《教育经费投入体制的改革与展望——纪念改革开放40周年》，《教育研究》2018年第8期，第4—10页。

③ 财政部：《土地出让收益计提10%作教育资金要落实到位》，（2012-02-03）。http://www.mof.gov.cn/zhengwuxinxi/caijingshidian/xinhuanet/201202/t20120203_625779.htm。

投入为主，多元化、多渠道筹措教育经费的格局。其重要意义在于，逐步改变了教育过分依赖政府的"等、靠、要"习惯以及隔离于社会的"象牙塔"作风，促使各级各类学校面向市场，面向社会，自主办学、开放办学，为教育的发展注入新的活力，有利于加强人才培养与社会需求、科研开发与经济发展的密切联系，提高办学的质量和效益。

三、我国教育投入水平和投入现状

党的十八大以来，以习近平同志为核心的党中央高度重视我国教育事业发展。2012年，国家财政性教育经费支出占GDP的比例首次达到4%。到目前为止，4%已经巩固了12年。我国教育普及水平不断提高，国民受教育机会进一步扩大，受教育程度进一步提升。[1]各级教育普及程度达到或超过中高收入国家平均水平，其中义务教育普及程度达到世界高收入国家平均水平，高等教育从大众化迈向普及化。取得这些成绩的背后，离不开教育经费的稳步投入。

（一）教育经费投入总量增幅显著

从2012年到2021年，国家财政性教育经费累计支出33.5万亿元，年均增长9.4%，高于同期GDP年均名义增幅（8.9%）和一般公共预算收入年均增幅（6.9%），且实现了"四个翻番"，即"总投入"翻番、"财政性教育经费"翻番、"一般公共预算教育支出"翻番、"非财政性教育经费"翻番。[2]实现了"三个80%"。一是80%来自国家财政性教育经费。政府投入是教育经费的第一大来源渠道。二是国家财政性教育经费中，80%来自一般公共预算教育经费。教育成为一般公共预算的第一大支出。三是全国一般公共预算教育经费中，80%来自地方。地方政府成为教育支出的第一大主体。以政府投入为主、多渠道筹集教育经费的体制得到了进一步巩固和完善。[3]2021年教育投入基数的基本格局是：总投入超过5万亿元，接近6万亿元；财政性超过4万亿元，接近5万亿元；一般公共预算超过3万亿元，接近4万亿元；非财政性超过1

---

① 教育部举行"教育这十年""1+1"系列发布会（第十五场）。（2022-09-27）。http://www.scio.gov.cn/xwfb/gbwfbh/jyb/202211/t20221111_618672.html。

② 《教育经费实现"好钢用在刀刃上"》，《光明日报》2022年9月28日。

③ 教育部财政司：《"4%是很大的一件事"：数说教育投入情况》，《当代教育家》2022年第10期。

万亿元。[1]国家财政性教育经费占国内生产总值比例为4.01%。[2]

表2-1 2011年、2021年教育经费投入与支出情况[3]

单位：万亿元；%

	2011年	2021年	年均增长率
全国教育经费总投入	2.4	5.8（是2011年的2.4倍）	9.3
国家财政性教育经费投入	<2	4.6（是2011年的2.5倍）	9.4
全国一般公共预算教育支出	1.6	3.7（是2011年的2.3倍）	2.3
全国非财政性教育经费投入	<0.6	1.2（是2011年的2.3倍）	8.6

（二）生均教育经费水平大幅提高

正是由于教育经费投入总量实现翻番，生均经费水平也同样实现历史性跨越，使得生均财政保障水平得以大幅提高。[4]2021年全国按在校学生人数平均的一般公共预算教育经费为15356.59元，同口径比上年增长2.35%。其中幼儿园9505.84元，同口径比上年增长4.68%；普通小学12380.73元，同口径比上年增长2.22%；普通初中17772.06元，同口径比上年增长1.74%；普通高中18808.71元，同口径比上年增长2.95%；中职学校17095.26元，同口径比上年增长0.58%；普通高等学校22586.42元，同口径比上年增长1.65%。[5]分别是2011年的3.3倍、2.2倍、2.4倍、2.5倍、2.1倍、1.5倍。其中，幼儿园年均增长12.6%，在各教育阶段中增幅最高、增速最快；普通小学年均增长8.3%；普通初中年均增长8.9%；普通高中年均增长9.8%，增幅仅次于幼儿园，支出

① 教育部举行"教育这十年""1+1"系列发布会（第十五场）。（2022-09-27）。http://www.scio.gov.cn/xwfb/gbwfbh/jyb/202211/t20221111_618672.html。

② 教育部、国家统计局、财政部：《关于2021年全国教育经费执行情况统计公告》。http://www.moe.gov.cn/srcsite/A05/s3040/202212/t20221230_1037263.html。

③ 教育部举行"教育这十年""1+1"系列发布会（第十五场）。（2022-09-27）。http://www.scio.gov.cn/xwfb/gbwfbh/jyb/202211/t20221111_618672.html。

④ 教育部举行"教育这十年""1+1"系列发布会（第十五场）。（2022-09-27）。http://www.scio.gov.cn/xwfb/gbwfbh/jyb/202211/t20221111_618672.html。

⑤ 教育部举行"教育这十年""1+1"系列发布会（第十五场）。（2022-09-27）。http://www.scio.gov.cn/xwfb/gbwfbh/jyb/202211/t20221111_618672.html。

水平仅次于普通高校；中等职业学校，年均增长7.9%；普通高校尽管年均增速最低，为4.1%，但支出水平最高，超过2万元。[①]生均一般公共预算教育事业费支出、生均一般公共预算公用经费支出均有所增长。

表2-2　2021年各级教育生均一般公共预算教育事业费支出增长情况

单位：元；%

	2021年	比上年增长的百分率	增幅较大的省份
全国幼儿园	9029.65	4.45	新疆维吾尔自治区(25.56)
全国普通小学	11841.80	1.61	天津市(9.53)
全国普通初中	16790.89	0.95	宁夏回族自治区(7.04)
全国普通高中	17236.78	0.29	贵州省(5.90)
全国中等职业学校	15898.62	1.75	西藏自治区(31.51)
全国普通高等学校	20990.88	0.34	北京市(16.00)

数据来源：《全国教育经费执行情况统计公告》

表2-3　2021年各级教育生均一般公共预算公用经费支出情况

单位：元；%

	2021年	比上年增长的百分率	增幅较大的省份
全国幼儿园	3224.93	5.73	湖北省(29.50)
全国普通小学	2855.13	−0.64	天津市(16.84)
全国普通初中	4203.76	0.48	宁夏回族自治区(20.40)
全国普通高中	4276.76	0.66	贵州省(28.06)
全国中等职业学校	5866.20	6.86	西藏自治区(93.21)
全国普通高等学校	8440.47	3.95	贵州省(39.32)

数据来源：《全国教育经费执行情况统计公告》

---

① 教育部举行教育这十年"1+1"系列发布会(第十五场)。(2022-09-27)。http://www.scio.gov.cn/xwfb/gbwfbh/jyb/202211/t20221111_618672.html。

（三）教育经费支出结构优化

义务教育公平是教育公平的重要组成部分。从教育经费结构上看，我国对义务教育的重视程度较高，在各级教育中占比最大。2021年达到2.3万亿元，年均增长率为8.9%。从2012年到2021年，我国的教育投入增量为3万亿元。其中实现了"三个一半以上"，即在各级教育中，一半以上用于义务教育；各项支出中，一半以上用于教师工资待遇；各个地区间，一半以上用于中西部地区。①党的二十大报告提出，要"加快义务教育优质均衡发展和城乡一体化，优化区域教育资源配置"。学前教育是我国关注的重点之一。2021年，国家财政性教育经费用于学前教育的经费达到2700亿元，年均增长20.6%，在各级教育中增长最快；占比达到5.9%，比2011年的2.2%提高了3.7个百分点。②重视中西部地区教育是促进和提升中西部地区经济社会发展的重要抓手。从2012年到2021年，国家财政性教育经费用于中西部地区的经费，占到50%以上。中央对地方教育转移支付资金用于中西部地区的经费，占到80%以上。特别是新增教育经费优先支持实施教育脱贫攻坚行动，原"三区三州"等深度贫困地区的财政性教育经费年均增速达到12.2%，超过全国平均水平2.8个百分点。③

从对学生资助经费方面来看，对学生资助政策和标准体系不断完善，实现了从学前教育到研究生教育所有学段、所有公办民办学校、所有家庭经济困难学生"三个全覆盖"。全国学生资助金额累计超过2万亿元，年资助金额从2012年的1322亿元，增加到2021年的2668亿元，翻了一番。各级教育阶段的"建档立卡"等家庭经济特别困难的学生得到优先资助，保证了不让一个学生因家庭经济困难而失学。④

加强教师队伍建设是提升教育教学质量的根本。在确保学校正常运转、设备购置、校舍建设、学生资助的同时，我国坚持把改善教师工资福利待遇

---

①《中国教育亮"家底" 十年投入实现"四个翻番"》，（2022-09-28）。https://baijiahao.baidu.com/s?id=1745163736276039922&wfr=spider&for=pc。

②《教育经费实现"好钢用在刀刃上"》，（2022-09-28）。http://m.moe.gov.cn/fbh/live/2022/54875/mtbd/。

③《国家财政性教育经费年均增长9.4%》，（2022-09-28）。https://www.gov.cn/xinwen/2022-09/28/content_5713023.htm。

④ 教育部财政司：《"4%是很大的一件事"：数说教育投入情况》，《当代教育家》2022年第10期。

作为财政教育支出的本中之本优先保障，坚持把义务教育教师平均工资收入水平作为贯彻"不低于公务员"法定要求的重中之重优先落实。在各项支出中，用于教职工人员支出的占比最高，2021年达到61.6%，比2011年提高12.9个百分点，提高幅度最大；年均增长12.1%，显著高于财政性教育经费支出的平均增速，教育经费支出重点逐步从投资于物转向更多投资于人。[①]

第三节　我国教育投入仍需关注的主要问题

一、仍要持续加大教育经费投入力度

（一）教育经费投入总量仍需加大

2012年以来，我国教育财政性投入占GDP的比例已在较长时间保持在4%以上，但从全球范围来看，各国公共财政教育支出占GDP比例总体分布在3.42%~7.26%之间。其中，经合组织国家平均水平为4.79%，欧盟22国平均值为4.75%。2018年，我国公共教育经费投入占GDP的比例为4.11%，低于同年高收入国家4.7%以及中低收入和中高收入国家4.3%的水平。[②]2018年，国家财政性投入的世界平均水平已达到4.9%、发达国家已达到5.1%。同时，我国这一比例从2013年最高的4.3%降到2019年的4.04%，2020年又回升达4.22%，2021年该项比例为4.01%。从投入总量来看，一些学者认为我国已经进入后4%的时代，但横向比较其他国家，仍需进一步加大投入总量力度。教育投入受很多因素影响。我国在1993年《中国教育改革和发展纲要》中提到，要在20世纪末，国家财政性教育经费支出占国民生产总值的比重应达到4%。经过近20年的努力，我国在教育投入上实现了4%的比例。回望疫情三年，虽受经济下行影响，但国家在教育投入方面仍保持4%的投入比例，这是非常

---

① 教育部财政司：《"4%是很大的一件事"：数说教育投入情况》，《当代教育家》2022年第10期。

② 李勇：《新冠肺炎疫情对世界高等教育财政的影响与应对》，《北京教育（高教）》2022年第2期。

不容易的。未来不确定因素和存在的风险挑战依然严峻，无论是来自国际的竞争合作，国际关系的变化，还是来自国内多样繁重的改革发展任务，保证持续稳定提高教育投入总量仍是当前及今后一个时期内教育发展基础和保障的第一话题。

（二）生均教育经费投入仍需增加

横向国际比较显示，我国教育经费投入仍与经合组织国家以及经济发达国家存在一定差距。同时，由于我国人口规模较大，生均教育经费投入水平相对较低。例如，2021年普通高等学校生均一般预算教育经费支出虽有增加，但暂未恢复至2019年的水平，中等职业学校生均一般预算教育经费支出增幅最小（0.58%）。2021年幼儿园生均一般预算教育经费支出增长率比上年下降4.55个百分点。各级教育生均一般公共预算教育事业费只有高等教育增长率较大，其余各级各类教育一般公共预算教育事业费增长率均下降。下降幅度最大的是幼儿园和普通高中，增长率分别下降5.2和4.92个百分点。2021年，教育生均一般公共预算公用经费支出增长率在中等职业学校和普通高等学校有所提升，增长率的增长幅度分别为7.22和15.51个百分点。而其余各级教育生均一般公共预算公用经费支出增长率均下降。特别是普通高中教育生均一般公共预算公用经费支出比上年减少了0.66个百分点。

表2-4　2019—2021年各级教育生均一般公共预算
教育经费支出增长率情况

单位：%

	2019年	2020年	2021年
全国幼儿园	12.30	9.23	4.68
全国普通小学	5.48	3.19	2.22
全国普通初中	5.00	2.80	1.74
全国普通高中	8.36	4.77	2.95
全国中等职业学校	5.99	0.95	0.58
全国普通高等学校	5.43	-4.65	1.65

数据来源：《全国教育经费执行情况统计公告》

表2-5　2019—2021年各级教育生均一般公共预算事业费支出增长率情况

单位：%

	2019年	2020年	2021年
全国幼儿园	14.32	9.65	4.45
全国普通小学	5.97	4.08	1.61
全国普通初中	5.33	3.90	0.95
全国普通高中	9.23	5.21	0.29
全国中等职业学校	8.31	1.59	1.75
全国普通高等学校	5.09	−5.29	0.34

数据来源：《全国教育经费执行情况统计公告》

表2-6　2019—2021年各级教育生均一般公共预算公用经费支出增长率情况

单位：%

	2019年	2020年	2021年
幼儿园	11.5	12.49	5.73
普通小学	1.76	1.04	−0.64
普通初中	2.68	4.27	0.48
普通高中	8.17	9.13	−0.66
中等职业学校	5.84	−0.36	6.86
普通高等学校	3.81	−11.56	3.95

数据来源：《全国教育经费执行情况统计公告》

以高等教育为例。虽然近年来我国高等教育经费逐年增长，到2020年达13999亿元，但是高校生均支出与经合组织国家相比差距还很大。2018年，经合组织国家高校生均支出平均为17065美元，其中美国为34036美元，同年我国普通高校为36294元（折合5485美元），分别是经合组织国家和美国的32%和16%。2020年受疫情影响，我国普通高等学校生均一般公共预算教育经费为22407.39元，比上年减少4.65%，是多年来的首次下降。2021年，我国普通高等学校生均一般公共预算教育经费为 22586.42 元。要实现我国高等教育的高质量发展，多方增加教育经费的投入仍是我国高等教育未来发展的一项重要战略任务。[1]

（三）非财政性教育投入仍需鼓励和规范

从全球范围高等教育来看，多渠道筹措教育经费已形成常态。以德国为例。2021 年德国高校自筹资金比率小幅上升至 55%。2021 高校收入与上一年相比增长了 6%，略高于支出增长，高校收入总额为 366 亿欧元。因此，自筹资金的高校比例略有上升至 55%（2020 年为 54%）。经济活动和资产收入增长了 6%，达到 245 亿欧元，其中 95% 的收入来自大学医疗机构。与 2020 年相比，2021 收入类型中增幅最高的是学生缴费收入，增幅为 11%，达到 11 亿欧元。第三方融资收入同比增长 7%。与上一年相比，2021 年高校筹集的第三方资金增长了约 7%，达到 9.5 亿欧元。第三方资金收入主要用于大学的研发。2021 年，最大的高校第三方资助提供者是德国研究基金会，为 29.8 亿欧元（与 2020 年相比增长 11%），领先于联邦政府的 29.6 亿欧元和工业界的 15.2 亿欧元。[2]另外，德国各类基金会在教育经费投入方面也起到了重要的作用。例如，洪堡基金会和汉斯博勒克基金会，它们在促进高等教育对外交流、提升高等学校科研能力等方面做出了积极贡献。

从教育经费投入的基本制度建设方面来看，目前我国也已形成以政府为主，多渠道筹措的教育经费投入制度。在保障教育经费投入充足的这一问题上，我国主要采取的制度安排为"挂钩机制"，即为财政性教育经费支出要与国民生产总值、财政支出挂钩。从教育产品属性和政府责任来看，我国将义务教育界定为公共产品，其主要特征有二：一为强制性，二为免费教育。义务教育的这两个特征决定了其不能通过市场交换提供，且供求关系由法律做调节。加大财政性教育投入在义务教育领域也是政府要承担的职能。但同时，也应考虑鼓励更多具有公益性和普惠性的民办教育资源进入教育领域，协调发展公共教育资源与社会教育资源。特别是当前构建终身学习的教育体系，

---

① 李勇：《新冠肺炎疫情对世界高等教育财政的影响与应对》，《北京教育（高教）》2022 年第 2 期。

② 《德国 2021 年高校支出增长》，（2023-04-05）。https://www.sohu.com/a/663240652_121123998。

在托育、学前教育、高等教育、职业教育、继续教育、老年教育以及其他社会教育等各领域，引导、扩大和规范社会教育投入，厘清基本教育公共服务和满足人民群众个性化需求的教育服务，制定和实施与经济社会发展相适应的教育经费投入体系。

二、政府公共教育经费支出的分配结构亟待优化

2018年，国务院办公厅发布的《关于进一步调整优化结构提高教育经费使用效益的意见》指出，我国一些地方经费使用"重硬件轻软件、重支出轻绩效"，监督管理有待进一步强化。该文件同时强调，重点保障义务教育均衡发展，始终坚持把义务教育作为教育投入的重中之重，切实落实政府责任。这一要求是具有针对性的。一些地方发展教育，存在重视形象工程、政绩工程的问题，如由于高中阶段教育、高等教育有比较高的政绩显示度，地方重视高中阶段教育、高等教育的程度，就超过义务教育、学前教育。而保障基本公共教育，是政府发展教育的首要职责。到2020年，中国已经实现各级各类教育的普及，尤其是义务教育，已从基本均衡迈入优质均衡发展阶段，这是加大教育投入力度与优化教育支出结构的成效。在实现各级各类教育的普及之后，要实现各级各类教育的高质量普及，实现《中国教育现代化2035》确定的教育现代化目标，需要进一步加大教育投入，并以全新的教育公平观与质量观，优化教育资源配置。

以高等教育为例。党的十八大以来，党和国家高度重视高等教育。高等教育作为创新人才培养和科技创新的摇篮，国家投入大量的财力进行支持和发展。与国际比较发现，我国高等教育经费投入仍显不足。与经合组织国家平均水平相比，2018年我国高等教育经费投入占教育经费总投入的26%，低于经合组织国家平均水平29个百分点。2018年我国高等教育经费总投入为12013亿元，不足占GDP的2%。与经合组织国家平均水平相比，低1.4个百分点；与美国相比，低2.5个百分点。[①]2018年，我国财政对普通高等教育投入占GDP的比例与经合组织国家平均水平相比，仍低1个百分点。同时，2018

---

① 李勇：《新冠肺炎疫情对世界高等教育财政的影响与应对》，《北京教育（高教）》2022年第2期。

年我国高等教育经费投入占教育经费总投入的26%，低于经合组织国家29%的平均水平。2021年，德国高等教育支出为672亿欧元，较上年增长4个百分点。在高校的科研经费支持方面。纵向来看，中国大学的科研经费一直在增长，2019年在全国研发经费中，高校占比8.1%，但与加拿大（41.5%）、英国（23%）、法国（20%）、美国（12%）等发达国家相比仍有差距。

以县域高中为例。目前我国县中规模占全国普通高中学校规模的50%以上。但县域高中在发展保障中出现了不少问题。近年来，从中央到地方，一系列有关县中发展的相关政策举措纷纷出台。当下"县中振兴"政策主要在推动结对帮扶、开展区域教研、缓解优质生源流失、优化区域教育生态上发力，而县中的高质量发展，办学经费的保障是关键。从既有情况看，欠发达地区县域高中的发展困境亟须得到实质性改观，办学经费不足导致县中办学困难的现象在欠发达地区表现得特别突出。经费不足导致的不仅是硬件设备建设落后，也限制了师资力量的提升。2020年，全国普通高中教育经费支出4305.29亿元，其中中央财政拨款，包括教育基础薄弱县高中建设项目15.2亿元和普通高中改造计划59.2亿元，合计74.4亿元，只占全国普通高中教育经费的1.73%。①

以职业教育为例。党的十八大以来，我国对职业教育投入持续增长，职业教育规模不断扩大，但与实际需求相比仍存在较大差距，职业教育仍是各级各类教育中的"短板"，与其培养规模、应有地位和积极作用不相匹配。2010—2018年，各类教育经费总投入量逐年增加，年均增长率为11.32%，其中高职教育经费投入量总体处于增长态势，从1051.49亿元增至2159.28亿元，年均增长率为9.41%，但是每年的增长差异变化较大；普通本科教育经费年均增长率为10.24%，比高等职业教育高0.38个百分点，但经费投入总量远高于高等职业教育，是高等职业教育经费投入的4倍以上。2020年国家明确提出"新增教育经费趋向于高等职业教育，要有重点地扶持、补齐教育经费投入短板，逐渐加大高职教育经费投入力度"，但从教育总经费来看，高职教育经费

---

① 《建议加大对欠发达地区县中教育投入》，（2023-03-02）。http://www.ceweekly.cn/2023/0316/408097.shtml。

在教育总经费中的占比变化不大，处于4%~6%的范围之内。与此同时，2018年高职院校年招生数为368.83万人，占高等教育的46.63%，在校生人数为1133.7万人，占高等教育的40.05%，高职生均一般公共财政预算经费已达15792.01元。本科生均一般公共财政经费投入为20754.46元。根据经合组织国家教育经费的投入，高职教育的办学成本是普通高等教育的2.64倍，显然我国高等职业教育人均公共财政投入偏低，教育经费投入与办学规模不协调。[①]

以托育和基础教育为例。我国0~3岁的托育，目前还主要依托市场力量解决，要建立生育友好型社会发展普惠托育，必须强化政府的投入责任；3~6岁的学前教育，虽然普惠园率已经超过85%，但是一些民办普惠园获得政府扶持经费有限，要把这些幼儿园建设为真正的普惠园，应增加学前教育财政性教育经费投入。目前，学前教育财政性教育经费占总财政性教育经费的比例为5%。要普及高质量的学前教育，需要将这一比例提高到9%。[②]这意味着，政府要对教育支出结构做出进一步调整。发展优质均衡的义务教育，需要对均衡提出更高要求，当前，中国义务教育已基本实现县域内的均衡，接下来，要推进实现省（市、区）域内的均衡，这就对经费保障提出更高的要求，需要将以县级财政为主保障基础教育经费机制，改为以省级财政统筹为主的机制。

三、区域教育投入仍存在不平衡现象

区域教育投入存在不平衡的现象与各省市经济发展水平密切相关。党的十八大以来，我国教育经费投入集中提高"三区三州"等深度贫困地区的教育发展，但由于长期以来经济发展水平的差距，区域教育投入仍存在不平衡的现象。

2020年，教育经费总投入排名突出的地区为：广东省、江苏省、山东省、浙江省、河南省。广东省总体教育投入达554241840千元，其中地方教育投入达538695584千元，地方教育投入占广东省总体教育投入的97.20%。江苏省总体教育投入达365295627千元，其中地方教育投入达337173315千元，地方

[①] 古翠凤、刘学祝：《高等职业教育财政投入不充分不均衡问题探析》，《职业技术教育》2022年第27期。

[②] 《普及有质量的学前教育须先补师资短板》，（2019-03-07）。http://www.moe.gov.cn/jyb_xwfb/s5148/201903/t20190307_372521.html。

教育投入占江苏省总体教育投入的92.30%。宁夏回族自治区总体教育投入不高，为28903395千元，但其中地方教育投入为27919326千元，地方教育投入占宁夏回族自治区总体教育投入的96.60%。青海省总体教育投入为29367554千元，其中地方教育投入为29313506千元，地方教育投入占青海省总体教育投入的99.82%。从以上占比可以看出，一是无论是教育经费投入规模较大的地区还是教育经费投入规模相对较小的地区，地方教育经费投入占比均较高。相对中央教育经费投入而言，地方教育经费投入是教育经费总体投入的主体。二是正是由于地方教育经费投入占比较高，因此与其区域经济发展水平密切相关。经济发展水平较高的地区，教育经费投入也相应较高。反之，则相对较低。

2020年，一般公共预算支出排名前十名的省份和地区中，一般公共预算教育经费占一般公共预算支出比例排名突出的是广东省、山东省、浙江省、河北省和江苏省，比例分别为20.79%、20.38%、18.43%、18.32%、17.18%。一般公共预算支出排名后十名的省份和地区中，一般公共预算教育经费投入占一般公共预算支出比例排名靠前的是重庆市、甘肃省、海南省、天津市和西藏自治区，比例分别为16.65%、16.41%、15.35%、15.00%、14.32%。区域教育投入的差距较为明显，另外优质教育资源较为丰富的江苏省和浙江省等省市调整部分经费至公共服务等其他项目，推动整体公共服务的能力水平提升。

表 2-7　2020年教育经费投入排名前十的省份和地区

单位：千元

教育经费投入排名	地区	合计	中央	地方
1	广东省	554241840	15546256	538695584
2	江苏省	365295627	28122312	337173315
3	山东省	321525405	11299463	310225942
4	浙江省	300658818	12197668	288461150
5	河南省	281388428	1165676	280222752
6	四川省	268914971	22314760	246600211

教育经费投入排名	地区	合计	中央	地方
7	北京市	262218562	111368128	150850434
8	河北省	215076841	2248799	212828042
9	湖南省	197145357	8619491	188525866
10	湖北省	196011143	28179896	167831247

数据来源：《2021年中国教育经费统计年鉴》

表 2-8 2020 年教育经费投入排名后十的省份和地区

单位：千元

教育经费投入排名	地区	合计	中央	地方
31	宁夏回族自治区	28903394	984068	27919326
30	青海省	29367554	54048	29313506
29	西藏自治区	31692837	44227	31648610
28	海南省	46448864	128091	46320773
27	天津市	71280996	10962560	60318436
26	吉林省	80529808	8481994	72047814
25	内蒙古自治区	85361781	256863	85104918
24	山西省	100752568	36822	100715746
23	辽宁省	120586788	10700797	109885991
22	新疆维吾尔自治区	123720836	13425872	110294964

数据来源：《2021年中国教育经费统计年鉴》

表 2-9 2021 年部分地区一般公共预算教育经费占一般公共预算投入支出比例

单位：%

一般公共预算支出排名	地区	2021年	比上年增长	2019—2021年年平均比例
1	广东省	20.79	0.49	19.90
2	江苏省	17.18	−0.5	17.45
3	山东省	20.38	0.07	20.25
4	四川省	15.53	0.51	15.31
5	浙江省	18.43	−0.21	18.19
6	河南省	17.82	0.03	17.69
7	河北省	18.32	0.79	18.03
8	上海市	12.02	0.01	11.92
9	湖南省	17.11	0.97	16.37
10	湖北省	15.44	1.34	14.62

数据来源：2019、2020、2021 年全国教育经费执行情况统计公告

表 2-10 2021 年部分地区一般公共预算教育经费占一般公共预算投入支出比例

单位：%

一般公共预算支出排名	地区	2021年	比上年增长	2019—2021年年平均比例
31	宁夏回族自治区	13.94	−0.06	13.47
30	青海省	12.42	1.14	11.83
29	海南省	15.35	0.03	15.13
28	西藏自治区	14.32	1.05	13.18
27	天津市	15.00	1.02	14.04
26	吉林省	13.09	0.43	12.80
25	甘肃省	16.41	0.49	16.14
24	重庆市	16.65	1.14	15.74
23	山西省	15.37	1.08	14.78
22	黑龙江省	11.90	0.46	11.85

数据来源：2019、2020、2021 年全国教育经费执行情况统计公告

总体上看，我国东中西部教育投入存在不平衡，东部教育投入水平优于中部教育投入水平，而中部教育投入水平又优于西部教育投入水平。以高等教育为例。我国东中西部地区普通高校大学生的预算内人均教育经费差距明显。东中西地区普通高校占有教师资源存在较大差异，专任教师数量及高级职称人员的占有量呈现明显的不均衡现象。据统计，2019年东部地区高等教育学校（不含民办）的专任教师数量是西部地区的1.80倍，而正高级职称数量东西部比达2.40倍。虽然与上年的2.41倍相比差距有所缩小，但各地区之间仍存在很大的差距，东部的高学历水平专任教师数多于中部和西部，尤其是东部和西部差距较大。在普通高校办学效益方面，从校舍面积、房屋和建筑物的花费、专用设备数量和花费金额、图书数量和花费金额等来看，三大区域的差距很大。据统计，东部地区高校购置专用设备金额和图书数量百分比是西部地区的3倍以上。[①]这说明学生在图书资料和实验仪器资源的享用方面存在着较大的差距，这就相应地影响人才培养的质量。

四、各级财政投入支出有待进一步优化

　　2019年，国务院办公厅印发《教育领域中央与地方财政事权和支出责任划分改革方案的通知》，其中一是明确规定了义务教育办学涉及学校日常运转、校舍安全、学生学习生活等经常性事项，所需经费一般根据国家基础标准，明确中央与地方财政分档负担比例，中央财政承担的部分通过共同财政事权转移支付安排；二是明确了涉及阶段性任务和专项性工作的事项，所需经费由地方财政统筹安排，中央财政通过转移支付统筹支持；三是将不同地区中央与地方财政分档负担比例从东部、中部和西部三档精细划分为五档。由此可见，中央和地方共同承担义务教育财政事权，但我国地方财政支出存在较大差异。部分县级政府发展县中教育的事权和财权不匹配，一些县级政府财政困难导致生均公用经费无法落实。国家及省级层面对经济欠发达县区学校办学条件跟踪评估和定期调度机制有待进一步完善。充分发挥市级政府

---

① 《深度分析！2021年中国高等教育行业建设现状与发展趋势分析 三大区域布局不均衡》，（2021–03–19）。https://baijiahao.baidu.com/s?id=1694625094768071241&wfr=spider&for=pc。

区域经济中心作用，加强市级统筹，加大市级财政资源配置重点向经济欠发达县区倾斜力度仍需进一步加强。

第四节　进一步提高教育投入效能的思路

一、促进多元化教育投入

以政府投资为主，多渠道筹措教育经费，是我国改革开放以来通过实践总结的发展教育事业的一条正确的道路。教育的社会公益性和政府所承担的责任，决定了政府是教育投资最重要的主体，也是筹措教育经费最主要的渠道。要持续保障财政投入，全面建立生均拨款制度，保证国家财政性教育经费支出占国内生产总值比例一般不低于4%，确保一般公共预算教育支出逐年只增不减，确保按在校学生人数平均的一般公共预算教育支出逐年只增不减。

要鼓励扩大社会投入，完善政府补贴等政策制度，完善非义务教育培养成本分担机制，逐步提高教育经费总投入中社会投入所占比重。鼓励扩大社会投入，完善政府补贴等政策制度，完善非义务教育培养成本分担机制，逐步提高教育经费总投入中社会投入所占比重。同时，需要规范和鼓励社会力量办学。鼓励捐、集资办学。例如，山西省在20世纪80年代就组织开展了声势较大的集资办学热潮，广大群众热情支持教育，关心教育事业，有力出力，有钱出钱，在改善农村中小学校舍条件方面起了重要作用。2001年山西省社会捐、集资办学经费达到28848.9万元，相当于全省地方预算内教育经费的5.6%。在一定程度上，积极争取世界银行贷款等外资项目和港澳台友好人士的捐资等，吸收国外优质教育资源，加强跨国境的教育服务交流与合作，促进中外合资、合作办学。吸纳更多社会资金进入教育领域，整合财政性教育收入和非财政性教育收入，可以拓宽教育投入来源，增加教育投入，更好地服务教育发展。

以高等教育为例。对于高等院校来说，提高其自主筹资能力和资源利用效率是非常重要的。一方面，高校应提高自主筹资能力，努力扩大办学资源。进一步加强科研、继续教育和基金经营等工作，增加科研经费及其成果转化收入、培训收入、校友和社会捐赠收入、投资收入、相关附属企业或教学医院收入等；优化学科布局，做强核心发展领域，同时加强理工科建设，既实现学科交叉，也增强筹资能力。从国内外获得经费较多的大学可以发现，实力强劲的综合型大学，特别是理工科院校占有明显优势。另一方面，高校应完善资源配置与共享机制，提高资源配置和使用效率。应强化成本管理、战略管理和绩效管理，形成以重点发展领域和绩效评价为导向的资源配置模式。加强与其他高校、科研院所和企业等校外机构的实质性合作，实现校内外资源设施共建共享。①

以职业教育为例。一是以"双高计划"建设单位为示范引领，推进校企合作，深化产教融合，不断拓展校企横向技术服务。高职院校要建立健全科研制度体系，完善科研项目经费管理办法，促进科技成果转移转化，不断提高横向技术服务到款额。2022年，我国有188所"双高计划"建设单位创造的收入总计约25亿元；其中到款额超千万的院校有81所，占比约为43%。要借鉴推广一些成功经验做法，例如，定期组织教师深入企业，实施"以合同代立项"的横向项目管理模式创新。二是发挥中央财政撬动效应。截至2021年，我国197所"双高计划"建设单位，3年总投入超过439亿元，其中中央财政资金投入62.58亿元，带动地方财政投入144.65亿元、举办方投入6.74亿元、行业企业投入54.55亿元、学校自筹170.57亿元，拉动其他预算资金投入约为中央财政专项的6倍，充分发挥了中央财政极大的撬动效应。②

二、合理调整教育经费支出结构

科学规划教育经费支出，合理确定阶段性目标和任务。重点保障义务教育优质均衡发展，始终坚持把义务教育作为教育投入的重中之重，落实政府

---

① 李勇：《新冠肺炎疫情对世界高等教育财政的影响与应对》，《北京教育（高教）》2022年第2期。
② 中国教育科学研究院、全国职业高等院校校长联席会议编著：《2022中国职业教育质量年度报告》，高等教育出版社，2023，第57页。

责任。不断提高教师队伍建设保障水平，健全中小学教师工资长效联动机制，确保中小学教师平均工资收入水平不低于或高于当地公务员平均工资收入水平。着力补齐教育发展短板，积极支持扩大普惠性学前教育资源、普及高中阶段教育、发展现代职业教育，财政教育经费着力向深度贫困地区和建档立卡等家庭经济困难学生倾斜。聚焦服务国家重大战略，统筹推进一流大学和一流学科建设，持续支持部分地方高校转型发展，落实中西部高等教育振兴计划。持续加大课程改革、教学改革、教材建设等投入力度。

一是积极支持实施重大项目。坚持顶层设计、总体规划、政策先行、机制创新的基本原则，着力解决教育发展关键领域和薄弱环节的问题。对关系教育改革发展全局的项目，做好统筹规划和宏观指导工作。地方各级人民政府要结合本地实际，因地制宜地实施好相关重大项目。二是着力保障和改善民生。教育经费安排要坚持以人为本，重点解决人民群众关切的教育问题，急难愁盼的教育问题，切实减轻人民群众教育负担，使人民群众能够共享加大财政教育投入和教育改革发展的成果，保障公民依法享有受教育的权利。大力支持基本普及学前教育、义务教育均衡发展、加快普及高中阶段教育、加强职业教育能力建设、提升高等教育质量、健全家庭经济困难学生资助政策体系等重点任务。三是优化教育投入结构。要统筹城乡、区域之间教育协调发展，重点向农村地区、边远地区、民族地区以及其他经济欠发达地区倾斜，合理配置教育资源，加快缩小教育差距，促进基本公共服务均等化。要调整优化各教育阶段的经费投入结构，科学安排日常运转经费与专项经费。四是进一步提高义务教育学校公用经费保障水平。在继续落实好义务教育学生"两免一补"政策的同时，重点支持地方提高义务教育学校生均公用经费基准定额，落实"双减"要求、做好课后服务工作；进一步提高寄宿制学校公用经费补助标准和北方地区部分省份取暖费补助标准等，保障学校正常运转。五是由按照经济科目分类的教育支出逐步引入教育支出功能分类和教职工支出分类，进一步明确教育资源配置与学生教育成就间的联系，促进学生有效学习。

三、深化教育经费管理体制改革

增加教育投入和提高教育经费的使用效益，是解决我国教育经费不足的两个重要方面。教育也要注重投入产出，强调社会效益和经济效益。当前，各级各类学校的"钱袋"相对于过去而言，都明显地鼓了起来，充足了许多，伴随而来的就是如何减少或避免教育资源的浪费，确保有效地使用教育经费，提高办学质量和效益。按照中央提出的事权与财权相统一的原则，对政府财政教育经费支出实行在国家预算中单独列项的管理体制，进一步做好教育拨款模式改革的研究，建立拨款激励机制，确保努力提高教育经费的使用效益。继续实行项目管理，专项经费，专款专用，确保教育事业发展经费的需求。要把市场经济的价格、供求、竞争等机制等适度引入教育领域，加强学校的财务管理，合理编制预算计划，科学配置教育资源，确保"好钢用在刀刃上"。对于学校公用的图书、仪器设备等，要统一规划，统筹配置，改变按院系、按层次重复设置的情况。加快学校后勤社会化的步伐，减少非专任教师的比重，节约经费用来改善教学条件，提高教学质量。完善教职工"聘任制"，工作任务"岗位责任制"和劳动报酬"结构工资制"，提高教师的周课时量，裁减冗员，降低师生比。同时，加强教育财务审计与监督工作，强化各级各类学校的财务管理，防止和杜绝教育经费的挪用、浪费，使教育经费财尽其用，物尽其用。

教育薄弱环节还很多，亟须进一步加大财政教育投入。建立各级各类教育的生均拨款制度，是保障教育经费稳定增长的长效机制和重要手段。进一步明确划分政府间的教育事权和支出责任；进一步完善教育转移支付制；进一步完善财政性教育经费统计口径。建立保障财政教育投入的长效机制；提高财政教育资金使用效率，完善绩效拨款制度；优化财政教育投入结构，重点投向中西部地区和农村基础教育；加强对财政教育资金安全使用的监督。在具体支出项目之间要突出"优先"，将教师队伍建设作为教育投入重点予以优先保障，不断提高教师队伍建设保障水平；在地区和群体之间要侧重"倾斜"，着力向经济欠发达地区和家庭经济困难学生倾斜，防范义务教育"中部塌陷"的发展局面，推动实现教育基本公共服务全覆盖；在教育经费投入格局上要找准"痛点"，加强对基础教育的支持，尤其是学前教育，历史欠账较多，应受到重点关照，完善机制，落实责任。科学管理使用教育经费。要全面落实管理责任，建立健全"谁使用、谁负责"的教育经费使用管理责任体系。要全面改进管理方式，以监审、监控、监督为着力点，建立全覆盖、全过程、全方位的教育经费监管体系。要全面提高使用绩效，建立健全体现教育行业特点的绩效管理体系。要全面增强管理能力，落实完善资金分配、使用和预算管理、国有资产管理、科研经费管理等制度体系。①近几年，虽受经济下行影响，但国家财政性教育经费占国内生产总值比例继续保持在4%以上，中央财政教育支出安排超过1万亿元。对此，教育部工作重点明确提出要提升人民群众教育获得感。只有深化教育经费投入机制改革，从法律上保障和规范教育投入，不断提高教育投入水平和经费使用效益，才能实现充分、有效、精准的高质量教育供给，办好人民满意的教育。

全面推进教育经费的科学化精细化管理。一是要坚持依法管理与科学管理。严格执行国家财政管理的法律法规和财经纪律，建立健全教育经费管理的规章制度。强化预算管理。提高预算编制的科学性、准确性，提高预算执行效率，推进预算公开。坚持绝对充足和相对充足兼顾、数量充足和质量充足统筹、事前充足和事后充足协同的财政投入原则。②二是要明确管理责任。地方各级人民政府要按照教育事权划分，督促有关部门采取有效措施，加强经费使用管理。各级教育行政部门和学校在教育经费使用管理中负有主体责任，要采取有效措施，切实提高经费管理水平。三是要加强财务监督和绩效评价。进一步完善财务监督制度，强化重大项目经费的全过程审计，建立健全教育经费绩效评价制度。四是要加强管理基础工作和基层建设。充分发挥基层相关管理部门的职能作用，着力做好教育基础数据的收集、分析和信息化管理工作，完善教育经费支出标准，健全学校财务会计和资产制度，规范学校经济行为，防范学校财务风险。

---

① 《把义务教育作为教育投入的重中之重》，(2018-08-28)。http://edu.people.com.cn/GB/n1/2018/0828/
c1053-30255578.html。

② 张万朋、张瑛：《从公平走向充足：新时期我国义务教育财政投入的目标转向与提升》，《教育发展研究》
2022年第24期。

四、依靠法治调控和规范教育投资行为

近年来，随着教育投资渠道的拓展，教育投资主体及其投资方式已渐趋多元化，与此相伴，也不同程度地出现了投资行为不规范，甚至是投资行为混乱的现象。例如，以营利为目的的投资，导致乱收费、高收费。由于投资主体的权益得不到保障，致使其积极性受到严重挫伤。由于投资主体的权利义务不明确，致使其与有关单位发生纠纷，甚至对簿公堂等。凡此种种，究其根源，都是因为教育投资问题尚未纳入国家法律调控的轨道。要解决这些问题，就必须加强教育法律法规的建设，通过建立健全有关的教育投资法律法规，借助于法律的手段调控和规范教育投资行为。借鉴国外立法的成功经验，结合我国的具体国情，新的教育投资法应当首先确认对教育投资进行法律调控的基本原则，如由举办者负责筹措教育经费的原则，教育成本公平承担的原则，按照不同类别的教育明确不同投资渠道的原则，以及财权与事权相统一的原则等。这些原则尽管在目前的一些教育法律、法规中已有所反映，但仍显零散，且不成体系，需要特别予以全面确认，以利于全社会统一执行。在此基础上，为确保教育投入的稳定增长，应当对各类教育投资主体的地位和作用及其投资模式，包括支出项目、比例标准及拨款程序和方式等，运用法律的形式，予以明确规定，加强法律调控。如对各级政府，明确规定其财政支出中教育经费所占的比例；落实教师工资、医疗待遇、工作生活条件、校舍改造、办学公用经费与仪器图书购置等主要费用的来源渠道，进一步规范教育经费项目的概念和计算口径，以及实行教育事权与财权相统一等。此外，还要注意通过完善人大权力机关的法律监督和工作监督、新闻监督和社会监督、群众监督等各种监督机制，努力保障教育投资落实到位。

第三章　大力激发教育事业发展生机活力

——深入推进教育体制改革创新

　　教育改革创新是全球教育发展的大趋势，也是我国教育发展的必然要求。近年来，教育改革创新越来越受到我国教育界的重视。2018年，习近平总书记在全国教育大会上指出，要坚决破除制约教育事业发展的体制机制障碍，大力推进教育体制改革创新，扩大教育开放，促进高等教育内涵式发展，提升教育服务经济社会发展能力。同年，习近平总书记在深入推进东北振兴座谈会上指出，东北振兴面临着体制机制、开放合作等四方面的突出短板，就深入推进东北振兴提出明确要求。2021年4月19日，习近平总书记在清华大学考察时强调，高等教育要"把深化改革作为强大动力""坚持开放合作"，持续向改革要动力、向开放要活力。教育体制是教育系统的重要组成部分，对教育的其他组成部分起着制约作用。教育体制的改革创新直接影响到其他方面的创新。这既是对我国以往教育实践经验的深刻总结，也是指导当前及今后一个时期内教育改革与发展的重要方针，是保持和促进我国教育事业发展活力的重要抓手，同时也将是整个教育战线面临的一项长期任务。

第一节　教育体制改革创新的应有之义

一、改革创新是教育事业发展的不竭动力

改革创新是推进教育现代化的基本原则之一。教育体制改革创新是由"教育体制""改革""创新"三个概念组成。我们只有在准确界定"教育体制""改革""创新"这三个概念的基础上，才能明确教育体制创新的内涵。教育体制就是指关于各级各类教育之间及其与外部相互关系的制度，它是"一个国家关于教育运行秩序的总体设计，是机构设置和制度建设两方面的总和"①。这就是说，教育体制主要是要构建和规范教育发展中各方主体的基本权利和义务关系，包括办学体制、教育管理体制、经费筹措体制、招生与毕业生就业体制、学校内部管理体制等几方面的内容。教育体制是整个教育系统的核心，直接制约着教育的规模、结构、质量和效益。因而，教育体制的优劣，对一个国家或地区教育事业的发展往往具有影响整体和全局的重要作用。"改革"，即改变与革新。常指改变旧制度、旧事物。"创新"这一概念，是由经济学家从技术应用的角度提出的。随着社会的不断发展变化，改革创新的意义也在不断扩展并越来越深化。从字面含义上看，改革创新既包括事物发展的过程又包括事物发展的结果，一般包括新的发现发明、新的思想和理念、新的学说与技术以及新的方法等一切新事物。可见，改革创新是一个综合概念，是包括教育在内的各种社会事物进步与发展的共同因素。它是作为主体的人为了一定的目的，遵循客观事物发展与变化的规律，对事物的整体或其中的某些部分进行变革，从而使其得以更新与发展的一种活动。

"教育体制改革创新"就是作为主体的人为了一定的目的，遵循教育发展

---

① 王志平、王洪才：《教育创新研究》，天津人民出版社，1999，第35页。

的客观规律，对教育体制的整体或其中的某些方面进行改革，从而使教育体制得以更新的一种活动。从根本上讲，教育体制改革创新就是要激活教育的内在活力，适应教育活动的内在规律，优化并合理地组合教育资源，建立起现代教育制度。教育体制的改革创新的关键不在于寻求一种所谓的"创新的"体制，而是指管理教育的各级政府主管部门运用创新的精神、创新的意识、创新的方法和创新的手段等去制定和不断完善现有教育体制的规则，并能客观、主动、灵活、开放、高效、积极地利用它。

二、深化教育领域综合改革是时代发展的要求

现代制度经济学认为，制度变迁导致经济发展，这一理论同样适用于教育领域。新一轮科技革命和产业变革加速演进，创新是第一动力，但创新不是凭空臆造，它深深扎根于教育这块肥沃的土壤，建立在对知识的传播、转化和应用基础之上，无论是知识创新还是技术创新，都离不开教育创新对它的支撑。尤其教育体制创新是教育创新的核心内容，直接影响着教育其他方面的创新。

从世界各国特别是美、英、德、日等发达国家推进教育发展的经验来看，它们具有一个共同的特点，就是都十分重视教育制度的创新。这主要表现在以下几个方面：一是进行办学制度创新，形成多元化的办学主体。美国、英国都具有民间办学的传统，办学主体在20世纪以前以教会、皇室、社团和富商为主，但进入高等教育大众化阶段后，则主要由政府力量来推动，政府是主要的办学主体，政府对高等教育的投入比例逐年上涨，在20世纪70年代达到70%~80%。而日本则正好相反，它在历史上是一个主要依靠政府来办学的国家，但在高等教育大众化的进程中却兴起了大量的民间办学主体，私立高等教育学生数占学生总人数的比例一路上扬，由1920年的45%上升到76%，有力地促进了教育投入的多元化。二是进行教育机构的创新，拓展教育功能。在推进实现高等教育大众化的过程中，美、英、德、日等国家都建立和发展了大量新型的教育机构，如美国有赠地学院、州立大学、社区学院，英国有高级技术学院、新大学、开放大学，德国有高等专科学院、综合大学、职业学院、远程学院，日本有短期大学、高等专门学院等，有力地促进了高等教育的多样化和分层化。三是进行学校招生制度、学习方式和课程设置体系的创新。在招生制度方面，美国改变了过去选拔录取的做法，在几乎所有的社区学院都实行了新的开放招生制度；德国为在职人员开辟了"第二条教育途径"，允许在职人员通过业余学习获得大学学历；日本采用了推荐制等多种招生方法。在学习方式上，这些国家实行全日制与非全日制、工读交替制与部分时间制等。在课程的设置上，主要是加强了基础课程、跨学科课程和选修课程等。这些做法和经验，对我国教育体制的创新都具有重要的借鉴意义。

我国现代教育体制，经过三次重大的改革。第一次教育改革的主题，主要是从清末开始提出的废除科举，建立新学。所谓新学，是指当时学习借鉴美国、日本的教育制度和教育方法。新中国成立后，实行了第二次教育改革，教育改革主要模仿、移植了苏联的教育体制模式。第三次教育改革是党的十一届三中全会以后，以第一次全国教育大会为标志，党和政府开始从教育体制改革入手，逐步到教育内容、办学机制等，展开了最为彻底的教育改革。这次改革对于推动教育自身取得突破性的改革与发展，对于经济发展和社会进步，正在发挥着极其重要的作用。

过去，我国的教育体制脱胎于苏联计划经济体制下的教育模式，虽经多年的不断改革与演变，已发生了革命性的重大变化，但在一定程度教育体制的运行方式，尤其是资源配置的方式来讲，仍带有浓厚的计划经济的色彩。随着社会主义市场经济体制改革的不断深化，以及国家为适应时代的发展，提出建设国家创新体系等，客观上要求迅速建立起一种与社会主义市场经济体制、政治体制、科技体制相适应的教育新体制，核心是引入、借鉴和吸收现代市场经济发展和现代管理科学中的一切最先进的成果和经验，科学地界定和规范政府与学校、社会和个人在教育运行中的地位、作用及其相互关系，促使形成政府宏观管理，社会积极参与，市场适度调节，学校自主办学的新的教育运行机制。改革创新是时代发展的动力，也是教育发展的主题。深化教育体制改革创新，推动新时代教育改革发展，就是要站在新时代的历史高位，以更长远的战略目标，更广阔的发展视野来回应改革开放和建设社会主义现代化强国对教育提出的新要求，深化教育领域的"放管服"改革，尊重教育规律，充分释放教育事业发展的升级活力，培育更多适应和促进高质量发展的创新型人才。

三、推进教育改革创新是增强人民教育获得感的重要抓手

2023年，习近平总书记在主持中共中央政治局第五次集体学习时强调，要全面贯彻党的教育方针，坚持以人民为中心发展教育，主动超前布局、有力应对变局、奋力开拓新局，加快推进教育现代化，以教育治理厚植人民幸福之本，以教育之强夯实国家富强之基，为全面推进中华民族伟大复兴提供有力支撑。建设教育强国，保证教育公平是基础，提高教育质量是关键，办好人民满意教育是目标。当前，我国面临人民群众日益增长的对更优质、更公平教育向往和需求与教育发展不平衡不充分之间的矛盾。人民群众关心的"有园上""有学上"问题已基本得以解决，但对"入好园""入好学""就好业"的愿望更为强烈。同时，在建设教育强国、推进教育高质量发展的进程中，还存在区域、城乡、校际、群体等的差距。技术的变革与进步、经济社会的发展对人的素质的要求越来越高，每个人只有不断地学习，才能更好地生存和发展。人民群众对职业教育、继续教育以及老年教育等贯穿全生命周期教育服务的期盼也更加强烈。面对这些新的期盼、新的需求以及新的挑战，需要坚持系统观念，可持续发展的原则，改革创新的魄力，坚决破除一切制约教育高质量发展的思想观念束缚和体制机制弊端，把办好人民满意的教育融入深化教育领域综合改革的各个方面和各个环节，用更为公平、更高质量的教育促进人的全面发展。诚如有的学者所指出的那样："国际竞争的核心不是资金和人才的竞争——资金和人才都是可以国际流动的；也不是技术的竞争，而是制度的竞争。从中国长远来看，应该学习的是制度改造。对于这一课题，更需要学习的是政府。"[①]这一观点，对我们当前深化教育体制改革创新具有重要的启示。从根本上讲，当前办好人民满意的教育反映的不仅是教育发展规模的增加和质量的提升，更重要的是一种制度上的改革与创新。

---

① 《建立现代大学制度》，(2012-11-25)。https://fzfg.tit.edu.cn/info/1015/2364.htm。

第二节　我国教育体制改革创新的重要成就

一、走出了一条中国特色社会主义教育发展道路

2018年，习近平总书记在全国教育大会上强调，全面贯彻党的教育方针，坚持马克思主义指导地位，坚持中国特色社会主义教育发展道路，坚持社会主义办学方向，立足基本国情，遵循教育规律，坚持改革创新，以凝聚人心、完善人格、开发人力、培育人才、造福人民为工作目标，培养德智体美劳全面发展的社会主义建设者和接班人。中国特色社会主义教育发展道路是中国特色社会主义道路的重要组成部分。这条道路既遵循教育发展的一般规律，同时也立足于、植根于和体现了中国的具体国情；既继承和发扬了我国优秀传统教育文化，又充分体现了时代特征；既以人民群众的教育需求为起点，又为国家的进步、民族的复兴提供了大批的人才和智力支持。走中国特色社会主义发展道路，深刻地回答了我国教育事业发展进程中方向性、战略性、根本性、全局性的问题。教育系统必须准确识变、主动应变，适应中国式现代化对教育提出的新要求，化解面临的新困难和新问题，夯实道路的坚定性与稳定性，在前行中为推进我国教育事业改革发展。

走中国特色社会主义教育发展道路，就是要坚持党对教育事业的全面领导，这是中国特色社会主义的最本质的特征，也是中国特色社会主义制度的最大优势，更是做好教育工作、办好教育事业的根本保证。坚持党对教育事业的全面领导，是从思想上、政治上和行动上给予教育事业发展方向的正确性和一致性。我国拥有全世界最为庞大的教育体系和教育规模，在教育发展水平上有了历史性的突破，但仍存在发展不平衡，人民群众教育需求差异大的发展难题，运行好、发展好这样的教育体系，加强党的领导至关重要。一直以来，我国坚持党对教育事业的全面领导，深刻领悟"两个确立"的决定

性意义，坚持社会主义办学方向，全面贯彻党的教育方针，把握客观规律，完善党对教育事业的领导体制和统筹管理，在培养什么样的人，怎样培养人，为谁培养人上下功夫，充分体现中国共产党对发展具有中国特色和拥有世界水平现代教育的科学认识。

走中国特色社会主义教育发展道路，就是要坚持把立德树人作为根本任务。党的十八大以来，习近平总书记高度重视立德树人在教育中的重要地位和作用。立德树人就是要培养德智体美劳全面发展的社会主义建设者和接班人。这是培养人和促进人全面发展的根本遵循。在此方面，我国积极将社会主义核心价值观融入国民教育体系中。以多样化的方式让社会主义核心价值观进教材、进课堂、进头脑，就是要以实际行动培养有理想、有本领、有担当的青年一代。提升青年的素质和本领，习近平总书记指出，要从"六个下功夫"，即在坚定理想信念、厚植爱国主义情怀、加强思想道德修养、增长知识见识、培养奋斗精神、增强综合素质上下功夫。在培养广大青少年的实践道路上，深化制度改革，创新教育教学方法，优化评价体制机制，使广大青少年在思想认识上有高度，对国家民族有认同，将爱国意识和爱国情感牢牢扎根于内心和头脑中。在道德品质上有要求，在学无止境上下功夫，磨砺艰苦奋斗的意志，增强学习能力、鼓励创新、加强青少年对美好人生向往和感知等全面的基本能力建设，为国家的进步和民族的复兴贡献力量，为推动人类社会的发展贡献力量。

走中国特色社会主义教育发展道路，还要在扎根中国，以我为主的基础上，融通中外，发展高水平的教育对外开放。改革开放40多年来，我国教育事业发展正是在开放交流的过程中得以延续和发扬。以发展具有中国特色社会主义教育为核心目标，有甄别、有批判地吸收国际先进办学治学经验和成果做法，做到坚持实事求是，做到为我所用，探索和实行更为有效的教育改革和创新，夯实我国教育事业发展力，提升我国教育的世界影响力。在引进优质教育资源方面，通过教育、科研机构以及企业，共同推进教育教学、科学研究以及实践学习等方面的合作项目，积极开展高水平的合作办学。统筹出国留学和来华留学等相关工作，打造"留学中国"品牌，吸引全球杰出青年来华留学。加强与"一带一路"国家的教育互通和文化交流，推动中外人文交流，积极参与全球教育之路，为解决当前世界教育发展存在的问题和面临的挑战共享中国智慧，中国方案。

二、教育为我国社会主义现代化建设作出重要贡献

新中国成立以来，教育在推动国民素质提升方面一直发挥着基础性战略性作用。新中国成立之初，我国人均受教育年限仅为1.6年。2018年，我国人均受教育年限达到10.6年。2022年，我国新增劳动力人均受教育年限为14年。1950年，我国学前教育毛入园率为0.4%，2022年，我国学前教育毛入园率为89.7%。2022年，九年义务教育巩固率为95.5%。高中毛入学率从1949年的1.1%提高到2022年的88.8%。这些成绩取得是党和国家高度重视教育，依次推进一系列教育改革创新举措教育的重要成果。例如，1985年，《中共中央关于教育体制改革的决定》将实行九年制义务教育当作关系民族素质提高和国家兴旺发达的一件大事提出来。进而在1986年、1992年，进一步将普及九年制义务教育作为国家的战略部署坚持下来。2010年《国家中长期教育改革和发展规划纲要（2010—2020年）》出台，提出到2020年基本实现教育现代化的目标。2019年，中共中央、国务院印发了《中国教育现代化2035》，明确在新的历史发展方位，我国已迈入教育强国行列，进而要建设成为学习大国、人力资源强国和人才强国。

党的十八大以来，我国教育服务经济社会发展能力得到了稳步提升，为国家重大战略实施和经济社会发展提供了强大的人才和智力支撑。特别是职业教育和高等教育发挥社会功能和积极作用尤为突出。在职业教育人才培养方面，我国明确职业教育为类型教育的定位组成。从2012年到2021年，中高职学校（不含技工学校）累计培养毕业生将近8000多万人。大力推动职普融通，不断深化产教融合，为我国建设制造业强国提供技术技能人才的有力支撑，缓解结构性人才需求矛盾，同时保障就业促进就业，维护社会和谐稳定发展。在提升高等教育服务经济社会发展能力方面，全国拥有大学文化程度的人口超过2.18亿。2021年高等教育在校总规模达到4655万人，其中研究生在校规模达到365.4万人，博士生在校规模达到55.6万人。专业学位博士招生达到2.5万人，专业学位硕士招生约70万人，占比达到60%以上。①全国超过40%的两院院士、近70%的国家杰出青年科学基金获得者都集聚在高校。②同时，我国及时调整和培养急需紧缺人才。例如，加大对理工农艺的招生比例，在2022年本科招生当中，本科招生规模有一半及以上；硕士生教育阶段的招生规模接近60%；在博士生教育阶段的招生规模超过80%。③深入推进基础学科拔尖学生培养计划，依托77所高水平大学累计建设288个基础学科拔尖学生培养基地，共吸引3万余名优秀学生投身基础学科。从1985开展的"211工程"，到1998年推动的"985工程"，再到2017年"双一流"建设扎实推进，我国高等院校若干学科进入世界一流学科前列。高等院校创新能力持续提升，2012年到2021年，高等院校获得国家自然科学奖的占比达到67%、国家技术发明奖的72%，连续三年牵头获得国家自然科学奖一等奖，在原始创新、关键核心技术攻关等方面作出了重要贡献。同时，在加快科技成果转化方面，2021年高等院校专利转化金额达到88.9亿元，比2012年增加了80.7亿元；专利授权量达到30.8万项，比2012年增加13.9万项；专利转让及许可合同数量达到15000多项，比2012年增加13000多项。④

三、素质教育进入深入推进深化改革的新阶段

党的二十大报告提出，要"坚持以人民为中心发展教育，加快建设高质量教育体系，发展素质教育，促进教育公平"。素质教育的核心思想就是摒弃教育短视、功利性人才培养的思想，着眼于个体和社会的长远发展，面向全体学生，注重学生的全面发展，注重提高学生的基本素质。其中提高学生的基本素质主要是指尊重每个学生的潜能，注重开发他们的潜能，促进学生德智体美劳诸多方面生动活泼地发展。

---

① 介绍2022年全国教育事业发展基本情况新闻发布会。http://www.moe.gov.cn/fbh/live/2023/55167/。
② 介绍党的十八大以来高校科技创新改革发展成效新闻发布会。http://www.scio.gov.cn/xwfbh/gbwxwfbh/xwfbh/jyb/Document/1727543/1727543.htm。
③ 介绍2022年全国教育事业发展基本情况新闻发布会。http://www.moe.gov.cn/fbh/live/2023/55167/。
④ 介绍党的十八大以来高校科技创新改革发展成效新闻发布会。http://www.scio.gov.cn/xwfbh/gbwxwfbh/xwfbh/jyb/Document/1727543/1727543.htm。

素质教育这一概念是在20世纪80年代末提出的。素质教育的提出主要针对应试教育带来的"唯分数"片面追求升学率的学习教育理念，"填鸭式"的教育教学方法以及学生过重的学业负担。针对这些不良的教育现象，当时教育界提出了不少教育概念的提法和实践，其中包括快乐教育、成功教育、和谐教育等。经过教育理论的深入探讨与教育实践的不断探索，最终提出素质教育，并于20世纪90年代末，我国进入了全面推进素质教育的阶段。1999年，在《面向21世纪教育振兴行动计划》中明确提出，要实施"跨世纪素质教育工程"。同年，在第三次全国教育工作会议上，颁布了《中共中央、国务院关于深化教育改革全面推进素质教育的决定》。随后一系列的政策文件出台，进一步明确素质教育的发展方向和实施路径。对人才培养的规律有了更加准确的把握，对推动素质教育实现创新人才培养的目标更加清晰，对深化教育体制改革，坚持教育创新，全面推进素质教育更加坚定。2004年，我国提出要实施"新世纪素质教育与工程"，以整体改革的方式推进素质教育。2006年，素质教育被写入新修订的《义务教育法》。2008年，《政府工作报告》中提到，要"全面实施素质教育，推进教育改革创新"，更为明确了教育改革创新的重点内容即为实施素质教育。2010年，《国家中长期教育改革和发展规划纲要（2010—2020）》出台，实施素质教育被提升到我国教育改革发展的战略主题的高度。与此同时，我国考试招生制度进行了相应的改革，先后于2014年确立分类考试、综合评价、多元录取的考试招生模式。同年，新高考率先在上海、浙江实行。2016年，各省市公布了适合本区域教育实际情况的中考改革实施方案。以发展素质教育为导向的评价体系逐步优化完善。2018年，全国教育大会召开，习近平总书记明确提出要破除"五唯"，要"扭转不科学的教育评价导向"。2021年，中共中央办公厅、国务院办公厅印发《关于进一步减轻义务教育阶段学生作业负担和校外培训负担的意见》，即为"双减"。"双减"的重点工作之一，即为减轻学生过重的作业负担，尊重人才培养基本规律，提升学校教育质量和水平。"双减"作为一号工程，更为科学、深入地实践了素质教育的根本目标。经过几十年的发展和考量，我国对素质教育的理解更为深入，对素质教育发展走向更为明确。素质教育发端于基础教育领域，现如今立足基础教育领域，拓展为全周期人的培养与发展过程，例如，提出关于大中小学生核心素养的培育与建设；对新时代劳动者基本素质的需求；对创新人才的理解和认知等。通过不断深化教育领域的改革与创新，素质教育的发展已然进入了2.0的新时代。

第三节　推进我国教育体制改革创新的重点内容

　　教育体制改革创新的内容是多方面的。当前我国教育体制改革创新是从国家与社会、政府与学校、学校与社会的相互关系以及国家内部、教育内部各组成部门之间的职能划分入手，就办学体制、教育管理体制、招生与毕业生就业体制、学校内部管理体制等方面进行改革创新。确立学校的组织特性和根本属性，进一步完善教育治理体系，提高教育治理能力现代化水平。

一、办学体制的改革创新

　　通俗地讲，办学体制就是从制度上规定由谁来办学，即解决办学的主体问题。一个国家和地区的办学体制，直接反映着其教育体制的性质和发展水平。选择何种办学体制，对于促进社会各种资源向教育合理流动，提高教育资源配置效益，具有决定性作用。

　　环视世界各国，大多数国家为了弥补政府办学机构和经费的不足，通过立法，允许社会团体或公民举办教育机构，与官办教育共同发展。在我国，提出建立健全开放多样化的办学体制，就是要面向社会，逐步开放国内国际教育市场，建立和形成以国家和政府办学为主，社会各界共同参与，多种办学模式共同发展的办学新体制。这对于进一步拓宽办学渠道，增加新的教育资源，以多种机制、多种模式扩大办学规模，提高教育的质量和效益，无疑具有重要的现实意义。

　　建立健全开放多样化的办学新体制，是对我国传统办学体制和办学模式的一次重大突破。从历史上看，中华人民共和国成立以后到改革之初，我国实行的主要是政府包揽办学的体制，将原有公立、私立学校全部接收，整体划归国家所有，政府举办。在发展速度上，主要取决于财政的支持能力。但国家有限的财政支撑能力，严重制约和束缚着教育的发展。这种过于单一的以"国有政办"为主的办学模式，是与社会主义市场经济制度下多种所有制经济结构不相适应的。改革开放以后，随着社会主义市场经济体制日趋完善，非公有制经济即民营经济获得了突破性的发展，一批民办学校应运而生，初步显示了较强的生机与活力。它们强烈要求放宽对民办学校市场准入的限制，获得与公立学校一样公平的政策待遇和法律保障。传统的由国家单一投资的办学体制已经被打破。

在现阶段，从教育机构的举办主体上讲，必须以国家和地方各级政府为主，通称为国有公办型办学模式。对这类教育机构，首要的投资渠道，是要加大各级政府的财政性教育经费，财政拨款应该占到其全部办学经费的60%以上，其余部分可通过由学生缴纳学费、学校"三产"创收和社会提供赞助等方式予以解决。当然，作为构建新的办学体制改革的重要目标和措施，应该而且必须注重运用宣传舆论引导、政策法规保障等多种办法，大力鼓励和支持社会力量以多种形式投资办学和捐集资助学，争取多方面的教育经费支持与帮助。尤其是在非义务教育——高等教育阶段，要加快建立起新的合理的教育成本分担机制和有利于迅速扩大教育投入的社会多元化投融资体系，适度提高受教育者在人才培养成本中所应该负担的比重。

在办学体制的改革上，应向多种所有制格局深化。适应新的形势，应进一步调整政策，鼓励和支持社会力量办学，实行社会化和多元化投入，形成以政府办学为主导，多种所有制办学的新格局。目前，在继续办好国有大学的同时，有些学校可以通过整体改制，转由社会力量办学，实行国有民办；允许由社会各方面筹资，举办股份制学校；社会投资举办民有民办学校，等等，这是多快好省地发展我国教育事业的明智抉择。从我国教育实践看，主要有如下几种办学模式。

（一）民有民办或公民联办型办学模式

民有民办或公民联办型办学模式，是我国民办教育的主体办学模式。由于其办学中所筹集和投入的资金，来自社会和民间，符合国家和社会通过多渠道、多形式发展教育的要求，因而具有长足发展的生命力。根据学校资源主要是资金来源的不同，可分为三种主要类型：一是完全由个人、私人企业主出资兴办的民有民办学校，不享受国家财政的补贴和资助。这类教育机构属私人所有、私人举办，在我国民办学校总数中占的比例较大，主要实施自考助学、职业介绍、职业培训等，进行学历教育的学校相对较少，可在一定程度上进行规范发展。二是民办公助学校，由个人、私营企业和社会团体各方面共同筹资集资办学，并且接受少量的财政拨款支持。这类教育有利于扩大我国民办教育的规模，促使其提高质量和效益。三是公民联办学校，由社会力量与公立学校本着互利互惠的原则，进行合作办学。这种办学模式的好处在于，使两种不同性质的教育资源优势互补，实现办学双方的双赢局面。目前，更应鼓励和支持办学条件好的普通高校与社会力量兴办"二级学院"，普通高校以其师资、声誉、管理投入，社会力量出资建设教学、生活设施和配备仪器设备，实现一种整体上投资少、见效快、信誉好、质量高的发展模式。

（二）国有民办转制型办学模式

国有民办转制型办学模式，就是把一些公立教育机构整体予以改制，转为社会力量经营办学。其特点是将教育所有权与举办权相分离，教育机构的国有性质不变，而筹集和投入学校日常运行所需要的经费，由国家"转移"到办学机构身上，教育运行机制和管理机制发生了变化，即办学机构具有独立的法人地位，自筹经费，自主办学，自我管理，自我发展。国有民办转制型办学模式主要应用于我国高等教育领域。从目前来看，这种办学模式增强了独立自主办学能力，丰富了多样化办学，提高了多主体办学的积极性，是发展民办教育的重要途径之一。

（三）中外合资或合作办学模式

采取"引进来、走出去"的办法，大力开展中外合资或合作办学，着眼于与国际接轨，利用国际优质教育资源，提高教育质量的一种重要办学模式。

习近平总书记指出："要聚焦世界科技前沿和国内薄弱、空白、紧缺学科专业，同世界一流资源开展高水平合作办学，把质量高、符合需要的引进来。"[1]从我国教育的实际情况出发，与国外大学合作办学是讲好中国教育故事，传播好中国教育声音的重要途径，是引进国外先进教育的重要手段，是提高我国高等教育水平和提升我们教育国际竞争能力的有效方式。但要注重以我为主、兼收并蓄。例如，在创新推动海南自贸区在引进国际高等教育资源的进程中，要与适应本土化发展相结合，遵循扎根中国大地办教育的原则，不盲目照搬照抄，坚持与我国教育实际相结合，强调政策的整体性、稳定性、可持续性，实现特殊区域高等教育的有序发展。在开展合作办学模式的同时，还要切实改进国家公派出国留学方式，积极促进双边和多边教育交流与合作，研究和推动与国外互认学历、学位的工作等。既有利于拓宽教育筹资渠道，也有利于学习和借鉴国外先进的教学内容、教学方法和教学管理经验，从而有利于我国教育面向世界，参与全球教育治理。

（四）股份合作型办学模式

股份合作型办学模式，就是指由国家或个人以股东股份的形式，联合出资而设立的教育机构。其管理方式是借鉴股份合作制经济组织的做法，实行董事会领导下的校长负责制，由校长负责具体办学。主要形式有两种：一种是由股东个人出资设立的学校；另一种是以原公立学校的资产及转制后的过渡性投入作为国家投资，与国有企事业单位或民间投资共同作为股本金而设立的学校。这两种办学模式本质上是对传统集资办学的新发展，其好处是，既能回避传统的筹集资金办学的资本风险，又能保证学校办学的自主权和自我约束能力；既能调动社会参与办学的积极性，又能解决学校的公益性与资本的寻利性之间的矛盾。

总之，建立健全开放多样化的办学新体制，既要积极鼓励和支持，又要加强管理和引导，促使其健康发展。例如，对于以产业方式运作的教育集团、以各种融资方式组建的大学城、以改制为主要特征的二级学院等办学形式，只要其符合国家有关法律法规，有益于社会，有益于人民，都可以大胆实验，

---

① 习近平：《论坚持全面深化改革》，中央文献出版社，2018，第475页。

做到以改革的眼光看待它，从发展的角度支持它，通过制定相关的政策措施激励它，促使其持续健康快速地发展。

二、教育管理体制的改革创新

教育管理体制和运行机制的改革创新，是教育创新的重头戏。教育管理体制涉及政府、学校、社会之间的关系。新中国成立以来，我国在教育管理体制上曾进行过几次调整。新中国成立初期建立了中央集权的管理体制；1958年高等学校下放扩大了地方的管理权限；1960年至1961年之后经过调整，又加强了中央统一管理的权限；"文化大革命"时，有大批下放高校，基本上都交给地方管理；1978年之后又基本恢复了17年形成的管理体制。所有这些改革，都是在中央集权这一总的体制框架内，对政府管理的权限划分上所做的调整，政府和学校的关系并未引起根本性的变化，学校与社会直接沟通的渠道并未真正打通，教育主动适应经济社会需要的体制并未真正建立起来。现行教育管理体制，存在着政府集权管理越位，法律法规建设缺位，具体可操作的措施不到位等许多突出的问题，亟待加以彻底的改革。主要内容：一是处理好中央和地方的关系，明确划分中央和地方各级政府的教育管理权限和责任，进一步完善在中央大政方针的指导下，以地方各级政府为主的管理新体制；二是处理好政府与学校的关系，明确政府的职权和责任，落实学校依法享有的各项权利和义务，促使学校真正面向社会（市场）自主办学；三是处理好教育部门和其他业务部门的关系，明确各自的办学职责和管理权限。经过努力，这些关系目前已基本理顺。从实践看，目前改革的思路和目标都较为明确清晰，关键在于实施到位，政策落细落实。

（一）进一步完善中央指导下，以地方政府为主的教育管理新体制

1.高等教育管理体制

我国高等教育管理体制是在计划经济体制下形成和发展起来的。新中国成立初期，我国高等教育实行的是由中央政府委托各大行政区统一管理的体制。1952年院系调整后，逐步形成了由中央政府各部门和省级政府分别投资举办和直接管理的体制。这种管理体制与高度集中的计划经济体制相适应，中央各部门、行业和各省、自治区、市按各自的体系，分别举办并直接管理高等学校的人、财、物，人才的培养和使用也按各自的需要形成自我封闭的系统。这种"条块分割"的管理体制，带有许多与生俱来的弊病，还导致形成了结构布局不合理的状况。因而，一直是国家致力于改革教育体制的一个主要内容。

第三次全国教育工作大会以后，高等教育管理体制改革取得了突破性进展。例如，进一步贯彻落实由国务院授权，把高等职业学校和大部分高等专科学校的管理权下放给省级政府；按照"共建、调整、合作、合并"的"八字方针"，坚决推进改革"条块分割"的管理体制，把中央部门举办和管理的高校大多数划转地方，或以地方管理为主，中央只管少数关系全局和行业性强、地方不便管理的学校。一个在国家宏观政策指导下，由中央和省级人民政府两级管理、分工负责，以省级人民政府统筹协调为主的新体制迅速建立起来。据统计，仅2000年，高校管理体制调整涉及全国49个中央部门的161所普通高校、97所成人高校、271所中专校、249所技工校。其中，55所普通高校划归或并入教育部直属高校，其余都划归地方或以地方管理为主。[1]同时，高校结构布局也进行了合理化调整，初步改变了办学力量分散、重复建设、规模偏小、单科性院校偏多等不合理状况。全国566所高校（其中普通高校387所，成人高校169所）合并调整为232所高校（其中普通高校212所，成人高校20所），净减324所高校。

应当指出，我国高等教育管理体制改革需要进一步理顺其布局结构，健全有关的规章制度，落实中央部门、地方政府、高等学校各自应当履行的职责等。高等教育管理体制改革，不是简单地将学校"下放"，或是将原来的"条条"改成"块块"。与1952年的院系调整相比，改革更具有根本性和长远性，标志着我国教育体制改革已进入新的发展阶段。高等教育的资源配置、决策统筹、规划管理等主要由省级政府负责。与此相适应，要遵循统筹规划、调剂余缺、成本分提、利益分享的原则，扩大高校的社会服务面，鼓励跨地区招生和就业，使教育资源在更大范围内发挥作用。

---

① 周远清：《高等教育体制的重大改革与创新》，《中国高等教育》2001年第1期。

2.农村教育管理体制

1985年，《中共中央关于教育体制改革的决定》明确规定基础教育实行地方负责、分级管理的体制。这一体制的改革有力地推动了基础教育，特别是农村义务教育的普及和发展。例如，山西省普遍实行县、乡、村三级办学，县、乡两级管理，极大地调动了地方各级政府办学的积极性和广大人民群众集资办学、捐资助学的热情，使广大农村的办学条件得到了前所未有的改善和提高，普及义务教育取得了历史性突破。但是，随着农村经济的不断发展和农村改革的全面深化，这种教育管理体制也出现了一些新情况、新问题。特别是在一些进行农村税费改革的地区，原来向农民征收的"三提五统"、教育费附加和教育集资等都被取消，乡镇政府实已无力承担统筹教育发展、整合教育资源之重大责任。按这种体制运行，导致农村中小学经费短缺、教师工资拖欠加剧、教师队伍素质难以迅速提高、教学质量难以保证等。为此，从2001年起，中央决定实行在国务院领导下由地方政府负责、分级管理、以县为主的管理体制。这是党中央、国务院在认真总结农村义务教育发展实践、科学分析当前农村经济和社会发展形势，特别是针对当前农村义务教育所存在的困难和问题，以及农村税费改革后的新情况而作出的一项重大决策。

在各级党委和政府的高度重视下，农村义务教育管理体制改革已取得重要成效。农村义务教育经费投入有了较大的增长，教师工资拖欠问题有了明显改善，中小学危房改造工作进展加快，农村义务教育呈现出良好的发展势头。但是也要看到，这项工作进展很不平衡，有些地方的领导对这项工作重视不够，认识不足，工作进展缓慢；有些县的领导存在畏难情绪，强调客观原因，工作不够积极；有些地方对各级政府发展义务教育的职责划分不清，难以落实责任。所以，必须强调以对党和人民高度负责的精神，抓紧改革、调整和完善农村义务教育管理体制。

改革、调整和完善农村义务教育管理体制，核心是实现两个重大转变，即把农村义务教育的责任从主要由农民承担转到由政府承担，把政府对农村义务教育的责任从以乡镇为主转到以县为主。以县为主，就是县级政府要承担起发展农村义务教育的主要责任。一是统筹规划农村义务教育的发展，逐步调整农村中小学布局，整合优质教育资源，保证义务教育阶段适龄儿童按时入学。二是建立规范、稳定的经费投入保障机制，通过调整本级财政支出结构，增加教育经费预算，合理安排使用上级转移支付资金，做到"三个确保"，即确保中小学教职工工资、确保中小学正常运转经费、确保中小学危房改造所需要的资金。三是加强教职工队伍建设，提高教师整体素质。要严格核定中小学的教职工编制，加强农村中小学校长、教职工管理。四是加强学校管理，提高教育质量，全面实施素质教育，积极推进农科教结合，统筹普通教育、职业教育和继续教育发展。

从中央到地方的其他各级政府也都要充分发挥其应有的作用，具体责任可划分如下：中央政府主要负责制定农村义务教育的方针政策和发展规划，指导开展教育培训工作，加大对困难地区财政转移支付的力度，促进各地区农村义务教育协调发展。省级政府要随着地方财力的不断增强和中央转移支付力度的不断扩大，通过调整财政支出结构，加大省级转移支付力度，合理使用中央财政的转移支付资金等措施，加强对全省义务教育的统筹管理。地市级政府要统筹协调所辖县市区农村义务教育的发展，对财力不足、发放财政供养人员工资确有困难的县，给予转移支付，对农村中小学危房改造给予补助。乡镇政府要继续履行组织义务教育阶段适龄儿童当年入学，防止义务教育阶段学生辍学，维护学校治安和正常教学秩序，组织实施危房改造和校舍建设，治理校园周边环境等职责。乡镇长直接负责乡镇教育工作，帮助改善办学条件和教师生活条件，乡镇中心学校校长负责中小学的教学业务管理。要继续发挥村民自治组织在实施农村义务教育中的作用，组织村民帮助维修校舍，改善办学条件。

改革、调整和完善农村义务教育管理体制，当务之急是做好以下几项工作：一是建立稳定有效的农村义务教育经费投入保障机制，确保按时足额、统一发放教职工工资，确保农村义务教育学校公用经费，确保农村中小学危房改造经费。二是加大监管力度，建立公示制度、举报制度和责任追究制度，保障农村义务教育经费落实到位和有效使用。对挤占、挪用农村中小学教育经费，拖欠农村中小学教师工资，以及不及时修缮危房，造成重大安全事故的，要追究领导和直接管理者的责任。三是进行税费改革的地方，要采取有力措施，切实保证农村义务教育经费高于改革前的水平，并努力做到"三个增长"。四是帮助贫困地区积极发展现代远程教育和数字教育，享受到优质教育资源，实现义务教育的跨越式发展。五是加强对口支援工作，大力开展经常性的助学活动，资助家庭经济困难的学生完成学业。

（二）进一步理顺学校与政府的关系，依法扩大学校的办学自主权

正确处理好政府与学校的关系，实质上是要建立起科学的教育宏观管理体制和运行机制。在我国计划经济体制下，学校与政府的关系是领导与被领导、管理与被管理的垂直从属关系，政府对学校管理得较多。学校办学自主性不强，缺乏强烈的竞争和发展意识。随着我国社会主义市场经济体制的建立和完善，高等教育管理体制改革的深入进行，正确处理好学校与政府的关系已显得十分迫切而重要。

1.明确政府在学校教育中的职责、地位和作用

改革和规范学校与政府的关系，必须明确政府在学校教育中的职责、地位和作用。在政府与学校的关系中，政府居于主导地位，发挥着决定性作用。因为政府是学校的主要投资（所有）者和主要经营者。我国教育的社会主义性质，决定了国家对学校的领导权和所有权，学校的全部教学活动都必须对政府负责，遵守教育的有关法律法规和教育的基本原则、方针等。政府对学校教育工作实施有效的领导和管理，主要应遵循以下几个基本原则：一是坚持中国特色社会主义教育发展道路，保证我国教育的社会主义办学方向；二是依法治校，依法管理；三是对学校的领导主要是宏观目标管理，一般不直接插手学校的具体事务；四是实行国家所有权和学校办学权相对分离。

政府应致力于建设制度和政策环境，规范学校的办学行为，监管学校的办学质量，必须履行好以下职责：一是制定各类学校的设置标准，审核学校的办学条件，审批学校的办学权限。二是编制中长期教育发展规划，提出指导性要求，保证各级各类教育协调发展。三是通过立法，用法律形式明确学校的办学方向、培养目标。四是实施财政拨款。保证高等学校办学经费在国家财政预算中的比例，帮助高校拓宽向社会筹集资金的渠道，激发高校办学的积极性，增强高校自身的造血功能。五是评估与监督。政府应成为学校办学方向和办学水平的权威性评估机构，建立评估机制，制订评估指标体系，规范评估行为，对学校的教育质量进行监督和评估。

2.明确学校及其他教育机构的责任与权利

《教育法》规定，"学校及其他教育机构行使下列权利：（一）按照章程自主管理；（二）组织实施教育教学活动；（三）招收学生或其他受教育者；（四）对受教育者进行学籍管理，实施奖励或者处分；（五）对受教育者颁发相应的学业证书；（六）聘任教师及其他职工，实施奖励或者处分；（七）管理、使用本单位的设施和经费；（八）拒绝任何组织和个人对教育教学活动的非法干涉；（九）法律、法规规定的其他权利。"《高等教育法》规定："高等学校应当面向社会，依法自主办学，实行民主管理。"可见，学校及其他教育机构作为一种社会组织，享有法律规定的一般权利。但是，这种权利不同于民法上的或行政法上的权力，它是学校及其他教育机构为实现其办学宗旨，独立自主地进行教育教学管理，实施教育教学活动，依法享有办学自主权。

3.扩大学校的办学自主权

国外专家的研究成果表明，影响学校办学自主权的因素，主要有如下五个：一是政治需求的程度；二是经费来源的多样化程度；三是学校自我激励与约束机制的完备程度；四是政府间接调控的程度；五是传统文化的渗透程度。在我国各级各类教育的办学过程中，这些因素都不同程度地存在，并且发挥着各自的作用。要深化教育领域"放管服"改革，确保学校依法拥有充分的办学自主权，是正确处理政府与学校关系的关键，也是我国教育体制改革的重点和难点所在。

当前，改革和规范政府与学校的关系，保障学校依法享有办学的自主权，主要的任务是政府必须转换角色，转变职能，严格依法治教，依法治校，切实将法律规定应当属于学校的办学自主权，不折不扣地直接下放给学校，而不能在各级政府中层层中转，环环截留。改革的最终目的和结果，要使学校能够依法自主办学，真正成为独立的市场主体和法人实体，主动适应经济社会发展的要求，增强学校自我积累、自我发展、自我调节、自我约束的能力。以高等教育为例。扩大学校的办学自主权，政府必须把以下几个方面的权力和职能交给高等学校：第一，专业设置权。应当允许高等学校自主设置专业，尤其是根据社会、人才市场的实际需要，自主设置"通用专业目录"上没有的社会需要的专业，增强高校主动服务社会的功能。第二，自主招生权。应当允许高校根据专业实际，自主决定招生办法，自主确定录取标准。第三，人事和机构设置权。应当允许高校自主选聘内设机构的干部，自主聘用教职工以及评聘教师的专业技术职务。第四，薪酬分配权。应当允许高等学校根据自己的经费收入情况酌情确定薪酬标准和分配办法。第五，经费筹措与自用权。政府应监督高等学校进行办学成本核算，允许高等学校合法筹措办学经费，自主安排、合理使用办学经费。

与此相应，保障学校依法自主办学，不仅要政府"松绑"，而且学校自身也要强化"法人意识"，建立和完善有利于学校自主办学的运行机制。在市场活动中，所有参与者在法律上都是平等的契约关系，不是行政性的命令关系，也不存在具有特殊身份的办学主体，否则就会破坏公平竞争的市场秩序。教育市场同样如此，各办学主体的地位必须是平等的，都必须依靠自己的实力展开公平竞争。而这有赖于学校能否依法享有并真正用好办学上的管理权。要遵循教育规律和教育方针，充分利用政府和社会提供的一切资源，主动适应劳动力市场、人才市场的导向和社会需求变化的新特点，适时灵活地调整完善招生计划、专业设置、教学内容和培养目标等，通过进入市场竞争，在提供反映市场需求和价值规律的人才数量和质量中，形成别具一格的办学风格和特色优势，获取良好的声誉、地位和资源奖励，激发出应有的活力与效率。

需要指出的是，强调依法扩大学校的办学自主权，不是不要政府的宏观管理与调控；强调学校要实行民主化管理，也不是要在教育自我封闭的系统里搞所谓完全的"自治"，相反，必须更加明确和强化学校的教育责任，包括确保学校国有资产的合理使用和保值增值等。这是学校根本不同于其他经营性企业公司的主要原因。

三、学校内部管理体制的改革创新

学校内部管理体制是指学校内部的组织机构及其运作规程系统，包括学校内部的机构设置、职责分工、权力分配以及相互之间的关系等。如前文所述，由于我国长期计划经济体制的影响，在政府与学校的定位及其相互关系上，带有政府举办和直接管理学校的特点，学校在一定程度上缺乏应有的办学自主权，不利于办学质量和效益的提高。近年来，随着教育管理体制改革的逐步深入，这种局面有了很大改观，但仍存在一些新的问题。在对外开放合作交流方面，学校面临着国际国内两种资源、两个市场的激烈竞争，对学校自身的管理水平、管理效益，或曰管理的国际竞争力，提出了许多新的挑战、新的要求。在这种情况下，改革和创新学校内部管理体制，当然也就显得更为迫切而重要了。全面深化学校内部管理体制改革，就是要遵循转换机制，优化结构，增强活力，提高效益的原则，进一步改革人事分配制度，改革内部管理模式，建立健全适应社会主义市场经济需要的管理体制和运行机制。高校重点是要精简内设管理机构和人员，实行以岗定薪、按劳取酬、优劳优酬的工资分配制度。中小学要进一步强化校长负责制，推行校长职级制，实行教职工岗位全员聘任制、考核奖惩制、工资总额动态包干制和校内结构工资制等。不论高校，还是中小学校，在学校内部管理体制改革上，要重点抓好以下几个方面的工作。

（一）深化学校内部管理机构改革，减员增效

长期以来，学校内部管理机构重叠、队伍臃肿、人浮于事、效益低下，困扰着学校的改革与发展。高校并校改革后，这个问题更为突出。为此，要根据工作需要，本着有利于提高学校教学科研整体实力，提高教育资源使用效益的原则，大力精简学校内设管理机构，明确其管理职能，规范其管理行为，形成科学决策、自主管理、有效监督的机制。按照学校承担的任务，从确保教学科研需要出发，科学设岗，以岗定人，旨在精简行政管理人员，严格控制工勤人员，努力提高学校的生员比和生师比。在机构和人员编制改革上，决不搞上下对口，不搞因人设岗。根据形势需要，按照相对稳定、合理流动、精简高效、专兼职结合、资源共享的原则，努力探索和建立相对稳定的骨干层和出入有序的流动层相结合的人力资源开发机制。中小学校要严格按照国家和省的中小学教职工编制标准进行核实，根据编制进行科学设岗，为实行聘任制奠定前提和基础。

（二）深化用人制度改革，全面推行聘任制和聘用制

"铁饭碗"现象，即人员能进不能出，职务能升不能降，待遇能高不能低的现象，在学校里同样存在，要害在于缺乏必要的竞争和激励机制，根本出路是应当深化用人制度改革。按照中央的精神，学校应逐步推行全员聘用合同制，把科学设岗和核定编制结合起来，本着"公平、公正、公开"的原则，明确岗位数额、职责、待遇和考核办法，教职工竞争上岗，学校择优聘任，双方建立劳动契约关系，打破用人上的终身制。要以优化教育资源配置为目标，实行任务与投入挂钩、编制定员与经费动态包干的内部管理机制。在此基础上，明确内部机构的责、权、利关系，加强校内考核，实施目标管理。切实改变长期以来教师职务终身制、人员单位所有制，形成优胜劣汰的激励机制，形成比奉献、比贡献、比能力的积极向上的良好局面。

（三）深化分配制度改革，实行多劳多得，优劳优酬

按照"效率优先，兼顾公平"的原则，加大改革力度，建立适合学校特点、与全员聘用合同制相适应的内部分配制度和与聘任制相配套的新工资制度，实行教职员竞争上岗，以岗定薪，按劳分配，优质优酬。建立关键岗位制度，合理拉开分配档次，坚决打破平均主义。对在教学科研上作出突出贡献的给予重奖，对优秀拔尖人才、学术带头人和骨干教师大幅度提高待遇，真正做到一流人才、一流业绩、一流报酬。

（四）深化学校后勤管理体制改革，优化后勤社会化

高校后勤社会化改革是高等教育领域的一项重大改革。长期以来，后勤服务是制约我国高等教育发展的瓶颈之一，"一校一户办后勤，校校后勤办社会"的现象十分普遍，严重扼杀了学校的活力。因此，必须切实加大学校后勤改革的力度，促进学校后勤服务尽快迈向社会化。改革的本质是市场经济在高教领域的具体体现。改革的主要目标是要改变我国高等教育的办学模式，解决制约后勤发展的瓶颈因素。近些年来，这项改革已取得重大突破，但是进展仍存在一定的不平衡，任务还很艰巨。从长远看，具备条件的地区将这一改革纳入当地综合改革中，纳入城市建设发展规划中，投入必要的人力、物力予以重视，探索采取通过政府购买服务的方式为学校提供安保、食堂、宿管以及医疗卫生保健等方面的服务，优化完善由政府主导、社会承办、学校选择的社会化后勤第三产业和社区服务体系。

四、招生和毕业生就业制度的改革创新

招生和毕业生就业制度的改革创新，是我国教育体制创新的一个重要方面。由于它涉及千家万户的切身利益，社会影响很大，改革的难度和承担的风险较大，所以，必须理性思考，精心操作，"谋定而后动"，确保万无一失。应当充分肯定，改革开放以来，党和政府高度重视招生和就业制度的改革，进行了多年的艰苦探索和努力，从总体上讲，进展比较顺利，取得了很大的成效，改革的积极效应正在逐步显现出来。如"文化大革命"后恢复了全国统一考试计划录取新生的制度，实行分数面前人人平等，这对于贯彻教育公平和公正性的原则，保证莘莘学子公平竞争，以及有计划地培养国家所需要的各科类人才等，发挥了积极的作用。从20世纪80年代中期开始，我国部分高校实行招收计划内公费生、计划外自费生、用人单位委培生，到90年代末全部实行所有学生都交费上学，同时加强收费管理，建立针对贫困生的教育资助体系，做到不让一个被录取的学生因贫困而失学辍学。在毕业生就业上，改变了过去由国家"统包统分""包当干部"的现象，广大毕业生自主择业的意识极大增强，择业观念和人才流向等也发生了可喜的变化。这些都是非常了不起的成就。同时，也要注意到，社会各界强烈要求改革招生和就业体制的呼声依然较高，改革的任务依然繁重而艰巨，需要我们继续将改革向纵深推进。总的改革方向是，适应新形势的需要，全面贯彻实施素质教育，坚持公开考试、平等竞争，逐步实现在国家宏观调控政策的指导帮助下，各级政府和学校推荐、学生和用人单位双向选择就业的制度。

（一）招生制度的创新

招生考试是检验教学效果，衡量教学工作利弊得失的一个有效手段，是整个素质教育发展的指挥棒。招生制度的创新，不是不用考试，而是一定要从有利于实施素质教育出发，改革考试的内容、形式和方法。

第一，加快考试科目和内容的改革和调整，突出对考生能力和综合素质的考查。反思传统"应试"教育的特点，考试科目和内容过多，且多以死记硬背为主，实行闭卷考试等，迫使学生围绕考试的"指挥棒"转，考什么、学什么，升学压力过大，学生对考试具有很强的依附性。这就从另一方面启

示我们，实施素质教育，必须按照时代发展和社会进步的要求，全面改革与创新考试的内容和科目，增加综合运用知识、实验操作和外语水平测试等方面的内容，实行开卷考试和闭卷考试相结合的形式，减轻学生负担，促进学生身心健康的全面发展，充分体现素质教育的本质精神和内涵，真正考核出学生所具有的综合知识素质、创新精神的实践能力。

第二，探索实行多元化的高考形式和方法。我国从1977年恢复高校招生考试制度以来，基本上是一年一考，考试内容、标准和形式都比较单一。2000年左右，国家鼓励有条件的省市，进行多种形式的高考改革探索，例如，在上海、北京等地试行一年两季招生；实行现代网上远程招生录取办法；各省市今年全部实行3+X考试；在部分省组织单独命题招生改革试点等，增加了考生升学和择校的机会，收到了明显成效。但从总体讲，改革还很不彻底，迫切需要加快探索实行多元化的高考制度，采取多种标准、多种形式、多种时间、多种机会的高考招生形式，以利从根本上摆脱高考这根"指挥棒"的束缚。考试招生制度改革在充分论证、顶层涉及的基础上，试点先行，分步实施，有序推进。在全面总结已有试点经验的基础上，在实践中不断完善考试招生制度改革方案，解决好改革中遇到的新情况和新问题。

第三，大力改革学校升学制度，彻底改变"一次考试定终身"的不合理现象。以分数来决定是否能够升学，乃至片面追求由考试决定的升学率，是我国教育发展存在的一个问题。现实生活中，为应付考试，学生和教师往往不得不死啃书本知识，这既不利于开发和培养学生的独立性和创造性素质，也在一定程度上导致了厌教、厌学情绪的蔓延。因此，改革学校升学制度，开辟新的升学途径，拓宽新的升学办法，具有长远重要的意义。在基础教育阶段，优化划片就近全部免试升学。初中升高中（中专、中技、普高、职高）阶段，开展新的初中毕业生升学试点改革，通过科学评估初中办学条件和办学水平，合理分配高中招生指标等，逐步变升学考试为水平考试，努力提高学生的全面素质。

（二）毕业生就业制度的创新

毕业生的就业状况如何，是高等教育大众化进程中必然要面临的一个重大课题。随着高校不断扩招，这个问题在高校将表现得越来越突出，客观上要求必须加快毕业生就业制度的改革，建立起一套与高等教育大众化相适应的毕业生就业服务体系，以缓解高等教育大众化过程中可能出现的负面影响。要解决好大学生的就业问题，涉及社会的方方面面，既有学生就业观念的转变问题，也有学校的人才培养，如何适应社会和市场的需要问题，还有政府如何营造良好的就业政策环境和用人环境的问题。具体来说，应该把握好这样几个环节。

第一，加强对毕业生择业观的研究，引导人们进一步转变就业观念。大众化的高等教育，要求人们具有大众化的就业观念。面对毕业就业的较高期望与现实工作机会不足之间的矛盾，目前高校毕业生就业难的现象并不是单纯的"供过于求"的矛盾，更多的是毕业生就业期望值过高，追求高薪、高待遇、高层次岗位和大城市，而对县以下的基层单位、中小企业、民营企业和艰苦行业愿意去得少，这是导致大学生就业难的一个重要因素。职业是社会分工的产物，在社会各种职业间是存在差别的，诸如经济收入的多少，劳动条件的好坏，地理环境的优劣，知识构成的繁简，操作技艺的难易等。这些差别反映在人们的头脑中，必然形成他们职业优劣的认识和评价等，并由此产生喜和恶的情感。但是如果大学生愿到大城市的"大机关"、科研院所、高薪企业，不但就业难，而且虽不就业，必须转变观念，面对现实，进行理性的自我心理调适。

目前，大学生择业观上主要有这样几个特点：一是择业的价值期待趋向社会化，兼顾集体和国家需要，主张义利并重；二是择业主体意识明显增强；三是择业追求平等，竞争强调公平；四是择业价值标准趋向商业化；五是择业理想趋向务实化。注意到毕业生择业方面表现出来的这些新情况、新特点，对于我们正确引导毕业生转变思维方式，确立新的创业择业理念，无疑具有重要的意义。转变观念，就会寻找到广阔的就业空间，就业问题解决起来，就较容易一些。

第二，把毕业生就业率的高低作为衡量高校办学水平的重要指标。应把毕业生就业率的高低作为衡量高校办学水平的重要指标之一，不断提高教育教学质量，努力培养社会急需的高水平建设人才。为此，在培养模式上，学校应真正把学生素质培养，尤其是创造力的培养放到重要位置上，适应学生就业需要，形成有特色的培养方案，提供多样的学制和多种培养方向，并根据劳动力市场的发展变化，不断更新教育内容和调整专业方向；注重培养复合型人才，在具体课程的设置上，应考虑帮助学生建立合理的知识结构，完善学分制，加强主副修制，适当增加选修课，减少必修课，多培养一些双学位学生，以适应当代科学技术高度分化、高度综合化对从业人员知识和技能的要求，从而顺利就业。与此同时，应适当减少专业知识的课程，扩大专业知识面和基础知识的课，努力把学生培养成既精通本行业务，又具有广泛基础知识的人才，以适应长期广泛就业，进行继续进修的需要，以便他们将来走上工作岗位之后，能够通过自己的学习，掌握新的科学知识，以适应经济发展和劳动就业不断变化的需要。

第三，政府和社会要为毕业生提供良好的就业政策和用人环境。在制度上政府应创造条件，探索学校实行弹性学习制度，允许学生中途就业，边工作边学习分阶段完成学业；探索学生暂缓就业，继续选择原所学专业以外的专业学习，或接受职业技术培训；在政策上要建立完善毕业生创业风险投资制度和激励机制，对自主创业的学生给予小额贴息贷款，支持学生自主创业。同时，可采取减免教育贷款、经费补贴等措施，引导和促进毕业生到西部地区、艰苦行业，以及基层单位和国有中小企业去建功立业，发挥自己的聪明才智；用人单位应为大学生提供良好的用人环境，改革用人制度，合理使用人才，实现用人上的公开、公平、公正，促进用人单位自主用人，保障毕业生自主择业，从而实现单位的人事管理向岗位管理转变，由国家分配向单位用人转变，真正做到择优录用。

第四，坚持市场导向，促进毕业生就业工作向市场转轨。要进一步培育和完善以学校为基础的毕业生就业市场，引导和推进毕业生就业逐步向劳动力市场选择的方向转变，由事实上的"保底包分配""行政干预分配"的政府行为，真正转入由毕业生面向市场，自主择业和竞争就业。

第四节　深化推进教育体制改革创新的发展方向

一、进一步深化办学体制和教育管理改革

深化办学体制和教育管理改革归根结底是要推进教育治理体系和治理能力现代化。之所以要进行制度上的深化改革，是因为我国目前已经建成世界上最大规模的教育体系，而要运行好、发展好教育体系，离不开制度上的改革与创新，离不开教育治理能力的提升和现代化水平的提高。进入新的历史发展时期，科技的进步促进社会发展的不断向前，国际的竞争复杂激烈，我国要建设社会主义现代化强国，对人才需求的迫切程度比以往任何时候都要强烈，对人才需求的标准呈现高质量和多元化，同样，人民群众对受教育的需求也呈现多元和优质。在教育实践领域则会出现教育形式的多样化、教育目标的多样化以及办学体制等的多样化。面对灵活多变且具有生机活力的教育实践，教育治理体系只有适应新的变化和新的需求，才可能保证和推动教育事业的发展。

深化办学体制和教育管理改革，一是在治理理念和治理职能上深化改革。在教育治理体系中，明确政府、学校以及社会的关系和职能；政府在战略规划、宏观调控、平台搭建、规范管理以及引导宣传方面发挥积极作用，尊重教育客观规律，尊重学校办学的主体地位，以提供优质教育服务为导向，转变职能，简政放权。同时要形成政府监督管理机制与完善学校内部治理结构双轮驱动，双管齐下。强化现代治理手段的能力和水平，构建具有科学化、效率化和民主化的治理体系。二是激发学校的办学活力。给予学校办学自主权，确立学校自主办学的法律地位，实现其在法律和制度框架下的权力实现。深化管办评分离改革，强化学校自主办学的责任。帮助和引导学校建立现代

自主管理体系，完善学校内部治理结构。三是优化社会参与办学机制。制定民办学校办学制度办法，健全民办学校信用等级评价制度，规范其招生秩序和信息公开。保障民办学校在教师发展、项目申报以及评优评先等平等法律地位。四是提高教育法治化水平。构建完备的教育法律法规体系，健全学校办学法律支持体系。严格执行营利性和非营利性民办学校分类管理相关法律法规。

二、积极创新人才培养模式

创新人才培养模式是教育界一直以来探讨的重要话题。一成不变、僵化的培养模式不能够满足新时代对人才的需求，也无法应对出现的新的问题。推进人才培养模式的创新，适时进行评估调整，有利于更为有效地实现教育的个体功能和社会功能。习近平总书记指出，要深入实施新时代人才强国战略，加快建设世界重要人才中心和创新高地。推动实施人才强国的重要路径即为深化教育体制改革创新，形成有利于人才培养的机制模式。党的二十大报告将教育、科技和人才作为专章进行部署，强调三者推动全面建设社会主义现代化国家的地位和作用。这也给人才培养模式提出了新的要求。

创新人才培养模式，一是要树立正确的人才培养观念。以人全面发展为基点和目标，构建德智体美劳协同发展的教育体系。尊重个人潜能公平，人人皆可成才的培养观念，因材施教，不拘一格营造有教无类的教育氛围和学习氛围。要树立终身学习的观念，持续发展的观念，系统推进各级各类教育有机衔接，有效融合，将大教育的概念落实在具体的教育实践中。二是创新教育教学方法。注重传统教学与借助信息技术更新的教育方法的融合与促进，变革教学和学习方式。注重教育资源开放互通、借鉴促进，加强学校教育与实践教学、社会教育的融合，办学主体与人才需求主体的融合，加强学校间、校地间、校企间等多方面多形式的联合培养，创新培养模式，丰富教学方法，拓展教学课堂。三是加强理论联系实践。注重实践是检验真理的唯一标准，加强理论学习指导实践，同时要在实践中检验学习效果，保障人才供给与人才需求相匹配，让教育不与外在环境相脱节。

三、从根本上解决教育评价指挥棒问题

党的二十大报告提出，到 2035 年，我国要"实现高水平科技自立自强，进入创新型国家前列"，要将我国"建成教育强国、科技强国、人才强国……"党的十八大以来，我国教育发展水平已经实现了历史性突破，但与未来我国发展总体目标来看，仍存在一定差距。我国的人才培养需要实现量质提升，来推动加快建设创新型国家，建成科技强国、人才强国。教育评价指挥棒，不仅影响我国教育办学方向和实际教学的根本，而且更重要的是影响人才培养的质量和水平，影响人才的创新性。2018 年，习近平总书记在全国教育大会上发表讲话，其中他讲道："坚持克服唯分数、唯升学、唯文凭、唯论文、唯帽子的顽瘴痼疾，从根本上解决教育评价指挥棒的问题"。"五唯"从根本上讲，不利于培养人的全面发展和多样化人才的培养，更不利于创新性和创造性的激发和培育。一味地唯分数、升学、文凭、论文以及帽子，不仅会加重学生机械式学业负担，同时会滋生教育短视和功利性观念与行为的蔓延，导致人才服务国家发展目标的支撑力不足，也由此联想到著名的"钱学森之问"的重要话题。这就更需要审视新时代人才培养方向性的问题，也更需要教育立足于当下，着眼于未来，深化体制机制改革，创新教育培养模式，积极增加创新型人才供给，进而提升我国的发展力和竞争力。

要从根本上"破五唯"，解决教育评价指挥棒的问题，一是要深化考试招生制度改革。健全完善不同类型教育的考试招生制度，统筹区域、城乡教育招生情况，优化选拔制度，促进教育公平。加大优质教育资源的供给力度，提升中西部地区教育质量，加快构建优质公平教育体系，进一步强化区域间的教育机会公平性。二是优化教育评价体系。以立德树人为培养目标，变"学历为本"为"能力为本"。健全基础教育学生综合素质评价指标，优化评价权重及考评办法，避免给学生和家长带来新的、过量的培养负担。优化"双一流"大学和学科建设、"双高计划"高职院校评价体系和评价办法，提升高等院校和高职院校人才培养的质量和水平，进一步增强人才培养的针对性和有效性，提高教育服务经济社会发展的能力。三是营造良好社会支持氛围。引导广大学生和家庭转变传统"学而优则仕"的观念，树立"行行出状

元"的正确理念，积极缓解过度"稳就业""慢就业"的就业现象，促进以高校毕业生为主的青年群体更快、更好地进行就业。逐步消解用人单位对第一学历以及片面追求高学历的用人导向，引导建设开放、包容的劳动力市场，搭建好从人才培养到人才需求的有效桥梁。

第四章　树立全新的教育发展理念

——以协调发展优化调整教育结构

教育本身存在着多种层次、专业和类别，它们相互依存，又相互制约，共同构成一定的教育结构体系。教育结构就是指由各级各类教育有机组合而成的完整统一的教育系统，及其相互之间的比例关系和组织形式等。教育结构是教育发展的基础平台，也是经济增长和社会进步的基础平台。一般来说，如果各级各类教育机构健全、结构合理、相互融通、协调发展，就有利于发挥教育的整体功能，有利于为国民经济和社会各个部门培养输送质量合格、数量及层次、种类相当的各类劳动力和专门人才，对经济社会发展起到积极的促进作用。否则，就会影响教育系统发生作用的整体效果，甚至会引发一系列的社会矛盾和问题。教育结构的优劣，在一定程度上决定着教育事业的成败。教育结构优化调整一直以来都是我国教育改革发展的重要政策议题。《中国教育现代化2035》提到，推进教育现代化的一个重要方面即为优化教育结构。党的二十大报告中提到要加快建设高质量教育体系。加快建设高质量教育体系，除提升教育质量，促进教育公平，进一步优化教育结构也是重点工作之一。

第一节 教育结构调整的客观必然性

一、推动教育结构优化调整适应教育新发展格局

新中国成立特别是改革开放以来，我国国民经济和社会发展取得了巨大的成就，教育结构也在不断地完善和发展，初步建立起了有中国特色社会主义教育体系。其主要特点：一是中小学教育得到了极大发展，九年义务教育基本普及；二是高等教育迅速发展，多层次、多形式的高等教育结构体系基本形成；三是中等职业技术教育在曲折中发展，教育的类型结构和层次结构逐步得到改善；四是非学历、非正规教育不断发展，继续教育网络初步形成等。

但是，也要清醒地看到，由于历史的、体制的和观念等方面的原因，我国目前的教育结构体系尚存在着一些不容忽视的问题，突出表现为教育结构体系的超前性、灵活性和开放性不够强；教育结构在纵向上呈现出一种塔形结构，底部基础教育规模巨大，由此往上到中等教育、高等教育，越往上，坡度越大，淘汰率也越高，初等教育、中等教育和高等教育阶段性的分割过于鲜明，高等教育在一定程度上仍难以满足人民群众日益增长的接受高层次、高质量的教育需求；在职人员培训和继续教育发展相对比较薄弱，社会成员的非学历、非正规教育远未得到应有的重视。从横向分布看，部分学校教育功能和类型定位不清，形成了小而全、低水平重复建设和严重的浪费现象等，影响着教育整体效益的发挥。从教育结构体系所具有的功能与作用看，由于现行的教育管理体制使政府对教育发展的宏观调控受到诸多方面的制约，各级各类教育仍存在也难以根据劳动力市场供求变化的现实状况，对人才培养的目标、规格及模式等进行科学合理的调整，使得教育结构体系在总体上难以面向社会和市场需求进行自动有效的调节。科学调整和优化教育结构体系，

是我国当前教育改革与发展的必然要求。

同时，据相关研究推测，我国高中阶段教育学龄人口总量从2021年至2032年处于增长状态，2032年达到峰值，2033年开始回落。其中2021—2023年和2028—2032年间学龄人口增加规模较大，2023—2028年间增长比较平稳，2032年后出现转折，学龄人口规模呈快速下降趋势。根据2035年高中阶段教育发展目标，按照年平均率增长法，高中阶段教育的毛入学率从2020年的91.2%提高到2035年的97%，推进实现高中阶段教育的全面普及。[①]人口的变化以及未来教育目标的推动实现，对我国小学后的各级各类教育，特别是高中和高中后教育资源分配会产生较大的影响，教育结构应作出相应的调整。

二、优化调整教育结构可以满足人民群众多样化教育需求

教育是重要的民生内容，关乎千家万户。新中国成立以后，我国推动义务教育普及工作，致力于人民群众的扫盲活动。经过几十年的努力，九年制义务教育普及，国民素质得到整体提升。随着经济的快速发展，人民生活质量也逐步提高，人民群众对精神生活的需求，对受教育的需求，广大青少年对接受更高层次教育的需求，比以往任何时期都更加强烈，这必然会进一步要求对现有教育层次、类别、形式等结构体系进行新的改革、调整和完善。从学校教育来看，为实现人民群众对教育的需求从"有学上"到"好上学"，再到"上好学"，我国加大对农村地区基础教育投入，加强对义务教育学校标准化建设，实施"全面改薄"重大民生工程，对中西部地区教师实行"国培计划"，振兴"县中"，实行义务教育划片就学，狠抓"双减"，规范社会力量办学，推动普惠性学前教育，教育对外开放呈现较高水平，优质均衡的教育时代特征优势不断显现。从社会教育来看，我国具备良好的线上教学基础条件，5G网络覆盖率高，不仅建设国家智慧教育公共服务平台，以此作为各级各类教育的良好补充，还鼓励社会力量进行线上各类教学，以此来满足人民群众各类学习需求。从全国范围来看，社区教育不断完善优化，城市书房散

[①]安雪慧、元静、胡咏梅:《"十四五"至2035年高中教育高质量发展要适应人口变动》,《中国教育学刊》2021第8期。

落在城市各个角落，老年教育逐步兴起。我国现已形成正规教育、非正规教育以及非正式教育共融互促的良好教育局面，同时职业教育、高等教育以及继续教育正逐步深入协同创新。这都是为人民群众提供更多优质教育资源，营造人人皆可学习的良好社会生态，让更多教育优质成果惠及全体人民，满足全体人民，促进全体人民。

三、教育结构优化调整要以经济社会发展需求为起点

我国社会主义市场经济成分、组织方式、利益分配和就业方式等的多样化发展，必然带来对教育的多样化需求，客观上要求建立起能够满足社会各方面需求的、功能多样化的教育结构体系。随着我国社会主义市场经济体制的建立和发展，极大地增强了企事业单位选用人才和劳动用工上的自主权，人力资源的配置，已由传统计划指令性的"统包统配""铁饭碗"，向市场化的"双向选择""竞争上岗"迅速转变。这从根本上改变了我国的人才培养模式与人才需求结构，原来条块分割、自成体系的行业教育结构体系显然已不适应社会发展的要求，市场经济主体的多元化、组织生产的社会化和就业方式的多样化等，迫切要求建立起能够满足社会各方面的需求，更加开放而灵活的教育结构体系。

当前，我国正在进行新一轮经济结构的战略性调整，由劳动密集型产业向知识、技术密集型产业转移，这必然要求人才结构与教育结构进行相应的调整。经济和社会发展对人才类型的要求是多样化的。不同的产业结构和技术结构，要求多种梯度的教育结构与人才结构与之相适应。一般来说，就业人员中高级管理人才、高级研究型人才、应用型专业技术人才，高素质的技术工人的结构应该呈金字塔形。例如，美国从1950年到2000年的50年中，高级专业人员保持20%的比例不变，只是对他们的要求越来越高，而对需要一定技术、技能的职业岗位，则从后来的20%提高到65%。目前，我国产业结构调整的基本特征是，第三产业和高新技术产业将得到迅速发展，由此增加的社会各类就业岗位，对从业人员的知识、技术、能力和水平提出了众多新的挑战、新的要求。而教育结构与人才培养规格有待进一步优化，劳动者素质整体需要提升，创新能力需要进一步增强，知识结构体系需要不断更新，

特别是实用型技术人才和熟练劳动者较为缺乏，与产业结构调整的实际需求存在着鲜明的反差。这必然要求对现有教育结构与人才结构进行全面的调整与完善，使之更加适应经济发展和社会进步的要求。比如，教育的层次结构，要视产业结构的高级化程度而定；教育的学科专业结构，要与产业结构的变动相适应；教育的区域布局结构，也要与当地经济发展水平密不可分等。

世界范围内知识经济的崛起和科技进步日新月异的发展，我国已进入高质量发展时期，对我国教育结构体系提出了新的要求和挑战。当前，人类已迈入一个数字信息时代。随着以计算机、多媒体、网络技术为主要标志的现代教育技术在教育中的广泛应用，数字和信息技术已成为教育改革发展的重要手段。譬如，课外线上教育成为规模庞大的产业。作为一种全新的教学方式，网络教学将突破传统教学的时空限制，凭借其数字化、多媒体、信息量大、交互性强、覆盖面广等特点，为越来越多的人提供方便快捷，较低成本地接受教育的机会。根据经合组织的研究，1995—2004年，全世界网络教学的市场规模以45%的增幅扩大。美国有350多所大学和学院，向全世界提供通过函授和在线互联网教育的远程学习学位，其中包括78个博士学位点、100个MBA点、300个硕士学位点和300个学士学位点。通过网络教学获得高等教育学位的学生超过200万人，占全美高校在校生的比例将近8%。据中国互联网信息中心发布的第48次《中国互联网络发展状况统计报告》显示，截至2021年6月，我国在线教育用户规模达3.25亿。[1]信息技术直接推动了教育新形态。未来的教育模式改革将进入活跃期，教育的改革与发展将面临许多新的情况、新的问题和新的矛盾。全球经济知识化和教育国际化的发展趋势与特征日益明朗化，必然对我国现有人才结构、人才培养模式以及教育结构体系提出新的挑战和要求。只有充分发挥比较优势，加快构建起适应新时代要求的现代教育结构体系，实现教育的跨越式发展，才能在未来的信息社会中立于不败之地。

综上所述，坚持和遵循教育规模、质量、结构、效益相统一的思路，在

---

[1] 中国互联网信息中心：第48次《中国互联网络发展状况统计报告》，第43页。https://www.cnnic.net.cn/NMediaFile/old_attach/P020210915523670981527.pdf。

规划教育改革与发展总的指导思想下，以调整教育结构为主线，以改革的精神和务实的作风，对学科专业结构、类别结构、层次结构以及布局结构、体制结构等，进行系统性调整和改革，使之更好地适应经济增长和社会进步对教育的要求，努力构建起与时代进步要求相适应的、更加开放灵活的教育结构体系。

第二节　教育结构优化调整的基本原则

马克思主义认为，一定的经济结构，决定一定的教育结构，有什么样的经济结构，就会有什么样的教育结构与之相适应。当然，这种适应不是机械的、直接对应的关系，而是具有客观的变异性、互动性和自我的调节性等特点。调整和优化教育结构，其主要目的和意义有二：一是促使各级各类教育适应经济和社会发展的要求，更加健康协调地发展，更好地服务于经济和社会的可持续发展；二是为具有不同特点、不同志趣、不同学历、不同需要的社会成员，提供更加充分的选择机会和学习途径，帮助其努力实现个人自由而全面的发展。调整和优化教育结构，必须遵循教育自身发展的客观规律。从这一规律出发，调整和优化教育结构，应遵循以下几个基本原则。

一、教育可持续发展原则

教育结构体系与社会发展相适应是整体性适应，不应孤立地强调某一个领域，而忽视其他领域。根据社会发展的需要，对教育结构体系进行改革、调整和优化，是相对的、动态的，不仅要适应当前发展，更要着眼于未来的需要，使之适应教育可持续发展的要求，进而促进社会的可持续发展和进步。

随着现代科学技术的深刻变革和学习型社会的形成，以及教育自身结构体系作为一个有机联系的大系统，所具有的完整性和统一性，客观上要求对各级各类教育进行必要的引导与规范，加强科学管理。要牢固树立大教育观，强化教育协调发展的意识，从教育"一盘棋"、教育可持续发展、教育与经济密切结合的高度出发，注重发展教育的规划性和前瞻性。例如，适应地区产业结构、城乡结构和就业结构战略性调整的需要，要大力发展各种形式的职业教育、职业培训和继续教育，切实落实学业证书和职业资格证书并重的制度，建立起职前和职后相结合的职业培训体系。义务教育需要进一步深化优质与均衡，"双减"政策进一步优化落实，以多种形式大力发展高中阶段教育。高等教育需要进一步推动内涵式发展、高质量发展。继续推进城市教育综合改革，扩大社区教育试点。大力推动农村教育综合改革，继续促进农村地区的农科教结合和基础教育、职业教育与继续教育的"三教统筹"。大力发展数字教育，缩小地区教育质量差距过大的现象。实行"支持留学、鼓励回国、来去自由、发挥作用"的方针，鼓励留学人员回国工作或以适当方式为祖国服务，稳步扩大派出留学人员和接收外国留学人员的规模。对相同的学历、文凭证书，应确保其具有大体相同的价值；对不同层次、不同类型的学校教育，其教学内容、方法和管理体制等也应当进行必要的规范与管理，使之更加完善合理。

二、经济社会发展适应性原则

教育结构是教育质量、教育效益的重要体现，反映着教育与经济的契合水平以及教育投入与产出的高低。随着经济的发展，教育结构总处于调整变动状态。例如，第二次世界大战后，英国中等教育从双轨制变为单轨制。我国中小学学制从"五三三制"到"五二二制""五三二制"，再到"六三三制"的调整，高等院校的上并下放、分分合合等，一直处于调整变动之中。随着人类迈入新的时代，科技进步日新月异，数字经济迅速崛起，高新技术产业不断涌现，有力地带动传统产业优化升级。这种发展变化趋势，需要进一步解放思想，转变观念，适应经济结构调整和社会发展的要求，对教育结构体系进行大胆的改革和创新，努力增强教育结构体系自动调节、自我完善的机制和功能，使教育结构与经济社会结构相协调，不断为知识经济的发展和社会的进步提供强有力的人才保障和智力支持。

当然，教育结构仅仅一味地去适应经济结构和社会结构是不行的，教育应具有相对的独立性和自身规律。由于受教育者自身身心发展的不同阶段、社会对人才需求的不同层次，以及师资队伍、办学条件、课程体系和教学内容等诸多因素，都具有相对的稳定性，使得一定的教育结构体系一经形成，就具有相对的独立性和稳定性。教育结构的调整有其自身的规律和特点。调整和优化教育结构，必须坚持积极而又稳妥的原则，充分考虑受教育者的身心发展特点，进行必要充分的科学论证和试点实验，然后逐步地向面上推开。否则，教育结构调整不当或者不合理，往往会影响一代甚至几代人的健康成长。

三、系统性原则

（一）教育结构的调整要坚持各级各类教育相互沟通、协调发展

由于教育对象的多样性、教育内容的复杂性，以及教育条件、基础、要求的差异性，教育结构应多样化。从世界范围来看，多样化是发达国家发展教育的一条成功经验。教育只有呈现出多样化发展的态势，才能满足人们多层次、多样化的教育需求，促进经济发展和社会进步。随着具有中国特色的社会主义市场经济的不断发展，我国对人才类型多样化的要求也更为迫切。应科学划分教育的层次和类型，建立起一个包括多种层次、多种类型的学校教育和多种多样的人才培养体系，通过调整和优化教育结构，促进普通教育、职业教育、继续教育等各级各类教育协调发展，满足我国经济建设和社会发展的需要。

（二）教育结构的调整应坚持从中国的实际情况出发，促进教育资源的优化配置

教育结构体系的形成是多种因素综合作用的结果，其中主要取决于国情，包括本国的文化历史传统、经济发展水平、教育发展水平等。一个国家或地区的教育状况如何，主要取决于该国家或地区教育资源的数量、质量和组合方式。加快建设高质量教育体系，也意味着要将教育资源的配置与重组达到优化。我国教育结构体系的调整，一方面应充分借鉴别国教育结构改革的成功经验，另一方面，不可盲目照搬别国的做法，而应坚持从我国自己的实际国情出发，选择适用于本国、本地区的教育发展模式，促进教育资源的优化配置，努力形成有利于我国经济社会发展和教育发展的教育资源体系。一是要促进教育资源的优质化，关键是师资的优质化，这是保证教育资源优质化和教育可持续发展的基础环节；二是促进教育资源的均衡化，使教育资金、优质师资等向薄弱学校、薄弱地区倾斜，确保教育资源配置上公平与效率的统一；三是促进教育资源的开放化，关键是建立健全开放式的教育运行机制与管理体制，促使教育资源有序流动、自主开放等。

（三）教育结构的调整要以终身教育思想为指导

教育结构主要受社会经济发展的制约，但教育发展也具有自身的客观规律。作为培养人的一种特殊的社会活动方式，教育自然也必须尊重和适应人自身的发展的需要。尽管每一个受教育者的兴趣、爱好、动机和主观努力程度各不相同，但有一点是共同的，就是人们受教育越多，就越想受教育，这就是教育所特有的"累积效应"特征。教育结构体系适应和满足受教育者的需要，就应该为其提供充足的教育方式。

传统教育本质上是工业革命的产物，代表着以学校教育为中心的"前教育时代"，这种教育结构难以确保为那些因种种原因未能完成全部学业，或因学业失败而不得不离开校园的人提供新的学习机会。而当前人类文明正处于迅速向后工业经济或者说知识经济过渡的社会转型时期，经济发展由对自然资源和金融资本的依赖转变为对知识和人才资源的依赖，教育由社会边缘状态逐渐进入中心地带，成为社会和经济发展的极其重要的动力系统。亦即教育同经济、科技、社会实践越来越紧密地结合，正在成为推动科技进步和经济、社会发展的重要力量。

新的动向、新的变化，预示着任何一个人终其学校教育获得的全部知识与智慧，已根本不可能满足他一生发展的需要。只有不断学习，终身教育才能确保自己的生存与发展。学校教育尽管仍很关键，仍很重要，但毕竟不是人生所受教育的全部，活到老、学到老，人才的成长最终要在社会的伟大实践和自己的不断努力中来实现。从而，终身教育既是现代教育发展的客观规律和时代特征，也是知识经济发展和社会进步对教育结构调整提出的必然要求。

1996年，联合国教科文组织就提出学习的四大支柱，即"学会认知""学会做事""学会共同生活""学会生存"，在此基础上，"建立一种比较灵活的有助于大学课程多样化，并能在各种教育之间，或工作经历与重新培训之间搭桥的制度。"这实际上是国际社会关于构建终身教育体系的一份宣言书。在联合国教科文组织发布的《国际教育分类标准》（ISCED）中，也突出强调了教育系统网络化、互通化的发展趋势。事实上，目前世界上大多数国家都不光把终身教育作为一种思想和原则，而且已把它作为本国教育改革的目标和政策付诸实施。如美国、英国、德国和加拿大等国都是实施终身教育较早的国家，旨在以终身教育的原则来改组、设计自己的教育结构体系，建立一个从幼儿园到老年大学，联结学校教育与家庭教育、社会教育为一体，全面实施终身教育的全程教育网络体系。欧盟还将1996年定为"终身学习年"，以推动欧盟国家加快构建终身教育体系的进程。此外，瑞典政府每年都要免费为那些文化水平不高的成年人，提供一次在读完高中后再补充培训的机会；约旦在妇女中实施"生活质量"的特殊培训战略；日本则明确提出要改造以学校教育为中心的"学历社会"，重组整个教育体系，以建成"终身学习化社会"。由上可见，建立和完善有利于终身学习的教育结构体系，是世界教育改革的一个历史进步潮流。以终身教育思想为指导调整教育结构，是世界范围内教育改革的重要趋势。

第三节　我国教育结构调整的重点内容

　　不同发展阶段，教育结构调整的内容不同。教育结构调整的重点内容受经济发展水平、产业发展方向以及各类社会发展因素所影响、所制约。当前，根据我国经济发展和社会进步的实际需要，教育结构亟待调整以下几个方面的内容。

一、教育类型结构

经过新中国成立以来特别是改革开放 40 多年的努力，目前，我国已初步形成了普通高等教育与高等职业教育、成人高等教育，学历教育与非学历教育，全日制教育与非全日制教育，学校教育与社会化教育相互补充，以政府办学为主，公办学校与民办学校相结合，学科门类比较齐全的高等教育体系。但是，我国高等教育仍在总体上还不能满足人民群众日益增长的教育需求，普遍存在着这样一些问题：学历文凭式教育多，单项进修类教育少；学术知识型教育多，职业技能型教育少；全日制教育多，社区、地方特色教育少。这自然不能满足人们多层次、多样化的教育要求。在高等教育大众化已成为世界潮流的今天，教育自身应该摆正位置，丰富内涵，增加品种，扩大供给，主动适应需求，调整类别结构，努力实现学者有其校，在更高程度上满足更多群众的教育愿望，为提高广大劳动者素质服务。

（一）积极发展职业教育

推动我国经济的发展，需要教育、科技与人才三者协同推进，共同发展。建设教育强国、科技强国和人才强国不仅需要普通教育，同时需要职业教育（含技术教育）；不仅需要构建科技创新体系，同时需要构建科技成果转化与应用体系；不仅需要从事科学研究的创新人才，同时还需要具有工匠精神的技术技能人才。加强技师、高级技工的培养，实现一线工人的高素质化，用高新技术改造传统产业，是适应我国经济结构调整的需要，也是促进企业提高产品质量和效益的需要。发达国家由精英教育向大众化教育迈进时，职业教育的发展起了很重要的作用。德国的高等专科学校重视实践教学，以培养各类技术型人才为主，其双元制职业教育为德国社会培育了大量与产业发展相关的技术技能人才。美国的社区学院因其办学特色，在世界高等教育界受到了广泛的赞誉。不仅为美国的高等教育大众化做出了重要的贡献，而且为美国的经济发展做出了重要的贡献。

改革开放以来，我国职业教育事业有了很大的发展，取得了显著成绩。但目前仍然受"普高热""985 热""211 热"的影响，虽然我国投入大量人力、财力和物力，但职业教育对人民群众的吸引力仍需进一步增强。例如，山西省 1998 年各类中等职业学校的招生数和在校生数分别占到高中阶段教育学生数的 59% 和 58%，到 1999 年分别下降为 54% 和 53%，高等职业教育也普遍存在招生困难的问题。时至今日，职业教育吸引力不足、社会影响力不够、"招生难"的问题依然存在。例如，在河北省，2017 年全国共有 1674 所普通高校在河北省招生，共投放本、专科计划 40.87 万人，实际录取考生 40.12 万人，总体未完成额为 7500 人。截至 2017 年，河北省已经连续 5 年未完成高招计划。[①]2022 年，北京市包括中专、技校、职业高中和五年制高职院校在内的中职院校招生计划为 3.1 万人，但是实际只招到 1.8 万人，招生计划完成不到六成。[②]职业教育招生难，甚至存在一定程度上的学生流失，深层次的原因绝非需求饱和，而根本在于一是职业教育生源分流与教学质量存在一定的诟病，二是职业教育体系不能适应经济结构的急剧变化，是内涵建设与外延发展不同步的必然结果。因此，大力发展职业教育，仍是今后教育发展的一个重点和难点。推进职业教育的改革与发展，应切实做好以下工作。

第一，提高职业教育面向市场和面向社会的开放度。要适应中国特色社会主义市场经济发展的要求，面向当前产业转型升级的发展方向，面向新兴产业的崛起和新兴技术的应用，面向人民群众对美好生活的向往，建立起结构丰富、灵活开放、特色鲜明和自主发展的现代职业教育体系。办学方向、专业设置和教材必须为经济结构调整和技术进步服务，要与促进就业，保障人民群众生活水平相适应。专业设置要紧贴社会需求，把人才培养的着眼点放在社会需求上，努力办出中国特色，体现中国智慧，加快发展职业技术教育，加大对技能人才，特别是高技能人才的培养，缓解企业"招工难""技工荒"的问题。

第二，切实提高职业教育办学质量。提高职业教育在一体化人才培养体系与产业链的连接度，提高职业教育专业（群）建设与产业链、产业群发展的连接度，保障技术技能人才供给与需求相匹配、相适应。注重职业教育各

---

① 《高职生源回升招生仍不容乐观 如何打破招生难困境？》，(2018-06-11)。https://baijiahao.baidu.com/s?id=1602932069469487074&wfr=spider&for=pc。

② 《就业好招生难：我国职业教育发展遭遇"瓶颈"》，(2022-08-24)。http://www.2358edu.com/xueshuy-anjiu/311.html。

阶段办学的特色与创新，将专业课程与通识课程放于同等重要的位置，将专业水平与工匠精神放于同等重要的位置，增强职业教育人才培养的张力和可持续性。加大对"双师型"教师队伍建设力度，注重提高教师实践操作能力，畅通学校教师和行业企业技术能手双向流动渠道，不断提升职业教育师资队伍建设水平。

第三，着力提升职业教育就业质量。在持续提高职业教育办学质量的基础上，纵向跟踪职业学校毕业生在就业与专业关联度、就业薪资水平、就业社会保障等，瞄准职业学校毕业生就业的难点和痛点，采取有效有力的措施办法，促进职业学校毕业生实现高质量充分就业。

第四，职业教育要实行灵活的办学模式和学习制度。坚持学历教育与专业培训并重，实行学历教育与职业培训相结合、全日制与非全日制相结合、职前教育和职后教育相结合，努力办成面向社会的、开放的、多功能的教育和培训中心。实行灵活的学制和学习方式，推行学分制等弹性学习制度。要加强中等职业教育与高等职业教育的贯通与衔接，增加中等职业生进入高等学校尤其是进入高等职业学校继续学习的比例，构建起人才培养立交桥，促进职业教育的发展。

（二）大力推进智慧教育

智慧教育是运用现代数字化信息化技术，突破教育机构在时间和空间上的局限，共享优质教育资源，提高教育服务范围和水平，有利于为各层次人员的学习提供方便而快捷的教学指导和优质的教学服务，可以随时开设社会急需的各类专业和紧缺课程，为社会提供实用型人才等，因而对调整和优化教育结构体系，具有独特的作用。

智慧教育的前身是远程教育。在我国，远程教育发展主要经历了三个阶段：第一阶段是函授教育，这一方式为我国培养了大量推动现代化建设的人才；第二阶段是20世纪80年代兴起的广播电视教育，成为我国正规教育和正式教育的有益补充；第三阶段是20世纪90年代，随着计算机和网络技术的发展，我国产生了以计算机和网络技术为基础的现代远程教育。世界经合组织的研究表明，从1995年到2004年全世界远程网络教育的市场规模每年以45%的速度扩张。据韩国教育部公布的资料，2001年，韩国教育学术性学院办的

"教育网"有160万人，到今年有可能突破800万人，韩国的教育网络，目前已有200余个。在加拿大1/3的工商硕士学位课程是通过一种由国际网络连起来的"虚拟大学"讲授的。①

在我国，加快发展智慧教育有以下重要作用。一是有利于缩小地区之间的教育差距。我国社会经济发展不平衡，各地区之间的教育水平还存在着很大差距，智慧教育将突破传统教育的时空限制，具有覆盖面广、全方位为各类社会成员提供教育服务的优势，对人力资源开发产生强大的推动作用。网络在教育中的迅速发展，将对缩小地区之间的教育差距起到重要的作用。二是有利于低成本扩大教育规模。传统教学因其课堂面授性质和成本结构特点需要投入大量教师和巨额资金，限制了教育在短期内的大规模发展。利用现有的教学和科研力量，发展现代远程教育，可以较快地将教育普及到传统课堂不能到达的地方。三是有利于实现优质教育资源共享。通过互联网跨越时空的特点，优质教育资源得到广泛的共享，形成跨城市、跨地区的分布式教育资源网，各种优秀教师资源可以在互联网中得到集中体现。可以形成校际和教育机构之间、教师之间的广泛交流。四是有利于提高教学效率。现代远程教育克服了函授、广播与电视等远程教育中存在的师生分离，反馈滞后，交流困难等弱点，为远程状态下进行个别化学习的学员营造能够再现面对面教学辅导的氛围，提供了师生之间相互沟通与交流的机会。信息技术逐渐成为教育的内生变量，应用越来越广泛。信息技术在疫情防控期间发挥了实际的作用，教育战线"停课不停学"，推动了教育新形态的广泛应用。"线上+线下"的教育新模式正在成为未来教育的生长点。

（三）改革和发展继续教育

继续教育主要是对已经走上各种生产或工作岗位的从业人员进行的教育，与普通教育相比，具有周期短、见效快的特点。目前，我国继续教育的基础总体讲比较薄弱，办学与社会需要脱节，学习与实际应用脱节的问题尚没有彻底改变，一些地区盲目追求文凭和高层次学历的现象仍很严重。在继续教育的管理体制上，政出多门，为基层服务不够，缺乏有力的宏观指导和管理，

---

① 辜胜阻、岳颖：《推进我国高等教育大众化的战略选择》，《教育研究》2001年第6期。

致使各方面办学的积极性还没有得到充分的发挥。应始终坚持以学习与工作、生产的实际需要相结合，讲求实效为基本原则，遵循成人学习的独特特点与规律，大胆改革和采取灵活多样的办学形式和方法，加快发展继续教育。

要大力开展岗位培训，努力使各类从业人员在走上岗位以前，能够按照岗位规范的要求参加培训；走上岗位以后和转换岗位时，再根据生产和工作的需要予以培训提高。对各级各类干部，特别是县级以上领导干部，要进行马克思主义理论、党的路线和方针政策、现代管理理论和方法以及必备专业知识的岗位培训。在产业工人队伍建设中，要着重抓好班组长、生产骨干、业务骨干和关键岗位人员的培训。技术工人要按岗位要求开展技术等级培训。积极开展高级技术工人、技师的系统培训和传统工艺技术的传授。农村地区的继续教育应从农村的实际出发，适应农村经济向专业化、商品化、现代化转变的需要和农民致富的愿望，对不同地区、不同行业、不同对象分别提出不同的培训要求。对农村基层干部、专业技术人员、乡镇企业职工，要有计划地开展岗位培训。对青壮年农民要根据产业结构调整的需要进行周期短、见效快的实用技术培训，并同科学实验、推广技术结合起来。

要继续深入开展大学后继续教育和专业培训、实践培训，这是与研究生教育相并行的、培养高级专门人才的一条基本途径。主要是对各类专业技术人员和管理人员经常地进行扩展知识、提高技能的教育，以保持他们知识结构的先进性，提高他们的综合技术能力和科学管理水平，帮助他们消化、吸收先进科学技术、现代管理知识和科学技术的新成果。

二、教育层次结构

随着科技革命和产业变革的深入推进，经济竞争的焦点逐步从传统的生产与市场竞争，转向知识的开发与创新能力的竞争。决定当代世界教育发展的一个重大趋势，就是教育的重心在适度上移，重在提高高层次人才的质量和数量。国际教育的比较研究表明，经济发达国家和地区的高等教育毛入学率相对较高。在经济高质量发展的过程中，劳动力资源配置结构的一个显著而深刻的变化，是社会对高素质、高层次人才的需求在迅速扩张。这是总结各国经验得出的一个基本结论。

我国经济发展进入新的历史发展阶段，产业结构调整加速现代化建设和人民群众对高层次、高质量的教育需求正在迅速膨胀，客观上要求大力提升教育的重心和层次结构。但是，由于我国人口众多，原有的基础比较薄弱，现有人才结构的学历层次，总体上还不能适应经济社会发展的需要。2020年，在全国就业人员中，高中、大专及以上受教育程度人员所占比重分别为17.5%、22.2%，[①]这与世界发达国家还具有一定差距。1999年世界经合组织各成员国劳动力中平均接受过高中及高中后教育程度的占45%，大学以上教育程度的占24%。其中：美国劳动力人口中高中及高中后文化程度的占51%，大学以上学历的占39%；英国劳动力人口中高中及高中后文化程度的占60%，大学以上文化程度的占27%；日本劳动力人口中高中及高中后文化程度的占49%，大学以上学历的占33%；法国劳动力人口中高中及高中后文化程度的占59%，大学以上学历的占26%；韩国劳动力人口中高中及高中后文化程度的占42%，大学以上学历的占25%，[②]相比之下，我国劳动力人口多，受教育程度仍有待进一步提高。

具有中国特色社会主义教育的根本目的在于为广大人民服务，不断满足人民群众日益增长的高层次、高质量的教育需求，这固然要受到办学能力和经济水平的限制，但同时，我们以全新的教育发展理念科学调整现有教育结构体系，在不断提高基础教育质量的同时，着力于创新人才体系建设，着力于以整体提升我国教育发展的基础平台建设。这是我国教育强国、科技强国和人才强国的根本要求，也是新时代教育结构调整与改革的重要任务。

（一）推进高中阶段教育多样化发展

2019年6月，国务院办公厅关于《新时代推进普通高中育人方式改革的指导意见》提出："办好普通高中教育，对于巩固义务教育普及成果、增强高等教育发展后劲、进一步提高国民整体素质具有重要意义。"2022年，我国高中阶段毛入学率91.4%，普通高中招生904.95万人，比上年增加28.51万人；在校生2605.03万人，比上年增加110.58万人。中等职业教育招生488.99万

---

① 国家统计局：《我国人口规模持续扩大，就业形势保持稳定》，（2022-10-10）。https://baijiahao.baidu.com/s?id=17462753622608819294&wfr=spider&for=pc。

② 教育部教育管理信息中心主办：《教育参考资料》，2002年第9至第10期。

人，同口径比上年增加 4.38 万人；在校生 1311.81 万人，同口径比上年增加 43.98 万人。提高高中教育质量，让高质量、多样化的高中教育接力初中教育和助力高等教育，提高义务教育巩固率，推进高等教育高质量发展，任务确实极为艰巨。党的二十大报告提出，要"坚持高中阶段学校多样化发展"。2023 年，我国基础教育重点工作之一就是要突出高中阶段学校的"多样化"。为此，要本着积极进取、实事求是、分区规划、分类指导的原则，加快调整和完善中等教育结构，促进高中教育发展。

当前，需要抓好以下工作：一是要立足挖掘现有学校的潜力，扩大现有高中的校均规模，提高教育资源的利用率和整体办学效益。鼓励有条件的地区和学校实行完全中学的初、高中分离，努力扩大高中的办学规模，提高办学效益。二是要通过布局调整、资源重组、高初中分离等方式，适时调整教育结构，充分利用现有的优质教育资源，扩大现有高质量高中的招生规模。三是要继续坚持规范和鼓励的发展原则，全面落实发展民办学校土地使用的优惠政策、奖励办法等措施，鼓励社会各界积极发展民办高中教育。四是要积极推进职普融通的综合高中教育形式，促进普通高中教育与中等职业教育的协调发展。五是要加大对县域高中教育的投入，支持加快发展县城高中教育。

（二）积极发展高等教育

高等教育担负着培养高层次创新人才、发展科学技术文化和促进现代化建设的重大任务。世界正经历百年未有之大变局，新一轮科技革命和产业变革的到来、逆全球化思潮的兴起等深刻影响着全球经济政治生活的走势。同时，我国正在迈向第二个百年奋斗目标的新征程，要以中国式现代化推进中华民族伟大复兴，经济健康与生产安全是发展的重大问题。为此需要加强和完善自身产业体系，将扩大内需和融入全球相结合。高等教育为产业提质转型、经济高质量发展提供人才支撑和技术成果，与经济发展有着更加直接的关系。一个国家的实力，在国际上的竞争力，其高等教育大众化发展的水平，包括规模、结构、质量、效益，已成为一个重要的衡量因素。高等教育在国家发展中所处地位的变化，在某种程度上是一个国家或地区教育发展整体水平的重要标志。因此，调整改革教育结构体系，重在积极发展高等教育，努力突出高等教育的龙头地位。

目前，我国高等教育发展规模得以扩大，为加快高等教育大众化的进程奠定了坚实的基础。未来，应当继续加快高等教育的发展，稳步扩大各类高校的规模。通过创新人才培育模式，切实提高教育质量，努力把高校建设成为培养高素质人才的摇篮、科技创新的源泉、新兴产业的"火车头"和地方政府的智囊库。加强世界一流大学及重点学科的建设，使之成为培养、吸引、使用、交流、储备优秀人才和创新知识、创新成果的基地，成为中国高等教育综合实力和水平的标志，带动高等教育整体的改革与发展，以积极应对人才流动全球化的挑战。

从具体教育实践来看，调整高校学科专业结构是至关重要的。高校学科专业结构主要是指高校内部学科的分类、设置和专业的数量、布局，以及相互之间的比例关系和组合方式等，它从根本上反映着一定社会历史阶段经济发展、社会分工、产业结构等对人才培养种类、规格、知识能力与素质等方面的要求。就教育外部而言，积极稳妥地调整高校学科专业结构，不仅可以影响和重构劳动力结构或人才结构，进而影响经济结构，同时，还可以促进和引导经济结构的优化进程；就教育内部而言，积极稳妥地调整高校学科专业结构，能够促进教育资源的合理配置，提高高等教育的运行质量。

改革开放后，特别是党的十八大以来，我国加大了教育改革的力度，高校学科专业结构调整也作了几次大的调整，高等教育与社会经济发展不相适应的状况有了很大的改观。但与新的形势相比，仍存在不少问题。我国经济结构的战略性调整，科学技术的快速发展，对高校学科专业的调整，又提出了许多新的更高的要求。当前高等学校学科专业结构与经济社会发展不相适应的问题还相当突出。主要表现在：第一，从总体上看，我国现行的高校学科专业结构是适应于传统经济结构，以重工业为核心组织起来的学科专业结构，传统工科教育比例偏大，适应新产业结构需要的专业不足，新的思想观念、新的知识技术与方法很少，或没有得到充分的反映。第二，在长期的精英教育、专才教育观念的影响，学科划分偏细，单科性学校发展过多，专业设置重复，长线专业过多，专业内容陈旧，知识结构偏窄等，导致一些新兴学科、边缘学科和交叉学科无法找到依靠点和生长点，各个科类专业也普遍未能形成自己的特色与优势，培养出来的人才不合要求，适应性不强。第三，在平衡补偿短缺学科专业结构的过程中，出现了重复建设和低水平建设，导致高校学科和专业新的比例失调，造成人才的结构性过剩甚至浪费。合理配置现有教育资源，加强学科建设，根据人才需求结构，调整专业设置，仍然是调整高校学科专业结构的基本指导思想。改革的目标，一是要促使学科结构综合化，即逐步改变按单一学科建校的传统模式，促进自然科学、社会科学、人文科学交叉、渗透、融合、创新等方面做出独特贡献，充分利用教育资源和提高教育效益。二是促使专业结构合理化，使培养的人才具有复合交叉型的知识结构。具体要求，就是保证中小学校的人文课时，提高理工科学生的文科学分比重和文科学生的理工科学分比重。具体思路，就是坚持改革与创新相结合，适应我国社会经济发展和产业结构调整优化的需要，在扶持改造传统优势的基础学科的同时，努力开发建设新的学科、新的专业，优先发展计算机、生物技术、新材料、电子通信技术、医药、自动化等高新技术产业领域的新兴学科和新兴专业，重点发展直接为地方经济建设服务、适应劳动力就业市场变化需要的学科和专业，包括强化重点学科建设，建设若干个国际国内一流的重点学科；深化专业教育教学改革，建设一批示范专业和特色专业，进一步增强专业的适应性，努力提高人才质量，提高人才的竞争力。

（三）努力加强和改进研究生教育

研究生教育是高等教育结构中的最高层次，肩负着为国家现代化建设培养高素质、高层次创造性人才的重任，是建设国家创新体系和夺取世界科技创新制高点的基础性工作。由于历史的原因，我国的研究生教育起步较晚，时断时续，直到1980年《中华人民共和国学位条例》颁布实施，才正式建立了具有完整意义的学位制度。学位与研究生教育制度的恢复完善，有力地促进了我国科技、教育、文化等领域专门人才的培养和成长，为国家经济建设、科技进步和社会发展做出了积极的贡献，取得了令人瞩目的成就。但是也应该看到，当前研究生教育工作中还存在着许多较为突出的问题，如研究生培养还不能很好地满足社会发展对高层次人才的需要；研究生导师队伍建设需进一步加强；现行研究生培养制度、培养模式等还不能完全适应于人才的个性发展和创新能力的培养；研究生教育的质量保证体系亟待建立和完善等。因此，适应经济社会发展对高层次人才的迫切需要，建立一个有一定的先导性，结构合理，有利于高层次创新人才脱颖而出、提高研究生全面素质和培养质量的研究生教育体系非常重要。

总体上讲，研究生教育工作需要继续遵循"立德树人、服务需求、提高质量、追求卓越"的方针，着重调整优化结构，改革研究生制度和培养模式，努力形成有利于高层次人才成长的培养机制。一是要调整研究生教育的结构类型。调整优化学科结构，集中有限力量支持一批优势明显的基础学科；重点扶植一批对经济增长贡献率比较大的高新技术学科；注重发展新兴学科、交叉学科和边缘学科。调整学科类型，适应我国经济和社会多元化发展对高层次专门人才需求结构和类型的变化，有效吸纳社会优质资源，积极发展专业学位研究生教育，增加专业类别，扩大培养规模。调整层次结构，稳定发展博士研究生规模，大力发展硕士研究生规模。通过调整，使我国的研究生教育协调、稳步发展。二是要科学规划不同层次、不同类型研究生的培养目标。硕士生教育应加强专业基础理论和专业知识的学习，重视综合素质、创新和创业精神，提高分析与解决问题的能力；博士生教育应以培养教学、科研方面的高层次创造人才为主，重点发展独立地、创造性地从事科学研究、主持较大型科研、技术开发项目，或解决和探索我国经济社会发展问题的能力。三是要拓宽研究生培养口径。大多数学科、专业可按一级学科口径考核招收硕士研究生，按二级学科或较宽学科口径进行培养。鼓励通过同等学历申请学位和在职申请学位与在职攻读专业学位。实行弹性学制，允许研究生分段完成学业。四是要建立健全研究生教育评估制度，不断完善质量保证体系。要加强对培养单位开展经常性的评估和自我评估工作，及时发现和解决培养工作中出现的问题，建立起具有自我完善功能的质量保证和监控机制。

三、区域学校布局结构

（一）调整高校布局结构

当前，全国范围内的高校管理体制改革和布局结构调整已取得了历史性的重大进展，基本完成了预期的目标和任务。通过调整，高校数量有所减少，一些地区高校重复设置、单科性学校过多、办学规模效益低的状况有了较大改善，高校布局日趋合理，形成了一批资源共享、优势互补、学科交叉、共同提高的新型学校群，初步实现了高等教育资源的优化配置和优势互补。

但由于历史的原因，我国高校相对集中在少数中心城市内，造成一定程度上智力资源分配的失衡。目前，全国省会城市的本科院校占全国高校总数的58%，而不少中小城市和地区高等教育发展相对滞后。高等教育的这种布局结构极不利于当地人才资源的开发和利用，对区域经济社会发展也产生了不利的影响。加之过去长时期内，高等教育办学体制上的国家部门所有制的作用，各地区高等院校未按科学分类进行规划、建设和管理，部分高校层次不清、任务交叉、互不衔接，表现在高校设置的标准、规定（包括公立、民办和中外合作办学）及有关政策和措施上，对社会力量（地方政府、单位和个人）参与和支持办学不够有力；在控制办学层次及保证办学质量方面也有不小差距；高校设置程序有待进一步规范；高校的认可、审批、评估体系不够健全等。为此，必须重视对高校设置和布局的合理性调整。

当前，从科学设置、分类规划和管理的角度出发，以适应知识经济的兴起和科学迅猛发展的需要，在高校布局结构的调整上，要继续按照"共建、调整、合作、合并"的方针，将教育、科技、人才一体化推进，加强建设一批综合性和多科性的大学，整体推进高校现代化战略布局。同时，促进发展多功能社区性职业技术学院，鼓励有条件的地区兴办以职业技术学院为主体的高等教育。在此基础上，逐步建立起面向新发展格局的布局结构合理、学科门类齐全、规模效益好、教育质量高、适应社会主义市场经济体制和现代化建设需要的高等教育体系。具体来讲，要做好以下工作。

一是继续加强综合性研究型大学建设，推进国家创新体系建设。教育部直管的全国性大学多为多学科性大学，学科少，专业面也窄，要适应当今科学与技术高度综合、交叉、渗透的发展趋势，适应国际高等教育市场间的激烈竞争，避免生源外流。因此应该从加强国家基础科学研究，发展尖端科技，培养高层次创造性人才，以至推进国家创新体系建设的高度，集中力量，加强国家级的综合性研究型大学建设。这类大学面向全国服务，重点发展研究生教育与科学研究，属于国家办学，由教育部管理。二是与区域经济发展相适应，发展区域性、地方性高等教育。此类高等教育可以划分两个层次，第一个层次是综合性教学与科研并重大学，第二个层次为教学型大学或学院。这类大学的学科、专业设置与建设应紧密结合所在区域产业结构和经济结构，主要面向区域内招生，归省级教育行政部门管理，服务于所在区域和省的经济发展。三是积极促进高等教育服务社区教育发展，提高高等教育社会服务能力，提高劳动者素质，培养为地区服务的应用型人才。

（二）调整中小学布局结构

调整中小学校布局是提高教育质量和办学效益、适应城镇化发展需要和农村税费改革的重要措施。要以县为单位，按照适度规模办学要求，以及中小学生源变化和区域经济、自然条件等状况，合理规划，积极推进中小学布局调整。按照城市和农村乡镇村发展规划要求，综合考虑居住人口容量、现有教育资源和城镇化进程以及人口流动等因素，科学确定学校的服务半径、数量及规模等；提高教育资源使用效益，避免出现"边建设、边闲置"现象；重视和加强特殊教育学校规划建设，保障适龄残疾儿童少年就学需要，确定中小学校布局调整方案。例如，河南就做好"十四五"期间城乡中小学布局规划提出意见。在城镇学校建设方面，新建5000居民以上规模的住宅区，原则上应当配套建设小学，1万居民以上规模的住宅区，原则上应当配套建设初中；配建的中小学要与住宅区同时规划、同时建设、同时交付使用；老城区改造配套学校建设不足和未达到配建学校标准的小规模居住区，由当地政府统筹新建或改扩建配套学校，满足学生就近入学需要。新建小学、初中原则上不超过2000人规模，九年一贯制学校、十二年一贯制学校义务教育阶段不超过2500人规模。乡镇初中以寄宿制学校为主；小学原则上1~3年级学生不寄宿，就近走读上学，路途时间一般不超过半小时；4~6年级学生以走读为主，在住宿、生活、交通、安全等有保障的前提下可适当寄宿。在人口稀少、地处偏远、交通不便的地方应保留或设置村小学和教学点。[1]

---

[1]《"十四五"期间城乡中小学将这样布局规划》，(2021-02-03)。https://baijiahao.baidu.com/s?id=1690659089198726143&wfr=spider&for=pc。

（三）调整中等职业学校布局

由于长期受计划经济的影响，我国中等职业学校布局结构一度形成了条块分割、自成体系和封闭办学的问题，致使在低水平下重复设置学校，资源配置严重不合理，学校规模效益低，有限的教育资源得不到充分的利用。随着社会主义市场经济体制的建立和完善，多种所有制经济的共同发展，政府机构改革和职能转变，过去意义上的"条条"对中等职业学校的管理正在逐步减弱，一些原有部门的学校已经或将要通过一定形式划转为地方管理。另外，随着我国经济发展和科技进步的加速，我国产业结构已经发生了很大的变化，按原来产业结构布局的中等职业学校，由于行业性太强，专业过于单一，服务面偏窄，已经不能适应变化后的产业结构和区域经济发展对人才的需要，特别是不能适应一些新兴产业、新的职业岗位发展的需要，不能适应行业、产业、职业岗位相互融合复合的需要，必须对中等职业教育体制进行改革。这是大势所趋，势在必行。

调整中等职业学校布局，必须从区域经济和社会发展的全局高度出发，坚持政府统筹，"条块"结合，以"块"为主地进行。各级教育部门要负起统筹规划、综合协调、宏观管理的职责，只有这样才能打破各类中等职业学校以及以中等职业教育为主的教育培训机构自成体系、封闭办学、互不沟通、效益低下的局面，最大限度地盘活现有教育资源。重点建设一批规模大、效益好、质量高的骨干示范学校，淡化中专学校、技工学校、职业高中的界限，对未达到必备办学条件设置的学校作为中职学校教学点或联合办学点。坚持充分调动行业、企业的积极性，依靠行业、企业及社会各方面的力量来兴办和发展职业教育。

第四节 以协调发展优化调整教育结构的行动选择

一、构建与经济社会发展相适应的教育结构

（一）构建增强服务能力的学科体系

构建与经济社会发展相适应的教育结构，重要抓手就是在高等教育学科结构上做调整。

一是要适应经济社会发展的需要，筛选并强化建设一批重点学科。学科建设是专业建设的基础和前提。没有实力雄厚的学科基础，专业建设就难上水平。为此，要通过建立和实施重点学科遴选制度，瞄准科技发展的最前沿，选出一批不同层次、不同类别的重点学科、重点专业和重点实验室项目，从人力、物力和财力等各个方面予以保证进行重点建设。以山西为例。省一级重点学科的建设目标可设定为：能够培养一批在国内同类学科中具有领先水平的学科带头人，形成结构合理的学术梯队；能够持续稳定地培养具有创新能力的高层次专门人才，吸引和接收高校及其他方面学术骨干进行学术访问和深造；能够贯彻科技工作面向经济建设的方针，进行高水平的科学研究，获得比较充足的科研经费，承担社会主义现代化建设的重要科学研究课题，并在解决重大理论和实际问题中发挥作用，为地方政府作出重大决策提供科学依据；能够瞄准国内一流学科，积极开拓新的学术领域，在省内高校学科建设中起示范带头作用，促进更多的学科向纵深发展，带动相关学科的改革和提高，为学科发展和科技进步做出贡献。

二是要突出专业服务方向，有步骤、有重点地调整和优化专业结构。所谓突出专业服务方向，就是要使专业特色鲜明、人才培养质量高、毕业生就业率高、社会声誉好。要优先发展信息产业所需的专业。如计算机科学与技

术、软件工程、网络技术、电子信息工程、通信工程等专业。同时要发展新材料、新能源、生物技术、现代医药、环保等工程技术专业。要重点发展当前紧缺的专业。据国家权威部门发布的信息，人才匮乏的矛盾在我国许多领域都表现得甚为突出，其中最紧缺的人才有五类：①农业、信息、金融、财会、外贸、法律和现代管理等领域的专业人才；②生物技术，环保技术、新材料等领域的高层次科学技术人才；③适应国际竞争需要和能够参与解决国际争端的专门谈判人才；④了解国际惯例，符合需要的外语人才；⑤跨领域、跨行业、跨学科的复合型人才等。对这些专业，要重点支持其加快发展。三是要对所确定的重点专业，实行动态管理、滚动建设，以促进不断提高其专业水平，带动提高整个高校专业建设上质量、上档次。

三是要关注课程建设，加强各类学科专业间的渗透与融合，促进科学教育与人文教育的有机统一。学科专业建设的核心，是确定合理的课程体系。学科专业建设的成果，最终也要落实到课程建设和课程发展上来。为此，在学科专业建设中，要特别注意调整改革课程体系，努力提高对入世后经济社会发展的适应性。针对我国当前高校课程设置上存在的实际问题，主要是要改革和提高课程综合化的水平。其一，要加强"人文"与"科学"课程的相互融合和相互渗透。长期以来，我国高校学科专业发展上存在的一个通病，就是对人的忽视，直接表现为对人的道德精神和文化素养的轻视，这实际上是割裂了人文教育与科学教育的内在联系。为此，在高校课程的设置上，要注意从增强文理各科之间的交叉性、复合性和关联性出发，面向文、理、经、管、法等各科学生，分别开设中文、经济、管理、科技、法律、外语、计算机等选修课程，或开设各种专题讲座。其二，要进一步拓宽基础课程和专业口径。要遵循大学教育"基础宽厚、专业深厚"的目标，进一步拓宽和加大基础课程的内容。专业课程设置也需要拓宽。比如，应增设相关通用性课程，改变目前高校专业过细过偏的毛病；在同类专业或相关专业之间通开专业基础课，努力扩大学生的知识面，开阔学生的视野，注重培养和增强各专业人才的实际工作能力。

（二）学科体系构建应处理好的关系

需要特别指出的是，学科专业的设置与调整，应当根据经济结构调整、产业结构调整和社会发展的需要来定。学科专业设置是否合理，主要看其培养的人才是否与经济结构、科技结构和社会发展的需要相适应，是否与高校自身的实力及发展潜力相适应。为避免人才的结构性浪费，在具体实施学科专业调整中，应注意处理好以下几个关系。

一是市场需求与教育规律的关系。高校哪些学科专业需要开设，哪些需要合并，哪些需要淘汰、退出，应该有科学的依据，尊重市场经济和社会发展对人才种类、层次的需求及其变化规律，而不能仅凭主观意志。一般而言，一个专业的建立，应该是该专业所依赖的学科相对发展成熟，并且这种学科日益化作产业或社会事业，产生了连续性的社会需求，同时，学校也具备了基本的办学条件。设立新的学科专业，要遵循教育规律，不可急于求成。设置新的学科专业应具有相对稳定性，不能变来变去，否则，就会影响正常的教学秩序。为此，必须在学科专业建设和人才培养与市场需求之间建立起统一、协调、高效的联系，避免发生学科专业的设置被动"追"着市场热点需求转，跟不上市场需求切换的现象。尤其是在推进高等教育大众化的过程中，要坚持将能否提高毕业生就业率，作为今后高校专业设置的重要标准，避免教育投入的浪费，并努力化解因扩招带来的就业压力。二是新兴学科专业与传统学科专业的关系。实践证明，创新型人才往往产生于学科的交叉点和空白地带。因此，调整改革高校学科和专业结构，要重点发展新兴学科和高新技术专业，同时加大对传统基础学科和一些长线专业的改造和更新，以增强其适应能力。三是需要与可能、数量与质量的关系。既要根据社会经济发展的需要，创造条件，大胆开设和调整一些新的社会急需的专业，同时，又要遵循教育自身的规律，强调专业设置应当具备一些基本的条件，如要有稳定的人才需求，达到一定的招生规模，等等，纠正和防止不顾条件"先上马后备鞍"，只讲数量，不讲质量的倾向。

总之，加速调整高校学科专业结构，关系着为经济社会发展培养和提供合格人才，推动经济社会健康发展的大局，必须加强领导，统筹规划，积极而稳妥地进行。从有利于推进高校学科专业建设着眼，为确保高校学科专业结构调整取得实效，应建立健全有关的检查评估制度。比如，可采取定期与不定期相结合的办法，对学校专业建设的水平进行评估，并公布评估结果，加大奖罚力度。对改革力度大、水平高、社会声誉好的专业，给予政策上的倾斜，重点扶持，优项优投；对于专业内容陈旧、改革成效不明显、办学条件差、社会声誉不好的专业，将给予"黄牌"警告，限期整改、调整直至撤销该专业，以形成有效的激励机制，推动专业调整改革工作不断深化，更好地适应社会经济发展的需要。

二、构建与人民群众需求相适应的教育结构

在党中央、国务院的高度重视下，终身教育在我国教育事业中的特殊重要的地位和作用也逐步得到了确立。1995年，我国正式把建立终身教育体系写进了《教育法》，规定："国家推进教育改革，促进各级各类教育协调发展，建立和完善终身教育体系。"1999年年初，国务院批转教育部起草的《面向21世纪教育振兴行动计划》中明确提出，"到2010年……基本建立起终身学习体系，为国家知识创新体系以及现代化建设提供充足的人才支持和知识贡献"。[①]《中国教育现代化2035》也提出，要"构建服务全民的终身学习体系"。

构建与人民群众需求相适应的教育结构的核心思想就是要构建起有利于全民终身学习的终身教育体系。所谓终身教育，是相对于一次性教育而言的一种新型教育体系。以往，人们一般总认为，一个人从学校毕业后，参加了工作，除非另有机会深造，否则，他的教育生涯也就宣告终结了。而终身教育则不同，它强调，活到老、学到老，人的一生都要不间断地学习，及时补充新的知识、新的营养，这样才能不至于在日新月异的新时代面前落伍。其基本内涵，按照联合国教科文组织的权威解释，"包括了教育的各个方面、各种范围，包括从生命运动一开始到最后结束这段时间的不断发展，也包括了教育发展过程中的各方面与连续的各个阶段之间的紧密而有机的内在联系"[②]。这就是说，终身教育在时间上，与人的生命共始终；在空间上，与人生活的所有方面都有联系。从纵向上讲，教育不仅仅限于青少年时期，而要

---

① 中华人民共和国教育部：《面向21世纪教育振兴行动计划学习参考资料》，北京师范大学出版社，1999，第4—5页。

② 保罗·朗格朗：《终身教育导论》（中译本），华夏出版社，1988，第15页。

贯穿每个人的一生，包括婴幼儿教育、青少年教育、成人教育和老年教育等；从横向上讲，就是要把一切具有教育功能的机构联系、组织起来，包括家庭教育、学校教育、社会教育等各种正规与非正规的教育等。一句话，就是要促进教育在纵横时空上实行全面的、有机的结合，融不同层次、不同类型的教育为一体，构建起符合知识经济时代所要求的完整统一的终身教育体系。需要特别指出的是，构建终身教育体系是一项庞大的社会系统工程，尤其是在我国这样一个拥有十几亿人口的发展中的大国，构建终身教育体系，其艰巨性可想而知。加之我国是近几年才提出构建终身教育体系的任务，从时间上说相对晚了一些，对构建怎样的终身教育体系，应该怎样来构建终身教育体系等，在具体实施的策略和步骤上尚存在许多"盲区"和"盲点"，对此，我们必须保持坚定清醒的认识。

总之，面对终身学习型社会的新机遇，每个人终其一生都已经成为同其快速更新变化的知识技能体系展开的一场亘古未有的接力赛。不应对变化，不加强学习，就随时可能会被时代进步的激流淘汰。唯其如此，我们必须坚定信心，围绕加快构建我国终身教育结构体系，做大量艰苦细致的工作。各级各类教育部门和教育单位都必须做好自己分内的工作，要把自己管辖内的这一阶段、这一类型的教育看成是终身教育网络和链条中的关键一环，使自己真正成为向所有人提供终身教育的学习型社会中的最具革命性的部分，成为帮助人度过其知识技能上的差距的必备桥梁。建立起职业教育与普通教育、成人教育相沟通，学校教育与企业教育、社会教育相渗透，基础教育与中等教育、高等教育相衔接的人才培养成长的"立交桥"，真正实现我国"人人皆学之邦"的理想和目标。

三、构建面向教育现代化的教育结构

教育现代化是指以现代信息社会为基础，以先进教育观念为指导，运用先进信息技术促进教育变革的过程。我国教育现代化的过程，就是按照"教育要面向现代化，面向世界，面向未来"的要求，通过教育改革和体制创新，

由传统教育向现代教育转变的过程。①

构建面向教育现代化的教育结构，一是要加快推进学校教育的开放化与社会化。构建新的终身教育体系，学校教育仍居于中心的、主要的地位，但教育的目的、内容和对象等，均已发生了历史性的变化，学校教育不能再满足于单纯地向学生传授书本知识，而应向重点培养学生的创新精神和实践能力转变。学校教育也不能再只接受某个特定年龄阶段的一部分人，而应向每个人的一生和社会上所有的人开放，为社会各类成员提供各种接受教育的机会。譬如，大学应成为面向社区所有民众开放的"社区终身学习中心"和"教育信息服务中心"，成为社会成员接受继续教育的场所，成为社区成员终身学习的辐射中心。加快推进高等院校的开放化与社会化，学校要进一步向社会开放，充分发挥学历教育、非学历教育、继续教育、职业技术培训教育等多种功能。其一，加快"宽进严出"的招生制度改革，降低门槛，放宽招生和入学的年龄限制，同时积极创造条件，普遍推广学分制和弹性学习制度，允许分阶段完成学业，健全在职申请攻读学位的制度等，既为愿意升入上一级学校继续学习的学生，开辟升学和学习的渠道，也为愿意就业的学生，提供通过多种学习培训进入就业市场的机会。其二，要加速实施现代远程教育工程，以远程教育网络为依托，形成覆盖城乡的开放教育系统，消除教育的差别，尤其是东西部信息的不对称，努力为各类社会成员提供多层次、多样化的教育服务。其三，要进一步密切和加强学校同社会之间更加紧密的联系，学校的各种教育资源，包括实验室、图书馆、体育设施等，应最大限度地向本地区社会成员开放，同时加强与企业和社会各部门的合作，努力为本地区物质文明和精神文明的建设服务。其四，要关注弱势群体，重视其个人基本学习权的保障。其五，要建立全面的学习成就认证制度。

二是要加强教育内部各级各类教育之间的相互渗透、沟通和融合。现代教育是社会化的、开放的教育体系，各级各类教育是相互衔接、相互沟通的。要通过改革，坚决打破各级各类教育之间的壁垒和不应有的界限，切实调整和优化教育结构体系，努力拓宽人才成长的道路，构建起有利于人才培养的

---

① 顾明远：《教育观念现代化是教育现代化的灵魂》，《人民日报》2016年2月1日，第5版。

"立交桥"。这应当成为新时代我国教育结构体系调整的一个重要任务。横向上，职业教育与普通教育、成人教育要彼此沟通。普通教育职业化，职业教育普通化，普通教育和职业教育互相渗透、互相补充，向一体化方向发展，是近年来教育发展的一个新趋势。在普通教育中，渗透职业教育的因素，增加职业教育的内容，是可以学习和借鉴的。职业教育也不能单纯着眼于就业和学"手艺"，而忽视基础文化知识和基本技能的学习训练，造成大多数学生知识面窄、适应和应变能力差的问题。在保持一定规模的前提下，允许普通高中和职业高中的学生相互流动。要积极试办普通高中与职业高中相融合的综合性高中，通过高二、高三分流或"三加一"等多种形式，对完成学业成绩合格的学生，同时颁发普通高中毕业证书和职业教育学历证书。农村初中可开设一定的职业教育课程，毕业考核合格后同时颁发绿色证书。在高等教育阶段，普通本专科学校都可以举办高职班。在实行学分制和弹性学习制度的前提下，普通高校、高等职业学校、成人高校的学生可以跨校、系选修课程，学校之间学分互认。放宽招生和入学的年龄限制，允许学生工学交替、分阶段完成学业和提前毕业。要进行各类高等学校与高等教育自学考试之间相互沟通的试点。在此基础上，统筹规划，大力发展现代远程教育、职业资格证书教育、社区教育和其他继续教育，逐步建立起各类教育横向沟通、相互融合的教育体系。纵向上，基础教育与中等教育、高等教育要相互衔接。大学教育对中小学教育具有明显的示范和导向作用，这是国内外教育发展的一个共同规律。随着高等教育大众化的推进，我国教育发展的重心和层次结构明显上移，大、中、小学教育的协调与衔接显得极为重要。这种衔接，不仅表现在知识体系方面，更主要的是应当在办学理念、教育思想上加强配合，将素质教育的观念贯穿于各级学校教育和学校教育的各个环节之中，努力改变升学指挥棒左右基础教育的不利局面。

三是要加快建立起融学校教育、企业教育培训和社会教育为一体的立体化的教育网络。目前，我国教育结构体系上面临的一个突出问题是，普通教育与继续教育、职业教育在发展上存在着一定程度的畸重畸轻性，一些地方和部门对继续教育和职业教育仍存有一定的偏见。这种情况应该得到改变。建立终身教育结构体系，要求适应市场经济的需要，加强在就业准备、在职教育、新岗位培训和退休后继续学习等各个方面的教育，不可偏废，包括以学历教育为主的学校教育系统，以职业资格教育为主的行业教育系统，以文化生活教育为主的社会教育系统，三者应该加强联合，实现资源共享，提高教育质量。加快建立起融学校教育、企业教育和社会教育为一体的立体化的教育网络，学校教育要从单纯向学生传授书本知识，转变为把重点放在为学生的终身学习、生存和发展打好基础，这是学校教育的历史性转变，也是建立终身教育（学习）结构体系的基础。各类普通学校特别是普通专科学校，要根据本地区社会发展和受教育者的需求，开设职业指导课和职业选修课，加强职前教育。目前，对于构建相互衔接、相互沟通的教育结构体系，往往是把思路仅仅集中在高校的扩大招生方面，这是不够全面的。因此，还必须积极发展各种层次和形式的补偿教育，使职业学校的学生有经过中间教育机构的文化补习，进入高一级学校学习的机会，使普通高中的毕业生也有通过相应教育机构的培训进入社会就业的机会。企业职工教育要根据企业发展和职工的实际需要，采取更加灵活多样的措施和办法。例如，我国经济已由高速增长阶段转向高质量发展阶段，企业也面临着粗放型的生产和发展模式向集约型模式的转变，大量已经和即将转岗转业、待岗待业的人员，急需对他们进行适应性的教育和培训，教给他们新的知识、新的技能、新的本领，提高他们的职业道德水准和为人处世的策略艺术，以便今后更好地适应新的岗位、新的环境。特别是对目前企业中大量转岗转业人员和下岗失业人员开展的劳动再就业培训，包括正规学历教育、学历补偿教育、知识更新教育，等等，一定要根据他们的学习特点和工作、生活环境来展开，对一些确实因客观原因不能到场的职工，可以引导他们进行到课不到堂的自主学习，努力为他们提供更多不同类型、不同特点的教育。

与此同时，要充分发挥大众传播媒介、文化服务机构等社会教育系统特有的功能和作用，加强智慧教育，努力满足不同群体的人民群众对教育多样化的需求，促进学校教育、家庭教育和社会教育的协调发展，逐步形成就业前学校教育、上岗前企业培训和在职继续教育相连贯的教育结构体系。

第五章　加强创新型人才培养

——全面推进高等教育高质量发展

党的二十大报告提出，"高质量发展是全面建设社会主义现代化国家的首要任务"，将"实施科教兴国战略，强化现代化建设人才支撑"摆在更加突出的位置，首次对教育、科技、人才工作进行统筹部署，为高等教育改革和高质量发展提供了前所未有的政策支持和历史机遇，为建成教育强国指明了前进方向。党的十八大以来，我国高等教育规模不断扩大，据教育部最新统计数据显示，2021年高等教育在学人数已达4430万人，较2021年增加了1100余万人，毛入学率为57.8%，较2012年增加了27.8个百分点，进入了世界公认的普及化阶段，建成了世界上最大规模的高等教育体系。但是，量大并不意味着质高。习近平总书记曾指出，当前我国高等教育办学规模和年毕业人数已居世界首位，但规模扩张并不意味着质量和效益增长。[①]高等教育发展面临的课题是从高等教育大国向高等教育强国迈进。那么，如何快速、有效、如期实现高等教育强国的目标，推进高等教育高质量发展是必由之路。

[①]黄毅、沈锐：《推动高等教育内涵式高质量发展 培养新时代创新型人才》，《中国高等教育》2022年第10期。

第一节　我国高等教育高质量发展的时代价值

一、高等教育高质量发展是全面建成社会主义现代化强国的时代要求

党的十九大报告提出"社会主义现代化强国"的概念，党的二十大报告提出了建设社会主义现代化强国的两步走战略，到2035年基本实现社会主义现代化，到21世纪中叶建成富强民主文明和谐美丽的社会主义现代化强国。这就对高等教育发展提出了新要求。高等教育要为人民服务，为中国共产党治国理政服务，为巩固和发展中国特色社会主义制度服务，为改革开放和社会主义现代化建设服务。高校是人才的主要聚集地，是社会创新发展的主要力量，肩负着现代化强国建设的支撑和引领作用。正如习近平总书记在2021年4月考察清华大学时强调："我国高等教育要立足中华民族伟大复兴战略全局和世界百年未有之大变局，心怀'国之大者'，把握大势，敢于担当，善于作为，为服务国家富强、民族复兴、人民幸福贡献力量。"①高等教育的使命和担当需要它将自己的发展与国家战略需求、时代要求、民族复兴要求深度融合，加强综合改革，将学校创新优势和人才优势转化为社会主义现代化强国建设的重要力量，培养一支能够听党话、跟党走的德智体美劳全面发展的社会主义建设者和接班人。

二、高等教育高质量发展是满足人民群众对高质量高等教育追求的必然选择

习近平总书记在党的十九大报告中指出，中国特色社会主义进入新时

_____

① 吴岩：《历史性成就 格局性变化——高等教育十年改革发展成效》，《中国高等教育》2022年第6期。

代，我国社会主要矛盾已经转化为人民日益增长的美好生活需要和不平衡不充分的发展之间的矛盾。社会主要矛盾的变化具体到高等教育领域表现为人民日益增长的对更高质量、更加公平、更富有特色和个性化教育的需求与优质高等教育资源短缺、不平衡、不充分之间的矛盾。高等教育普及化的到来，提高了全国人口的受教育水平，受过高等教育的人口已达2.4亿人，实现了历史性突破。从受教育的学历层次来看，2021年研究生招生数量较2017年增加了45.95%，本科生招生数量增加了8.24%，人民对优质高等教育的需求随着时间的变化在逐年提高。要不断满足新时代人民对高等教育的新要求、新期待，推动高等教育高质量发展，才能更好地保障人民受教育的权利，促进高等教育发展成果更多更公平地惠及全体人民，不断以教育公平促进社会公平正义。

图5-1　2017—2021年研究生与普通本科生招生情况对比图

单位：人

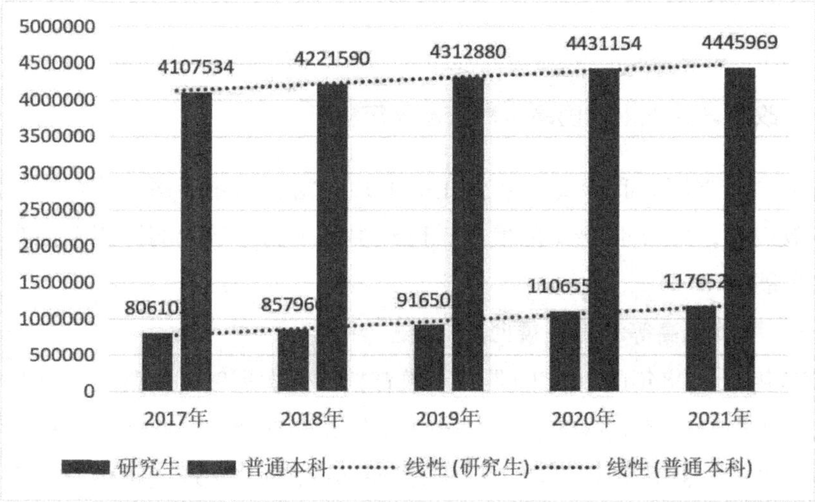

数据来源：教育部教育统计数据

三、高等教育高质量发展是构建新发展格局的重要基础

2020年5月14日，中共中央政治局常委会首次提出"构建国内国际双循环相互促进的新发展格局"。《中共中央关于制定国民经济和社会发展第十四个五年规划和2035年远景目标的建议》提出，要加快构建以国内大循环为主体、国内国际双循环相互促进的新发展格局。新发展格局的构建，更需要高等教育持续供给各个领域的高素质创新型、应用型和复合型人才。面向未来，高等教育更需要加大力气培养这三类人才，为新发展格局奠定坚实的人才基础、智力基础、技术基础和创新基础。要加强产教融合，为产业链供应链的完整性、稳定性提供保障，提高国内经济的质量效益，激发国内市场的需求度；要扩展对外开放办学力度，以开放共赢的姿态加强国际教育合作，提升高等教育影响经济全球化的力量，推动国内国际双循环互促互进。

第二节　我国高等教育高质量发展的时代内涵

一、改革开放以来我国高等教育发展历程

新中国成立后，我国高等教育在中国共产党的领导下探索前行，特别是改革开放以来，经过40余年的发展，已经由一个高等教育弱国逐渐向高等教育强国发展。

（一）精英化高等教育发展时期

1978年到1998年的20年间是高等教育精英化发展时期。随着"文化大革命"的结束，1977年我国恢复了中断11年的高考制度，1978年召开的党的十一届三中全会，提出了把党的工作重心转移到社会主义现代化建设上来，实行改革开放。随后，党的各项工作都围绕改革开放和社会主义现代化建设进行部署。实施科教兴国和人才强国战略，始终把教育摆在优先发展的战略地位。高等教育也乘着这股东风进入了改革开放时期。教育部提出了一系列高等教育体制改革和教学改革措施。1992年11月，第四次高等教育会议召开，国家教委指出"要坚持党的基本路线不动摇，高等教育必须为经济建设这个

中心服务，把改革开放同四项基本原则有机统一起来""要主动适应社会主义市场经济体制的建立和完善，改革高等教育体制"。①1993年2月中共中央、国务院印发了《中国教育改革和发展纲要》，确定了20世纪90年代高等教育改革发展的目标为"高等学校培养的专门人才适应经济、科技和社会发展的需求，集中力量办好一批重点大学和重点学科，高层次专门人才的培养基本上立足于国内，教育质量、科学技术水平和办学效益有明显提高"。1994年6月和1995年7月，国家又相继颁布了《关于加强普通高等学校教学工作的意见》和《关于深化高等教育体制改革的若干意见》，从教学和体制改革方面对高等教育发展提出新的要求，进一步深化高等教育改革。

1995年11月，国务院正式实施《"211工程"总体建设规划》，正式启动面向21世纪、重点建设100所左右的高等学校和一批重点学科的建设工程。1998年5月，时任国家主席江泽民同志在庆祝北京大学建校100周年大会的讲话上提出"为了实现现代化，我国要有若干所具有世界先进水平的一流大学"的新目标，正式拉开了"985工程"的序幕。经过8年的发展，共建设"985"高校39所。"211工程"和"985工程"的相继推进，促进了高等教育各方面的发展，为我国经济的发展壮大了人才队伍，为"科教兴国"战略的实施做出了卓越的贡献。总的来说，经过这一阶段的发展，高等教育进入了飞速发展的大好时期。

（二）高等教育大众化发展阶段

1999年到2012年，高等教育发展最大的特点是大众化发展。1999年6月，全国教育工作会议召开，会上提出了"教育产业化"的概念，开始实行高校扩招政策，无论是招生人数和学校规模都得到前所未有的增长，更多的人有机会接受高等教育，全民素质得到大幅提升，满足了我国社会主义现代化建设对人才规模的需求，截至2002年秋季，我国高等教育毛入学率为15%，较1998年提高了5.2个百分点。在校生人数突破1600万，是1998年的两倍多，标志着我国高等教育历史性地跨入大众化阶段。10年之后，2012年，高校招

---

①朱开轩：《认真贯彻十四大精神，加快改革和积极发展普通高等教育——在全国普通高等教育工作会议上的讲话》，《中国高等教育》1992年第12期。

生规模又创历史新高，突破688.8万人，在校生数扩张到2391.3万人，人数成倍增加。高等教育毛入学率已从2002年的15%增加到30%，标志着我国高等教育从精英化教育进入大众化教育时代。高等教育不再是束之高阁的"象牙塔"，而是大众化的社会需求。①

在高等教育大众化发展的中后期，继续推进的"211工程"和"985工程"，以及2006年11月教育部和财政部正式启动的"国家示范性高等职业院校建设计划"，高等教育逐渐走上了内涵式发展的道路，高校的办学质量越来越受到重视。2006年5月，温家宝总理指出，高等教育要适当控制招生规模增长幅度，相对稳定招生规模，切实做到以提高质量为重点，推动高等教育科学发展。②国家制定相关政策推动高等教育专业建设、课程建设、教材建设、教学质量评估体系等多方面的调整改革，提高高等教育质量。时隔两年后，中国高等教育学会和高等教育出版社联合开展了"遵循科学发展，建设高等教育强国"课题研究，旨在通过课题带动高等教育"质"的飞跃。2012年，中央组织部、人力资源和社会保障部等11部门启动实施国家"万人计划"，壮大高层次人才队伍，包括100名杰出人才、8000名领军人才、2000名青年拔尖人才。

这一时期，不但公办普通高等院校规模、数量和质量有了大幅增长，民办高等教育也迎来了发展的春天。2003年，国家颁布了《中华人民共和国民办教育促进法》及其实施条例，从此民办教育走上了规范发展的道路。2003年，民办高等院校1277所，在校生181.4万人。2004年2月11日，教育部公布了首批经确认具有独立办学资格的148所独立学院名单。2004年的全国教育年度统计情况显示，到2004年年底，获教育部认可的全国独立学院共计249所，约占全国普通高校数量的15%，分布在全国28个省市区。③之后，民办高等教育进入了发展的快车道。2006年12月，国家又发布《关于加强民办高校规范管理 引导民办高等教育健康发展的通知》，指出将民办高校发展的

① 柳友荣：《新中国成立70年来我国高等教育质量的政策文本研究》，《中国高教研究》2019年第6期。
② 周济：《实施"质量工程"贯彻"2号文件"全面提高高等教育质量》，《中国高等教育》2007年第6期。
③《当年应运而生，最高峰时达360所》，（2021—03—18）。
  https://baijiahao.baidu.com/s?id=1694529616245659391&wfr=spider&for=pc。

重点转移到稳定规模、规范管理、提高质量的轨道上来。这标志着民办教育进入了内涵式发展阶段。

（三）高等教育普及化、内涵式高质量发展阶段

2013 年至今是我国高等教育普及化和"中国特色"内涵式高质量发展阶段。从党的十八大开始，中国特色社会主义进入了新时代。以习近平同志为核心的党中央高度重视高等教育发展，习近平总书记多次深入高校实地考察，对高等教育做出指示，阐明了高等教育发展的规律，为高等教育指明了发展方向。习近平总书记强调："我国高等教育要紧紧围绕实现'两个一百年'奋斗目标、实现中华民族伟大复兴的中国梦，源源不断培养大批德才兼备的优秀人才。"2018 年全国教育大会，习近平总书记对高等教育内涵式、特色化发展和创新型、复合型、应用型人才培养进行了深刻阐述，提出了高等教育的"四个服务"，为高等教育的发展指明了方向。

进入 21 世纪后，我国建成了世界上规模最大的高等教育体系。2019 年，高等教育毛入学率突破 50%，达到 51.6%，超过了马丁·特罗的高等教育普及化指标，进入了世界公认的普及化阶段。以最新的统计数据显示，2021 年，我国高等教育毛入学率达 57.8%，在学总人数超过 4430 万人，高等学校 3012 所，我国已建成世界最大规模的高等教育体系。

在规模稳定扩大的同时，我国高等教育以建设教育强国为目标，坚持走内涵式高质量发展道路。2010 年，《国家中长期教育改革和发展规划纲要（2010—2020 年）》提出，"树立以提高质量为核心的教育发展观，注重教育内涵发展"。2011 年在清华大学建校 100 周年之际，时任国家主席胡锦涛同志在大会讲话时指出，质量是高等教育的生命线，是高等教育改革发展的核心，要坚持走内涵式发展的道路，以全面提升高等教育质量。2012 年 3 月，教育部印发《关于全面提高高等教育质量的若干意见》，指出"走以质量提升为核心的内涵式发展道路"。2012 年 11 月，党的十八大报告提出了"推动高等教育内涵式发展"，进一步明确新阶段高等教育发展的方向和要求。2017 年 10 月，党的十九大报告又明确提出"实现高等教育内涵式发展"，为高等教育内涵式发展提出了硬性要求，必须要做到。2018 年 5 月，国家主席习近平同志在北京大学师生座谈会上的讲话中指出："走内涵式发展道路是我国高等教育

发展的必由之路"。一系列对高等教育内涵式发展的强调，表明高等教育质量提升的重要性，也是高等教育在新的奋进征程上，新的赶考之路上的发展新需求、新使命。

2017年党的十九大提出了建立"教育强国"的重要内容，指出"建设教育强国是中华民族伟大复兴的基础工程，必须把教育事业放在优先位置，深化教育改革，加快教育现代化，办好人民满意的教育"，同时重申了"加快一流大学和一流学科建设，实现高等教育内涵式发展"的发展要求。"双一流"建设是继"211工程"和"985工程"之后又一个建设性的发展战略，是从2015年开始实施，指建设世界一流大学与一流学科。2017年1月，教育部、财政部和国家发改委联合印发了《统筹推进世界一流大学和一流学科建设实施办法（暂行）》，同年9月又正式公布了首批"双一流"名单，共计140所。2022年教育部、财政部、国家发展改革委又公布了《第二轮"双一流"建设高校及建设学科名单》，共147所，其中新增了7所。"双一流"建设，带动了全国高等院校整体发展，激发了高校活力，强化了高等教育内涵式发展。

自改革开放以来，高等教育经历了精英化、大众化和普及化、内涵式高质量发展三个阶段，在第三个阶段发展的后期2017年十九大的召开，"高质量发展"成为引领之后各领域高等教育发展的核心点。经过前两阶段的积淀以及第三阶段的内涵式高质量发展，我国建成了世界上规模最大的高等教育体系，综合实力显著增强，办学水平与人才培养质量显著提高，整体国际竞争力显著增强，整体水平已经迈进世界第一方阵。

一是党的领导全面加强。《中国共产党普通高等学校基层组织工作条例》的印发为高校党的建设提供了重要的制度保障。按照习近平总书记"各门课都要守好一段渠、种好责任田"的重要指示，课程思政与思政课程同向同行，建成了"大思政"体系。据最新数据统计显示，我国各高校已经建成699门课程思政示范课，699个教学名师和团队，30个教学研究示范中心[①]，同时，还不断对各学科各专业的教师开展培训，提高课程思政能力，提高各学科协同

---

①《教育部关于公布课程思政示范项目名单的通知》，(2021-06-01)。
https://www.moe.gov.cn/srcsite/A08/s7056/202106/t20210610_537281.html。

育人能力。二是创新创业教育成绩瞩目。通过举办多次中国国际"互联网+"大学生创新创业大赛，深化高校创新创业教育改革，培养了学生的创新创业能力，为更多的学子提供就业岗位，更重要的是，推动了新的人才培养质量观念的形成。同时，各高校重视创新创业课程的研发与开设，注重线上线下教育相结合，不但提高了学生的普遍创新能力，同时，还打造了一批创新创业能力强的师资队伍，提升了高层次人才的培养能力。三是服务能力显著增强。60%以上的国家科技三大奖励被高校摘夺，80%以上的国家自然科学基金项目和60%以上的基础研究项目都由高校承担，而且，国家关键领域的其他项目，比如疫情防控、国防科技、高铁研发、航空航天等，高校均发挥核心作用，为现代化强国建设，为教育强国、人才强国和科技强国建设起到了十分重要的作用。四是培养质量持续提升。以"双万计划"为牵引，遴选了3559门国家级一流课程，认定了8031个国家级一流专业建设点。依托"四新建设"（新工科、新医科、新农科、新文科），调动了各学科的培养水平，提升了各学校的整体培养能力。2018年启动的基础学科拔尖学生培养计划2.0，打造了一批国家青年英才培养基地，逐渐形成了具有中国特色、世界水平的基础学科拔尖人才培养体系，形成了自主培养路径，为新时代自然科学和哲学社会科学发展播种了火种，为我国成为世界主要科学中心和思想高地奠定人才基础。同时，自2019年启动的教学三大奖的评选，为我国高等教育发展评选出一大批德才兼备"大先生"，引领了高等教育高质量教师队伍的建设。五是结构不断优化。从学校布局，到学科专业结构，到人才培养结构，到学位授予体系，均走在不断持续优化的道路上。通过实施中西部高校基础能力建设工程，推动中西部高校办学能力提升；通过调整优化本科专业以专业布点，提升高校适应社会需求的能力。党的二十大报告提出："高质量发展是全面建设社会主义现代化国家的首要任务。"也就是说未来一段时间，"高质量发展"仍旧是我国高等教育发展的主基调。

二、我国高等教育高质量发展的时代内涵

（一）高等教育高质量发展的内涵

对于高质量发展，习近平总书记曾指出，高质量发展"是能够很好满足人民日益增长的美好生活需要的发展，是体现新发展理念的发展，是创新成为第一动力、协调成为内生特点、绿色成为普遍形态、开放成为必由之路、共享成为根本目的的发展"[①]。这是从政府层面对高质量发展的解释。从学术角度讲，高质量发展是一种新的发展理念，是一种新的发展方式。"高质量"是修饰语，用来修饰"发展"，也就是说"高质量发展"重要的是要"发展"，是要"高质量"的"发展"，不是"有质量"，也不是"低质量"。从哲学角度讲，"发展"是指事物由小到大、由简到繁、由低级到高级、由旧物质到新物质的运动变化过程，其变化趋势总体是向前、向上和进步的。而"质量"本身是一个比较中性的词语，没有好坏之分，只有赋予了限定语或者形容词才能具有一定的意义，如好质量、坏质量、高质量、低质量等。从本质上来说，高质量的发展就是实现事物内外部各要素最优化的过程。高等教育高质量发展就是要以习近平总书记的对教育的重要论述为指导，遵循创新、协调、绿色、开放、共享五大发展理念，要将高质量发展理念渗透融入高等教育的教学、研究、服务等各领域，渗透到影响高等教育高质量发展的整个系统，以最优化的方式实现高等教育全面、充分和长远的发展。实现高质量高等教育与时代需求的紧密结合，实现高质量高等教育面向所有学生，关注学生发展的个体差异性，实现培养出来的人才是德智体美劳全面发展的高质量人才。

1.高质量发展是全面的发展

新时代，强调高等教育高质量发展，是要求高等教育各个方面的高质量发展。2035年，我国要总体实现教育现代化，建成教育强国，这个目标致使高等教育的战略地位发生了根本变化。从最初的适应转变为现在的对国家的支撑、服务和引领的作用。自"十三五"开始，我国高等教育的支撑、服务、

[①] 中央人民政府：《习近平总书记关于推动高质量发展重要论述综述》，（2020–12–17）。http://www.gov.cn/xinwen/2020–12/17/content_5570027.htm。

引领能力就不断增强，现在进入高质量发展阶段，就更加呼唤高等教育在培养创新人才、促进科技研发、提升综合国力等方面要发挥关键作用。高校是人才培养主阵地和科技创新主力军，只有实现高质量发展，才能实现国之大计、党之大计，才能发挥高等教育在教育、科技、人才"三位一体"战略布局中的重要作用，才能满足人们接受更高质量高等教育需求。基于此，就需要将高质量发展理念贯穿于高等教育发展的全过程、各方面，破除发展过程中存在的不平衡不充分问题，提高高等教育对国家重大战略的服务能力，提高高等教育服务社会发展的能力，提升高等教育对经济的支撑能力，提高高等教育满足人民群众对美好生活需求的能力，提升高等教育服务社会、促进科技发展，提供人才支撑的质量和效率。

"全面"有三层含义：

一是要坚持党对高等教育的全面领导。历史证明，只有中国共产党能够救中国，也只有中国共产党能够带领广大人民走上幸福的康庄大道。相应地，在各个领域，只有坚持中国共产党的领导，才能确保方向的正确性，事业才能蓬勃发展。教育视野也是如此。回顾改革开放以来的高等教育发展史，不难发现，因为有了中国共产党的坚强领导，高等教育才取得了一次又一次新的突破，取得了举世瞩目的成就。新时代，促进高等教育高质量发展，仍旧必须坚持党的全面领导，牢牢掌握党对高校的领导权，"要坚持党管办学方向、管改革发展、管干部人才，牢牢把握意识形态的领导权、主动权和话语权，才能确保中国特色社会主义办学方向和发展道路不偏移、不动摇。"正如习近平总书记所强调的，坚持党的全面领导是教育事业发展的"定海神针"，"只有坚持党对教育事业的全面领导，才能在更高水平上实现教育战线思想上的统一、政治上的团结、行动上的一致，才能确保教育事业发展的正确方向，才能坚定走好中国特色社会主义教育发展道路，"[1]，才能办好人民满意的教育，才能不断满足人民日益增长的对多样化、优质化高等教育的需求。这也是高等教育高质量发展的首要应有之义。

二是要促进人的自由而全面发展。人的自由而全面发展是共产党人的最

---

① 杨晓慧等编：《习近平总书记教育重要论述讲义》，高等教育出版社，2020，第18页。

终奋斗目标。马克思还在《资本论》中强调，共产主义社会就是以每个人的全面自由发展为基本原则所构成的社会形式。这也是我们奋斗的目标，与社会主义现代化强国建设有共同的价值取向。马克思恩格斯的人的自由全面发展理论包括以自由为前提和以自由为目的的自由全面发展，以人的劳动能力全面提升为基本内容的自由全面发展，以人的社会关系的全面形成为标志的自由全面发展。中国是社会主义国家，我们的高等教育就是要培养走向共产主义社会高级阶段的自由全面发展中的人。《高等教育法》明确规定：高等教育就是要培养德、智、体、美、劳等方面全面发展的人。习近平同志在2019年提出的党的教育方针中，也将培养德、智、体、美、劳全面发展作为其重要内容。一方面是符合自由发展的要求。人的自由发展，是人的发展的永恒追求。但人是在一定的生产力水平条件下生活，要受到一定的历史条件和社会环境的影响，要在一定的规则范围内才能获得真正的自由发展。另一方面要促进人的全面发展。《高等教育法》明确规定：高等教育就是要培养德、智、体、美、劳等方面全面发展的人。习近平同志在2019年提出的党的教育方针中，也将培养德智体美劳全面发展作为其重要内容。高等教育作为培养人的活动，培养德、智、体、美、劳全面发展的社会主义建设者和接班人是根本任务，促进学生自由而全面发展是高等教育高质量发展的应有之义。因而有学者也明确提出：人的全面发展，既是中国特色社会主义的本质要求和最高价值追求，更是"高等教育的最终出发点和落脚点"[1]。

三是量和质的协调发展。经济高质量发展要实现"质的有效提升和量的合理增长"。高等教育高质量发展也是如此，不但要关注"量的合理增长"，更重要的是要保障"质的有效提升"，"量"是基础，"质"是动力，二者相互推动，是实现高等教育高质量发展的有效路径。

2.高质量发展是充分的发展

党的二十大报告指出，到2035年建成教育强国、科技强国、人才强国、文化强国、体育强国、健康中国，国家文化软实力显著增强。要实现教育强

---

[1] 侯长林、蒋炎益、杨耀锟：《推动人的全面发展：高等教育高质量发展的最高价值取向》，《贵州社会科学》2022年第2期。

国的目标，就需要高等教育高质量发展，解决好不同区域、不同地区、不同学校之间发展的差距，促进高等教育均衡优质发展，实现各方面的充分发展。具体来说，至少要包含4个方面：一是协同发展。实现高等教育与地方经济协同发展，各类型学校之间协同发展。根据国家对区域高等教育发展的战略部署，提高高等教育服务地方经济社会发展的效益。根据地方经济社会发展的需要，形成大学发展与城市建设相适应、学科专业与产业布局相适应的高等教育格局，实现东中西部区域之间，省部共建高校与地方院校，"双一流"高校与普通高校，研究型、应用型和职业技能型等不同类型的高校之间以及不同学校之间高等教育资源要互补互促，协调发展。二是共同发展。要关注不同经济条件和办学条件的学校共同发展。无论是经济发达地区的高校，还是落后地区的学校，无论是办学质量高的学校还是相对薄弱的学校都要统筹规划，促进各高校充分发展、优质发展，不断提高培养能力，提升办学质量与水平，实现"高位发展"。三是特色发展。要倡导各高校办出特色，防止同质化。不同类型、不同层次、不同基础、不同区域的高校在生源质量、培养方向、课程设置、教学方法等各方面都有符合特色和各有侧重的质量要求及标准，都能结合自身实际走出一条彰显独特个性的发展道路。四是错位发展。要求各高校找准自己的定位，培育比较优势，错位发展。处于相同地理位置，统一办学水平和统一办学类型的高校能够根据国家战略发展需求，根据区域社会经济发展需求，根据服务对象发展需求，根据本校发展目标与发展定位，围绕高质量发展，扬长避短，挖掘办学潜力，发挥办学优势，办出自己的特色，办出自己的水平，摒弃"一窝蜂"，以高质量的教育使学生能够发挥自己的个性、释放自己的潜能、打造自己的未来。

3.高质量发展是长远的发展

高等教育高质量发展是要立足长远的发展，要有长远的规划。这与大学存在以来的精神息息相关，也是由教育事业的特点决定的，也与教育的周期性相关。大学是世界上最古老的机构之一，能传承至今，在于大学着眼于谋划百年乃至更长时期的发展，凭借着日积月累的大学精神和文化传统才得以长存和壮大。因此，高等教育高质量发展要尊重科学研究规律，精耕细作，产出高质量的科研成果；要符合人才培养规律，十年树木百年树人；要面向未来，服务国家重要战略、服务国家长远经济发展，实现中华民族伟大复兴；要一步一个脚印，静下心来，横下劲来，立足大学办学的"长远"特色和需求进行高质量发展。

（二）高等教育高质量发展相关概念辨析

为了更清晰全面地把握"什么是高等教育高质量发展"，有必要对相关概念进行对比分析，厘清几组概念之间的区别和联系。具体来说，学术界，与高质量发展一起并存，也一直容易存在分歧的概念主要有"高等教育内涵式发展""高等教育高水平发展""高等教育高速增长"等。

1.高等教育质量与高等教育高质量

质量是一组固有特性满足要求的程度。质量是反映实体满足明确和隐含需要的能力的特性总和。高等教育质量是具体到教育领域的"质量"，是指高等教育能够满足社会发展需求的程度。联合国教科文组织在1998年世界高等教育大会上发布的《21世纪的高等教育：展望和行动世界宣言》第11条指出，"高等教育的质量是一个多层面的概念，应包括高等教育的所有功能和活动：各种教学和学术计划、研究与学术成就、教学人员、学生、楼房、设施、设备、社会服务和学术环境等。[①]"也就是高等教育质量要从多个层面，多个方面去理解，包含高等教育发展的外部功能和内部各结构是否能够满足自身发展需求，是否能够满足外部社会对高等教育的需求，以及能够满足需求的程度。高等教育高质量则追求的是优质，是更高、更好、更公平、更均衡、更充分，更能满足国家、社会和老百姓多样化的发展需求。

2.高等教育高质量发展与内涵式发展

高等教育内涵式发展是与高等教育高质量发展关系最为密切的一个概念。在政策层面，内涵式发展比高质量发展更早出现在国家的政策文件中。内涵式发展最早出现在1993年《中国教育改革和发展纲要》"高等教育的发展要坚持走内涵发展为主的道路"，2010年《国家中长期教育改革和发展规划纲要（2010—2020年）》、2012年《关于全面提高高等教育质量的若干意见》、2018年《关于加快建设高水平本科教育全面提高人才培养能力的意见》、2019年

---

① 钟晓敏：《新时代高等教育高质量发展论析》，《中国高教研究》2020年第5期。

《加快推进教育现代化实施方案（2018—2022年）》等先后提出内涵发展或内涵式发展的政策表述。高质量发展首次被提出是在2017年中国共产党第十九次全国代表大会上，提出中国经济由高速增长阶段转向高质量发展阶段。

内涵式发展对应的是外延式发展，是发展方式由依靠外部动力转向依靠内部自身动力。内涵式发展强调的事实注重事物本质的发展，关注的事物内部各要素之间的协调推动，是一种更有活力的发展方式。它是在靠数量增长和规模扩展的外延式发展的基础上，提升事物的质量。具体到高等教育领域，内涵式发展就是注重高等教育发展内部各要素之间的协调发展，更多关注的是教育教学质量的提升，但是并没有强与弱的意思。而高质量发展的"高"字为发展定位了一个水平，他能够回答强与弱、优与劣的问题，因此，高质量发展可以理解为更高、更强、更优的内涵式发展，注重育人质量，注重结构协调，注重开放多元化发展，关注的领域更全面。

3.高等教育高质量发展与高水平发展

高质量发展与高水平发展主要的区别在于是内力发展还是外力发展。高水平发展注重的是自上而下的外部推动发展，在高等教育领域就表现为政府主导的自上而下的推动高等教育发展，促进少数高校重点发展，提升少数高校的办学水平，如"211工程"和"985工程"的推进就是典型的高水平发展模式。这种发展模式关注的是横向比较。我们经常提到的某学校具有高水平的办学能力，创建了高水平的学科体系，培养了高水平的人才等，就是高水平发展的典型代表，更多的是一种"量"上的衡量。而高质量发展更多的是来自系统内部的，自发的发展，更多的关注的是从纵向上进行比较。在高等教育领域主要表现为各高校期望通过特色发展、内涵发展提升自身的价值，增强对社会的贡献度，满足更多利益主体的需要。高等教育高质量发展不但注重"量"的积累，更加注重内外部各要素"质"的提升。虽然高水平和高质量存在差别，但是，针对同一所学校，两类发展是同时存在的，高质量发展以高水平发展为基础。

4.高等教育高质量发展与高速增长

高速增长与高质量发展都是我国高等教育的发展方式。高速增长关注的是增长速度快，规模扩张快，我国高等教育在短短的40年间，实现了从精英化到普及化的变化，超越了50%的国际普及化标准，可谓是高等教育的高速增长。高质量发展更注重的是内部各要素，结构之间的优化调整。高速增长是高质量发展的基础，为高质量发展奠定了效率基础和资源支撑，高质量发展需要统筹好质量和速度的关系。高等教育经过规模的扩张之后，要实现教育强国目标，高质量发展成为必然发展之路。

（三）高等教育"高质量发展"的特征

高等教育指在完成中等教育的基础上进行的专业教育和职业教育，是培养高级专门人才和职业人员的主要社会活动。本质上是一种培养人的活动。如同习近平总书记在2018年全国教育大会上指出的那样："培养什么人，是教育的首要问题。"培养人的活动就需要遵守教育的一般规律，遵循人的成长发展规律，促进人的全面发展。高等教育又有不同于一般教育培养人，有其独特的运行规律，即高等教育承担着3项任务。《中华人民共和国高等教育法》第五条明确写明：高等教育的任务是培养具有社会责任感、创新精神和实践能力的高级专门人才，发展科学技术文化，促进社会主义现代化建设。扎根中国大地办大学，必须坚持党的领导，坚持社会主义方向，坚持走中国特色社会主义发展道路，坚持立德树人，坚持党的教育方针，以培养德智体美劳全面发展的社会主义建设者和接班人为培养目标。这样的中国高等教育实现"高质量发展"应该有其独有的特征。

1.高等教育高质量发展具有特色的方向性

质量本没有方向可言，是随前面的限定语而有了方向。前面加入"教育"二字，则有了方向。《教育大辞典》给出教育质量的概念。教育质量是指"教育水平高低和效果优劣的程度。最终体现在培养对象的质量上。衡量的标准是教育目的和各级各类学校的培养目标"。教育目的是教育质量的根本要求，是对培养要求的一般规定，培养目标是具体化的培养规定，关注的是培养出来的人才是否合格。质量规格是否合格，在不同的国家有不同的标准。在中国大地办教育，在中国大地办高质量的高等教育，必须坚持社会主义办学方向，坚持党对教育事业的全面领导，坚持党的教育方针，坚持立德树人的根本任务，培养德智体美劳全面发展的社会主义建设者和接班人。这是中国高等教育高质量发展的特色方向性，也是根本方向。

2.高等教育高质量发展具有鲜明的时代性

高等教育高质量发展的提出是为了回应当下对高等教育的社会关切，具有鲜明的时代性。当今世界正经历"百年未有之大变局"。首先，随着工业时代的结束，人类社会正在向信息社会过渡，进入了"以现代科学技术为核心的，以知识和信息为基本生产要素的知识经济时代"。①知识经济时代要求培养出来的劳动者能够适应国际社会对高素质人才的需求。"人力资本"成了国家之间竞争的核心竞争力。其次，随着以智能化为核心的第四次工业革命的到来，人类的生活发生了前所未有的改变。大数据、互联网+、人工智能、机器人等的广泛运用，解放了人类的双手，大大提高了劳动效率，让人类有更多的闲暇时间用于休闲、学习和思考，为创新实践提供了发展的空间，也就给人类带来了新的挑战。要想在未来的社会很好地生存，必须拥有创新精神和实践能力，这也成为高等教育新时代人才培养的核心诉求。最后，发达的通信、便利的交通将地球变成了"地球村"，人员的国际流动将变得很日常，国际化的高等教育、开放的高等教育将成为发展常态。因此，"培养掌握党和国家方针政策，具有全球视野、通晓国际规则、熟练运用外语、精通中外谈判和沟通的国际化人才"②将成为新时代高等教育的客观要求和发展目标。

3.高等教育高质量发展具有强劲的创新性

北京大学国家发展研究院经济学教授李玲认为：高质量发展，一个层次是我们要走向创新型国家，在整个发展模式上要独立自主地走出中国式的道路。创新性首先表现在"高质量发展"这一概念的提出。"高质量发展"是我国政策制定者和学术专家根据高等教育发展的历史，根据目前国内外高等教育发展的形式和需要提出的一个创新性的概念。其次，高等教育高质量发展，具体到人才培养的质量，就是要培养具有创新精神和实践能力的高素质专门人才。目前，我国高等教育已经建成世界最大规模的高等教育体系，但是，大不是优，大不是精，大不意味着质量高，大不意味着在国际上有核心竞争力。高等教育如果培养出来的人才有高学历高文凭，但是创新精神和创新能

---

① 侯俊平：《发展高等教育迎接知识经济》，《上海高教研究》1998年第9期。

② 朱国亮：《教育开放，人才培养为要》，《神州学人》2020年第7期。

力不足，那么这样的人才在社会中、在国际上是不存在竞争力的，不是真正意义上的高质量人才。只有培养出学历相对应的创新型人才，满足社会对创新型人才的需求，才能称得上是高质量的教育，才能为社会发展带来不竭的动力，推动社会发展，加快经济强国、人才强国、教育强国和体育强国的建设，最终实现社会主义现代化。综合国力的竞争，归根结底是创新的竞争。创新才是真正的竞争力，是推动历史发展的源泉。只有树立新的人才培养观和新的质量观、教育观、知识观和课程观，改进教育教学内容，改变教育教学方式，树立创新人才培养目标，才能培养出具备创新性和领军型的人才，才能实现"高质量"的目标，才能在国际上站稳脚跟，提升国际竞争力。最后，是体制机制的创新。要围绕高质量发展进行全方位制度设计和政策创新，建立一种有利于培养高精尖技术型人才的制度，建立一种能够促进高等教育适应经济社会发展需求，引领经济社会高质量发展的机制和手段，不断优化教育治理体系，提高治理能力现代化建设水平，促进高等教育高质量发展。

4.高等教育高质量发展具有显著的公平均衡性

高等教育已经进入普及化阶段，是一种大众化的教育，是一种公共服务，具有公平均衡性。习近平总书记在2018年全国教育大会上指出要"把教育公平作为国家基本教育政策"。公平是各学段教育的应有之义。高等教育的公平主要体现在入学机会的招生、在校期间的培养和毕业后的就业等三个环节。从2021年高等教育毛入学率57.8%的占比来看，目前半数以上的高中毕业生可以享受进入高等学校求学的机会，入学机会不公平的问题已经得到基本缓解。也就是说，目前基本可以满足受教育"有学上"的需求。但是教育公平不只是有机会，更重要的是追求教育过程和结果的公平。党的十九大报告指出：中国特色社会主义进入新时代，我国社会主要矛盾已经转化为人民日益增长的美好生活需要和不平衡、不充分的发展之间的矛盾。投射到高等教育领域就是老百姓想"上好学"的需求与高等教育发展不平衡、不充分之间存在矛盾。受教育者希望在高校接受教育的全过程和毕业后求职的过程也能够受到平等的机会和公平的待遇。但是，目前，我国的优质高等教育资源还比较少，发展也不均衡，东中西部差异明显，即使是同一地区不同学校之间的差异也很明显，所以，有机会上学不等于可以受到优质的教育。而且，随着经济高速发展，越来越多的人有机会出国选择更好的高校进行求学，也从另一个侧面佐证，目前高等教育的发展距离老百姓心目中的"优质教育"还有很大的差距。所以，"高质量发展"是必由之路。高质量发展意味着我们要放弃过去追求"效率优先兼顾公平"的发展理念，而要发展公平而优质的高等教育，既关注公平，也关注优质，把实现优质公平均衡的高等教育作为新的发展目标去努力。

5.高等教育高质量发展具有高度的开放性

高质量发展是开放的发展。这种开放性，既指我国高等教育要走向世界，要与世界接轨，对国外高等教育的开放，也指国内各高校之间，区域各高校之间资源的开放共享，以及与社会行业之间的交流合作，还指高等教育内部结构、功能、内容的开放。开放是改革创新的活力源泉，可以引领高等教育的发展与进步，可以为世界贡献中国高等教育的力量，促进人类生命共同体的构建。历史证明，走封闭僵化的老路是无法建立一流大学的，无法实现高质量发展的。从国际上看，一流大学的发展都体现出一个共同的特征，就是开放性。不仅是学校与学校之间的开放共享，也是学校与产业之间、学校内部各学科之间的开放共享。当然，开放性不是要排斥民族性，而是要在坚持中国特色社会主义的前提下，积极借鉴国外先进的办学理念、科学的管理体制等，学习国外现代化的教学方法，创造条件引进高层次的领军人才队伍，全方位提高我国高等教育的办学质量和办学水平。同时，要将我国的优秀办学经验、办学模式推向国际，扩大我国高校在国际上的话语权，为世界高等教育发展提供中国智慧和中国力量，进一步提升高等教育的国际影响力和竞争力。

第三节　我国高等教育高质量发展面临的挑战

进入新时代，国家无论是从《中华人民共和国国民经济和社会发展第十四个五年规划和2035年远景目标纲要》，还是2022年10月召开的党的二十大，以及促进高等教育高质量发展系列文件的颁发，都在政策层面给高等教育高质量发展提供了强大的支持和保障。但是，基于种种历史原因，高等教育高质量发展仍旧面临着资源配置不均衡、发展不充分等现实挑战，需要我们直面和应对。

一、宏观层面

（一）高等学校布局不平衡

受各种历史、社会、政治、文化等因素的影响，高等学校在全国布局存在不平衡现象。一方面，东中西部学校绝对数量差异较大。根据教育部2021年最新统计数据显示，东中西部高等教育学校（不含其他普通高教机构）分别为1354所、1011所、647所，西部学校数不足东部省份的一半。另一方面，优质高校分布不均衡。2022年2月第二轮"双一流"建设高校名单发布，东部、中部和西部分别有62.59%、19.73%和17.69%的学校入选，差异较为明显。[1]同时，据教育部2021年最新统计数据显示，全国2756所普通高等学校中，部（委）属高校118所，占比4.28%，地方高校则占比95.72%，且部（委）属高校主要集中在北京、上海、南京、武汉、西安等高等教育中心城市。

（二）高等职业教育发展不充分

目前我国已建成全世界规模最大的职业教育体系，2021年高职学校招生557万人，相当于10年前的1.8倍。2022年4月又颁布了《职业教育法》，改变

---

[1]《教育部　财政部　国家发展改革委关于公布第二轮"双一流"建设高校及建设学科名单的通知》，（2022-02-09）。https://www.gov.cn/zhengce/zhengceku/2022-02/14/content_5673496.htm。

了社会各界对职业教育的认识，提升了职业教育的社会地位，为职业教育步入高质量发展提供了法律支持，职业教育迎来了发展的春天。但是，高等职业教育仍存在发展不充分的问题。一是高等职业教育培养中心偏低。根据教育部2021年最新统计数据显示，全国普通本专科在校生共有34961307人，职业本专科生有16030263人，其中，职业本科生有129297人，仅占职业本专科在校生的0.81%。也就是说，尽管职业本专科生已占到普通本专科生的45.85%，但是职业本科生规模很小，很难满足经济社会发展对高素质技能型人才的需要。二是高等职业教育经费投入不足。从教育经费投入来看，高职教育和普通本科教育经费投入差距比较大。高职招生人数达到高等教育一半以上（55%），但是高职教育的投入仅占高等教育的20%。这样的投入比例明显与高等职业技术教育的办学规模不成正比。三是师资力量欠缺。据2021年全国教育事业发展统计公报显示，全国本科层次职业学校生师比为19.38：1，高职（专科）学校生师比为19.85：1，均没有达到职业学校办学条件重点监测指标的要求。

（三）高素质教师队伍匮乏，且分布不均

根据教育部2021年最新统计数据显示，2021年我国普通本科院校师生比为1：17.90，略高于《普通高等学校本科教育教学审核评估指标体系（试行）》规定的合格标准。从教师的学历来看，根据教育部2021年最新统计数据显示，普通高校获得博士学位和硕士学位的专任教师有1117835人，占到专任教师总数（1269810人）的88.03%，其中，博士学位有530040人，占到专任教师总数的41.74%。从专业技术职务结构看，普通高校拥有正高级职称的教师有214361人，仅占到专任教师总数的16.88%。无论从学历结构还是专业技术职务结构来看，我国高等教育领域都存在明显的高素质教师匮乏问题。同时，还存在东中西部差异显著的问题。根据教育部2021年最新统计数据显示，专任教师总数排名前10的省份依次为山东、江苏、河南、广东、北京、湖北、四川、陕西、河北、浙江，其中6省份属于东部地区；博士学位占比最高的前10个省份依次为北京、上海、江苏、浙江、天津、陕西、广东、湖北、山东、福建，其中8省份属于东部地区；正高级职称教师占比最高的前10个省份依次为北京、上海、宁夏、黑龙江、青海、江苏、甘肃、海南、广东、吉林，其中5省份属于东部地区。

表5-1 2021年全国各省份普通高校专任教师数量情况

单位：人；%

省份	总计	博士	博士占专任教师总数的比例	正高级	正高级占专任教师的比例
北 京	69629	51056	73.33%	20890	30.00%
上 海	43001	28611	66.54%	9508	22.11%
宁 夏	6913	1883	27.24%	1442	20.86%
黑龙江	36325	13462	37.06%	7154	19.69%
青 海	3297	972	29.48%	636	19.29%
江 苏	81184	46596	57.40%	15625	19.25%
甘 肃	20410	6521	31.95%	3908	19.15%
海 南	8414	2829	33.62%	1581	18.79%
广 东	80101	35572	44.41%	14997	18.72%
吉 林	33373	13152	39.41%	6232	18.67%
浙 江	52633	27530	52.31%	9798	18.62%
天 津	25413	13154	51.76%	4618	18.17%
湖 北	67578	29118	43.09%	11877	17.58%
辽 宁	49275	19744	40.07%	8353	16.95%
陕 西	58057	26697	45.98%	9659	16.64%
西 藏	1983	423	21.33%	324	16.34%
湖 南	47886	19274	40.25%	7787	16.26%
河 北	57874	15144	26.17%	9215	15.92%
福 建	35532	14491	40.78%	5620	15.82%
重 庆	32089	12936	40.31%	5010	15.61%
内蒙古	16636	5277	31.72%	2581	15.51%

省份	总计	博士	博士占专任教师总数的比例	正高级	正高级占专任教师的比例
贵 州	22275	6725	30.19%	3412	15.32%
山 东	84902	34801	40.99%	12535	14.76%
广 西	34270	8930	26.06%	5059	14.76%
安 徽	43800	15263	34.85%	6241	14.25%
四 川	64052	21114	32.96%	8712	13.60%
云 南	30221	7678	25.41%	4056	13.42%
新 疆	14427	3353	23.24%	1646	11.41%
江 西	40039	11706	29.24%	4499	11.24%
河 南	80486	22104	27.46%	8598	10.68%
山 西	27735	9841	35.48%	2788	10.05%
合 计	1269810	525957	41.42%	214361	16.88%

数据来源：教育部2021年教育统计数据

（四）经费投入校级差异显著

从青塔团队2022年公布的790所公办本科预算总收入来看，2022年高校预算经费从362.11亿元到0.50亿元不等。超过100亿元的高校有20所，超过50亿元的高校有48所，前10所高校依次为：清华大学、浙江大学、北京大学、上海交通大学、中山大学、复旦大学、哈尔滨工业大学、北京航空航天大学、中国科学技术大学、西安交通大学，主要分布在北京、上海、浙江、广东、黑龙江、安徽、陕西等7个省份（表5-2）。同时，"双一流"建设高校预算经费也从9.96亿元到362.11亿元不等，差异较大。

表5-2 2022年公办本科预算经费排名前10的高等院校

序号	学校名称	预算总收入	本年度收入	主管部门	所在省市
1	清华大学	362.11	255.75	教育部	北京市
2	浙江大学	261.03	160.13	教育部	浙江省
3	北京大学	219.29	160.10	教育部	北京市
4	上海交通大学	204.20	153.11	教育部	上海市
5	中山大学	193.05	129.66	教育部	广东省
6	复旦大学	171.55	97.23	教育部	上海市
7	哈尔滨工业大学	144.18	89.44	工业和信息化部	黑龙江省
8	北京航空航天大学	142.84	83.99	工业和信息化部	北京市
9	中国科学技术大学	133.85	74.42	中国科学院	安徽省
10	西安交通大学	133.72	84.87	教育部	陕西省

数据来源：青塔团队"全国高校2022年预算经费汇总"

（五）高等教育治理体系仍不够完善

改革开放以来，我国高等级教育不断推进大学治理体系的优化，特别是党的十八大以来，国家更是密集出台一系列能够激发大学办学活力的政策措施，初步形成了以章程为引领的现代大学制度。但是，治理体系仍旧有不够完善的地方。具体来讲，主要表现在两个方面；一是政府与学校的关系。政府与学校仍旧是管理与被管理关系，并没有完全实现治理现代化。政府对高等教育的发展干预仍旧比较多，涉及高校发展的众多事务，比如教师职称评聘，学科专业设置等，在一定程度上阻碍了高校办学的自主权。二是评价主体比较单一。虽然实行了"管办评"分离，但是社会大众参与评价仍旧很少，参与度不高。受治理意识淡薄、专业素养有限以及制度建设不完善等因素的影响，社会主体参与评价、监督等治理活动不足，在高等教育治理结构中仍处于边缘位置。[①]除此之外，还存在着法治体系不健全、治理手段单一等实践

---

① 郑文龙、欧阳光华：《高等教育高质量发展：内涵、挑战与路径》，《现代教育管理》2022年第6期。

困境，制约着高等教育高质量发展。

（六）高等教育对外开放力度不够

改革开放取得的成效告诉我们，只有开放才能促发展，才能提高国际竞争力。虽然目前我国高等教育是秉持开放办学的理念，但是开放的广度和深度仍旧不够，浅层表面的开放比较多，深层次的开放仍旧需要加快步伐，才能提高国际话语权和竞争力。一是国际国内优质教育资源、办学经验、治理模式等全方位的合作还不够多，同时，国内校际优质资源、人力、物力和课程资源共享也少。二是服务新格局的能力还有待提升，科技研发、人才培养、人才引进和汇聚能力、各种学术交流、科技合作还不能够全面融入"国内国际双循环"中，促进中国与世界的互利互惠共赢的力量发挥得还不够。三是参与全球高等教育治理体系建设的能力仍显不足，促进"人类命运共同体"构建的高等教育服务能力仍有很大提升空间。

二、微观层面

（一）高等教育层次发展不平衡

我国高等教育系列包括研究生教育、本科教育和专科教育三个层次。据教育部2021年最新统计数据显示，目前我国研究生在校生数为3332373人，占总在校生的比例为8.70%；本科在校生数为19060341人，占总在校生的比例为49.77%；专科在校生数为15900966人，占总在校生的比例为41.52%。研究生、本科和专科在校生占比呈现两头小中间大的不规则"橄榄型"状态，与国际高等教育的"金字塔"形结构相差较大。

（二）学科专业设置与社会需求适应度不够

学科专业是高等教育立德树人的重要载体，是人才培养的基本单位，直接影响和制约高等级教育人才培养质量。学科专业设置是否能够满足社会需求，能够适应社会发展成为衡量高等教育办学水平的关键指标。随着高等教育战略地位的变化，更需要高契合度、高匹配度和高适应性的学科专业才能促进社会主义现代化强国的建设。但是，长期以来，受各种因素的制约，专业调整处于滞后状态，往往不能及时跟进社会发展需求变化，导致学科专业设置与社会需求严重脱节。以本科难就业的专业为例，数学类应用分析专业、生物学类专业、考古类专业、哲学专业等，就业率不高，存在毕业生过剩的现象，但是，仍旧不能够及时进行调整。以目前流行的大数据类专业为例，根据工信部发布的《人工智能产业人才发展报告（2019—2020年）》，存在严重缺失。尤其是智能语音和计算机视觉的技术方向的人才供需比仅为 0.08 和 0.09，表明相关人才极度稀缺。[①]

（三）课程教学质量偏低，"水课"现象仍旧存在

课堂教学质量严重影响人才培养质量。目前我国高校课堂仍旧存在一些教育质量偏低的问题。一是课程内容缺乏吸引力。一直以来，高校普遍追求的是科研至上，忽视本科教学。教授上课比例偏低。教学内容基本就是指定教材内容，学科前沿性内容较少，缺乏对专业知识的深度挖掘。一些教师甚至是一本教案反复使用，导致课程内容单一、重复，很难激发学生的学习兴趣。二是教学方法缺乏创新。当前高校普遍采用的教学方法主要是讲授法，特别是人文社科类专业。而启发式、探究式、研究式和谈论式的方法很少使用，无法激发起学生对所学专业的研究兴趣，很难深入全面掌握学科知识，创新能力的培养更显不足。有学者调查发现，在我国高校课堂教学中，教师对学生的高阶认知能力以及问题解决能力的培养不足，课堂教学互动的频率相对不高，学生读写能力训练的表现也相对较差。[②]

（四）高等教育评价体系不够健全

教育评价事关教育发展方向，有什么样的评价指挥棒，就有什么样的办学导向。改革开放以来，我国已建立起相对成熟的高等教育评价制度，在高等教育发展过程中起到了重要的促进作用。但是，进入新时代，传统评价制度的弊端也逐渐显露出来，阻碍了高等教育高质量发展。一是评价主体以政府主导为主，社会参与度低，无法满足多元利益主体的需要，评价标准相对单一，不利于高等教育自身健康发展。二是高校对自我评价的重视程度不够，缺乏完善的自我评价体系。三是社会评价体系尚未健全。现存的第三方中介

[①]《人工智能产业人才发展报告》（2019—2020年），（2020-03-29）。https:// www.miitec.org.cn/home/in - dex/detail?id=2249。

[②] 黄雨恒、周溪亭、史静寰：《我国本科课程教学质量怎么样?》，《华东师范大学学报（教育科学版）》2021年第1期。

机构开展评价仍具有官方性质，独立性不够，评价结果的客观性还需提高。四是评价结果运用"功利化"仍旧比较突出，"五唯"顽疾尚未破除。

第四节 我国高等教育高质量发展的路径选择

高质量发展是时代的需求，是时代最强音，是我国走进新时代，迈入新征程的主题。推动教育高质量发展是新时代教育改革发展的总体要求和根本任务，推动高等教育高质量发展是高等教育发展历史进程中的新需求、新起点和新征程。只有坚持高质量发展，才能促进教育强国的实现，才能最终实现社会主义现代化，实现中华民族伟大复兴的中国梦。要实现高等教育高质量发展，实现全面、充分、长远的发展，就必须以习近平总书记提出的"五大发展理念"为抓手，坚持创新、协调、绿色、开放、共享的新发展理念，把新发展理念贯穿高等教育发展的全过程各环节，努力构建一个富有活力、结构协调、绿色发展、开放合作、共建共享的高质量发展体系。

一、激发高质量发展的内生动力

创新是发展的第一动力，必须大力推进以党的领导为保障，以制度创新和科研创新为重点的系统创新，确保高等教育发展的社会主义方向，增强高质量发展的动力和活力。

（一）以党的领导为保障

习近平总书记在全国教育大会上强调"加强党对教育工作的全面领导，是办好教育的根本保证"。我国高等教育取得的历史进步和鲜明成就，最根本的就在于坚持党对高等教育的全面领导。我国高等教育量大，存在不同的发展问题，要解决这些问题，就必须加强党的领导。第一，要坚持社会主义办学方向。解决好"培养什么人"的首要问题。落实好"四个服务"，为人民服务、为中国共产党治国理政服务、为巩固和发展中国特色社会主义制度服务、为改革开放和社会主义现代化服务。习近平总书记在会见清华经济管理学院顾问委员会海外委员和中方企业家委员时明确提出，教育就是要培养中国特色社会主义事业的建设者和接班人，而不是旁观者和反对派。第二，要坚持和完善党委领导下的校长负责制，要正确处理好党委领导和校长负责的关系，切实发挥党的领导作用。第三，要坚持党对高校意识形态的领导。牢牢掌握高校意识形态工作的领导权、管理权和话语权，巩固马克思主义在高校意识形态领域的指导地位。第四，要坚持筑牢思想政治工作生命线，推动"课程思政"和"思政课程"同向同行，把思想政治工作贯穿教育教学的全过程，推动全员、全过程、全方位育人。第五，要坚持党管干部队伍建设，坚持抓好教师队伍建设。要按照习近平总书记提出的"四有"好老师标准要求教师，引导教师坚持教书育人与自我修养相结合，做到以德立身、以德立学、以德施教，做学生为学、为事、为人的示范，成为促进学生全面发展的大先生。第六，高校党委要切实加强自身建设，推进全面从严治党工作，增强"四个意识"、坚定"四个自信"、做到"两个维护"。

（二）以制度创新为关键

要促进高等教育高质量发展，高等教育就必须把改革创新作为根本动力，围绕国家重大战略需求，把改革创新作为鲜明导向，扎根中国大地，加强顶层设计，增强改革的系统性、整体性、协同性，推动高等教育分类发展，不断提高教育推进制度创新，实现高校治理体系和治理能力现代化。一是要深化"放管服"改革，从政府着力，转变政府职能，由全能型政府转向服务型政府，由权力管理转向法律约束管理。由直接具体管理转向间接宏观管理，扩大高校办学自主权。二是建立现代大学治理体系。深入推进高校治理体系与治理能力现代化，通过健全治理结构、完善制度体系、优化工作流程、加强依法治校等措施，努力做到科学化治理、精细化治理、规范化治理，最终释放办学活力，激发办学动力。三是强化社会参与高等教育治理的地位。积极吸纳更多的社会力量以不同形式参与办学，深入推进"管办评"分离，强化社会公众评价监督意识，加强社会独立第三方监督评价，促进评价的公正客观性，更好地促进高等教育高质量发展。

（三）以科研创新为核心

科学研究是大学的重要功能，也是实现高等教育高质量发展的核心优势之一，是检验高等教育高质量发展的第一标准。坚持走中国特色自主创新道路，全面推进创新驱动发展战略，大力提高科学研究水平，全面提升高校原始创新能力。2021年5月，习近平总书记在中国科学院第二十次院士大会、中国工程院第十五次院士大会上的讲话明确指出，高水平研究型大学要发挥基础研究深厚、学科交叉融合的优势，成为基础研究的主力军和重大科技突破的生力军，并以加强原创性、引领性科技攻关，提升国家创新体系整体效能，推进科技体制改革，构建开放创新生态，激发各类人才创新活力五方面对实现高水平科技自立自强做出明确要求。高校要以习近平总书记的讲话为指引，抓住新一轮产业革命发展契机，加大开放力度，加强与国家高水平大学的深度合作，充分运用国际先进的创新资源，在我国科技发展的关键领域加快实现"0到1"的突破，提升自己的自主创新能力，将科技发展的主动权牢牢掌握在自己手里，争取早日占领未来科技发展的制高点。

二、推动高质量发展的整体协调

协调发展是高等教育发展的内在要求，主要解决的是高等教育发展过程中存在的不平衡问题，要求不但要注重外部环境的协调，也要注重内部各要素之间的协调发展。

（一）优化高校区域布局，推进中西部高等教育振兴

中西部高等教育是我国高等教育体系的重要组成部分，是影响高等教育高质量发展的关键因素之一。中西部高等教育发展水平还直接影响着中西部经济社会发展能力，是中西部高质量发展的重要战略力量。因此，新时代推动高等教育高质量发展，必须全力推动中西部高等教育振兴。首先，要树立整体观。把中西部高等教育发展放在中西部高等教育经济社会发展的整体全盘中考虑，要把振兴中西部高等教育置于国家发展的格局去谋划和布局。完善促进中西部高等教育发展的制度机制，加强高等教育基础能力建设，引导中西部专业结构优化调整，推动高水平一流大学对中西部高等教育的帮扶。其次，要精准施策。要根据中西部高等教育发展的特殊困境，给予政策引导，

破除"西部意识",增强自主发展能力,将高校发展融入区域发展的需求中,急国家发展之所急,急区域发展之所急,急百姓需求之所急。再次,要同帮互助。中西部高等教育振兴不仅仅是自己的事情,也是政府,是企业,是科研院所,是东部高校等帮扶共建、协同推进的一项重点工程。要打破地域限制,对口帮扶,要加大经费保障力度,要充分发挥"一带一路"的作用,促进中西部高等教育高质量发展。最后,要办出特色。中西部高等教育要立足本地实际,充分利用区域特色来打造培育自身发展特色,走出特色化办学路径,将地理劣势创新转化为优势特色。

(二)发展高等职业教育,提升培养大国工匠、能工巧匠的能力

职业技术教育承担着高素质技能型人才队伍的建设重任,是解决"三农"问题,解决就业难题,推动我国社会主义工业化、信息化、现代化的迫切需求,也是促进我国高等教育均衡发展的必然要求。这样的需求,这样的要求,就需要我们加快步伐,加大力度促进职业教育的高质量发展。一方面,要提升职业教育的人才培养层次。以往的职业教育基本是专科层次的教育。随着社会的发展,专科学历已经很难满足学生发展需求,很难满足社会对高技能型人才的需求,所以,当务之急是提高职业教育的层次。通过院校升格,通过合并创办本科层次职业院校,通过将有条件的普通本科院校转型为应用型本科院校,通过打通升学通道,通过鼓励有条件的学校开设技能型专业或课程等举措,提升职业院校培养水平,为培养出高素质的职业型技能型人才提供良好的土壤。另一方面,扩大高等教育规模。目前,我国正处于产业升级换代的时期,各领域对职业技能型人才需求旺盛,必须加大职业院校招生力度,扩大职业院校招生规模。需要广泛引导,创设积极的环境,引导更多的家长和学生更加全面地了解国家对于职业院校的支持力度,了解职业院校的发展前景,让更多的学生乐于选择高等职业院校求学,进而扩大职业院校的规模。

(三)优化学科专业结构,努力成为区域经济发展的"发动机"

学科专业是高等教育发展的核心支柱,是人才培养的基本平台,是构建高质量教育体系的四梁八柱。因此,依据时代发展要求优化调整学科专业是高质量发展的必然要求。一是构建学科专业动态调整机制。各高校要依据国家发展战略需求，依据地域经济社会发展需求，对接国家经济发展主战场、国际科技前沿和民生发展新需求，通过跟踪调查学生毕业就业情况，不断调整优化专业设置，坚持特色发展与全面发展、政府调控与自主调整、前瞻性与适应性相结合的原则进行专业优化调整，增加学科专业发展与经济社会发展的匹配度，实现人才培养有效对接社会需求，不断提高高等教育对社会发展的服务能力。二是构建学科专业分类管理机制。将高等教育分类发展的思想迁移到学科专业分类发展中，促进不同学科专业分类发展、特色发展、差异化发展，以满足老百姓对高等教育不同的需求。

三、营造高质量发展的良好生态

新时代高等教育高质量发展，必须深入落实立德树人的根本任务，遵循教育发展的客观规律，加强内涵建设，促进可持续发展，努力为高等教育发展创造一个良性的、有序的绿色发展生态。

（一）落实立德树人的根本任务

党的二十大报告指出：培养什么人、怎样培养人、为谁培养人是教育的根本问题。育人的根本在于立德。国无德不兴，人无德不立。历代圣贤无一不把修身、齐家、治国、平天下奉为圭臬。办好中国高等教育，就要全面贯彻党的教育方针，落实立德树人的根本任务，培养德智体美劳全面发展的社会主义建设者和接班人。推动高等教育高质量发展，要切实把立德树人的成效作为评价高等教育质量的核心指标，坚持为党育人，为国育才。一是用新思想凝心铸魂。习近平新时代中国特色社会主义思想是马克思主义中国化时代化的最新成果，坚持用习近平新时代中国特色社会主义思想教育人、用党的理想信念凝聚人。二是要发挥好思政课"主阵地"的作用。思政课作为落实立德树人根本任务的关键课程，作用不可替代，高校必须旗帜鲜明、理直气壮地办好思政课，推动思政课程与课程思政同向同行，有机结合。三是要更好地发挥思想政治工作"生命线"作用。把思想政治工作贯穿学校教育教学全过程，以德为先，坚持育人和育才相统一，有效发挥统一思想、凝聚共识、鼓舞斗志、团结奋斗的重要作用，引导青年学生"扣好人生第一粒扣子"，做到明大德、守公德、严私德。

（三）坚持"以人为本"的内涵发展

以人为本就是强调对"人"这一生命个体的尊重，具体到教育领域，就是强调教育"人"的属性，强调人在教育中的主体地位和作用。高等教育发展要坚持"以人为本"，就是要求在具体的教育教学中，看到教师，看到学生，以促进教师的发展，提升学生能力素养为指向，树立一种以"学生为本"的理念，努力构建一种能够促进人的全面发展的良好环境，通过教育模式改革，创新教学方式，加强思想政治建设，提升专业建设水平，尊重学生的自主性、能动性和创造性，促进学生思想素质、专业能力的提升，促进学生身心健康的发展，进而提高人才培养质量。

（四）创新多元发展的评价机制

教育评价事关教育发展方向。有什么样的教育评价，就有什么样的办学导向。新时代高等教育发展呼唤高等教育评价改革，要全面贯彻落实《深化新时代教育评价改革总体方案》，实施分层分类建设评价，鼓励不同类型高校科学定位，凝练特色，办出水平。引导不同学科协调发展，在各自领域争创一流。创新高校科研评价机制。改变以往以获奖、论文为重的评价方式，倡导一种符合科学研究活动规律的评价，注重原始创新，注重能够解决国家实际发展困境的研究，营造一种求实、求真的创造取向，创设一种潜心精心钻研的环境，激发创新活动。力戒急功近利，放宽评价时间，调整评价周期，让研究者能够没有任何后顾之忧，专心科研。同时，要注意到不同学科研究规律的差异性，形成多元化评价体系，进行科学合理评价。还要坚持定性与定量评价相结合，不仅要注重结果效益，更要关注过程性评价和增值性评价，注意长期评价带来的长期收益。

四、拓宽高质量发展的全球视野

全球视野就是要有国际视野，就是要求把高等教育放在国际大环境中去考虑，要以开放的姿态主动融入国际社会大环境，要提升高等教育的国际化水平。高等教育的国际化也是建立教育强国目标的要求，高等教育高质量发展的应有之义。在国际化全球化的过程中，要处理好本土化与国际化之间的关系，充分发挥好"两翼"的合力作用。

（一）提高开放水平，主动融入全球化发展浪潮

历史证明，只有开放才能提高竞争力，只有全球化才能有发言权。一是我们要树立全球化的办学理念。在推动高等教育改革发展方面，以全球化视野去设计与谋划，把具体的学校放到国际大坐标中去定位。二是我们要会合作。要加强与世界一流大学的合作，拓宽国家交流合作的广度和深度，不但要引进国际先进的教育理念，而且要共建研究项目，提升国际科研合作能力，提高国际人才培养能力。三是能融入。高等教育要主动融入人类命运共同体的建设，融入国家"一带一路"的倡议，利用这个机会，促进更高水平的对外开放，培养更多具备国际化视野，心系祖国，胸怀天下的优秀人才。

（二）关注本土优势，构建在地国际化新常态

在地国际化是对传统国际化的理念革新，是对传统国际化的一种补充，相较于传统的师生国际流动，在地国际化强调的是立足本地，立足本校的国际化，是教育领域其他国际活动。要构建在地国际化新常态，首先要转化理念。学校的教育教学活动设计要围绕提高每一位学生的国际化素养进行设计。其次，要形成一个全校参与的制度。建立人人都参与，人人都共建，学校全面开放的制度，激发多主体的活力，提升管理者的国际化管理水平，提升教师的国际化教育能力，最终提升学生的国际化素养。最后，要致力于发展阵地的转移。通过改革评价制度，引导高质量国际化人才的培养；通过改善学校的国际化教育环境，构建多元的文化生态，吸引更多的优秀国外学子到中国求学；通过主动参与解决国际问题，参与全国治理，提升国际话语权，扩大我国高校的影响力；通过线上线下教育相结合的模式，让师生不离开本土就可以接受国际化优质资源的影响；通过强化大数据在学校高质量发展中综合应用能力的发挥，提升国际化效能，促进各高校的国际化交流能力提升。

五、实现高质量发展的目标价值

共享，是人人共建，是人人享受，是社会主义的本质和共产党的宗旨，是习近平总书记提出的五大新发展理念之一。推进共享发展，就是促进社会公平正义，就是促进高等教育发展成果更多更公平地惠及人民群众，更大范围满足人民群众对多样化、优质化高等教育的需求，提升人民群众的满意度和幸福感。

（一）用好共建机制，整合扩大优质教育资源

共享的前提是共建。只有人人参与，才有可能人人享受。教育发展的不平衡，导致了优质资源的不均衡，那么，就需要把有限的优质教育资源整合好、利用好，才能更多地惠及老百姓，这是对高等教育高质量发展的一个挑战。只有充分利用现代化手段，拓宽资源使用路径和平台，实行线上线下相结合的方式，打通时空限制，才能将有限的优质资源，比如师资、课程资源、图书资料、先进的科学仪器设备等软硬件资源最大限度地发挥出来，造福更多的学生。可以说，要统筹下好优质教育资源"一盘棋"，充分发挥全球、全国优质力量，促进更多学生更好地发展。同时，也要人人都贡献力量，不断增添新活力，不断持续扩大优质教育资源，才能不断满足不同学生的多样化发展需求，持续推动高等教育人才培养质量的提升。

（二）提升共享能力，让优质成果更多更公平地惠及更多的百姓

共享不是一种理念，而是实实在在的公平公正享受发展成果，特别是高质量发展、优质发展成果。在共享发展成果过程中，要充分发挥民主决策的作用，听取各方面意见，要集思广益，才能做到最大限度的公平公正，才能最大限度地将高等教育优质发展成果更多更公平地惠及人民群众。实现高等教育的高质量发展，是一场涉及发展理念、发展方式的深刻变革，绝不是轻而易举就能做到的，要一步一个脚印，扎实推进，循序渐进。高质量发展永远在路上。

第六章　培养更多高素质技术技能人才

——加快发展职业教育

　　和普通教育相比，职业教育属于"跨界"教育，是服务、促进和引导经济社会发展最为直接的类型教育。作为重要的教育组成部分，职业教育培育了大量技术技能人才，为我国社会主义现代化强国建设做出了重要贡献。习近平总书记指出，技术工人队伍是支撑中国制造、中国创造的重要基础，对推动经济高质量发展具有重要作用。党的十八大以来，党中央、国务院高度重视职业教育的发展和进步，大力推动职业教育领域的改革创新，职业教育逐步由大转为强，取得了前所未有的成绩，在服务人的全面发展，服务经济社会发展和服务国家重大战略上，贡献了积极的职教力量。党的二十大报告提出，要"统筹职业教育、高等教育、继续教育协同创新，推进职普融通、产教融合、科教融汇，优化职业教育类型定位"。把加快发展职业教育，推动职业教育高质量发展摆在更加突出、重要的位置。在实现第二个百年奋斗目标的征程和道路上，职业教育要培养更多高素质技术技能人才，推动实现教育强国、科技强国和人才强国。

第一节　加快发展职业教育的时代价值

一、缓解人才供需不匹配结构性矛盾的重要举措

加大技术技能人才培养力度，提升技术技能人才培养质量，是职业教育（含技术教育）回应我国经济社会发展需求最为有效的发展路径。当前，我国加快建设现代化产业体系的重点是发展实体经济。2019年8月，习近平总书记在考察山丹培黎学校时指出，实体经济是我国经济的重要支撑，做强实体经济需要大量技能型人才，需要大力弘扬工匠精神，发展职业教育前景广阔、大有可为。发展实体经济，从制造大国走向制造强国；着力现代农业、新兴产业以及现代服务业等发展；促进各类民生保障事业和产业发展，都需要通过职业教育培养大量高素质技术技能人才作为支撑。党的二十大报告对人才战略布局提出新的要求，对人才队伍在规模、结构以及质量上提出了新的要求，同时将教育、科技与人才三者协同部署，在加快实施创新驱动发展战略背景下，提出要提高科技成果转化和产业化水平。职业教育培养的高素质技术技能人才，正在为扩大人才队伍规模、丰富我国人才结构、提高人才队伍整体素质，加快科技成果转化、提升产业化发展水平发挥重要的作用。我国要在"十四五"末期，实现技能人才占就业人口比例的30%，高技能人才占技能人才的比例达到1/3，东部省份高技能人才占技能人才的比例达到35%。当前我国技能劳动者已经超过2亿，高技能人才超过5000万，但从整个经济社会发展的需求来看，技能人才队伍建设仍存在总量不足、结构不优、素质不高等问题。技能劳动者占就业人口总量仅为26%，高技能人才仅占技能人才总量的28%。制造业到2025年技能人才缺口将近3000万人。企业"招工难""用工荒"与高校毕业生为主体的青年群体就业难并存的问题仍未得到缓解。面对人才缺口、人才结构带来的巨大挑战和要求，职业教育要加快为促

进我国经济社会发展提供人才支撑，建设包括大国工匠和高技能人才在内的国家战略人才力量。

二、推动构建人人皆可成才教育体系的迫切需求

习近平总书记强调，要"努力形成人人渴望成才、人人努力成才、人人皆可成才、人人尽展其才的良好局面，让各类人才的创造力竞相迸发、聪明才智充分涌现。"这一论述表明，成才不是局限于特殊群体的，是每一位人民群众均可实现的目标，人民群众具有共建共享改革发展成果的权利。人人皆可成才体现人才发展的多样性，人才潜能的无限性和人才价值的多元性。构建人人皆可成才教育体系是办好人民满意教育的重要体现。每个人的发展与成长都有其自身特性，尊重个体潜能公平，提供教育机会公平，给予教育资源公平，促进发展公平，实现中国式现代化新道路的基本教育目标。职业教育作为我国现代教育体系中重要的教育类型，与普通教育协同发展、共促互进。职业教育一方面可以提供多元化教育需求，满足和实现人民群众多种教育期待，另一方面在加快实现教育现代化的进程中，职业教育不仅仅为"谋业"做准备，更为"发展"做准备；职业教育提供给学生不仅仅是不同于普通教育的教育资源，更是更为优质、更加适合学生的教育资源；职业教育不仅仅满足了当下人民群众生活的需要，经济社会发展阶段性需要，同时还着眼于人的全面发展、生涯发展。通过职业教育对个体潜能的挖掘和发展，对技术技能人才的系统培养，让人人皆可成才的时代观念深入人心，让更多劳动者能够通过接受职业教育，充分发挥聪明才智，充分实现自我价值，充分创造社会价值，营造良好社会氛围，实现人人共建共享的共同富裕。

三、保障社会和谐稳定发展的主要路径

社会和谐稳定发展是全面建成社会主义现代化强国的前提和基础，对促进国家进步发展和保障人民根本利益具有重要作用。党的二十大报告指出，"社会稳定是国家强盛的前提。"社会和谐稳定发展不仅需要从安全的角度出发，还需要从社会层面上维护社会公平，正确处理效率和公平的关系，合理调节收入分配结构，健全社会保障体系。自党的十八大以来，职业教育在提

供社会服务、缩小贫富差距方面做出了积极的贡献。职业教育面向农业农村，在打赢脱贫攻坚战，服务乡村振兴战略，加快农业农村现代化提供了有力的支撑。职业教育充分发挥资源优势和办学特色，面向"三农"提供培训服务，帮助农村贫困人口掌握技术技能，实现脱贫增收致富。2020年，全国范围内中职学校涉农布点数2122个，招生148608人，在校生451875人。面向以"三区三州"为重点的西部地区建档立卡贫困家庭初、高中毕业生到东部接受优质中职教育，确保西部地区建档立卡贫困家庭学生上好学、就好业。2021年，全国共有55所高职院校被评为乡村振兴人才培养优质校。涉农专业学生毕业后选择从农的比例从2016届高职毕业生的43.6%提升到2020届高职毕业生的48.7%。[1]高职院校进行三年扩招，目标群体为应届高中毕业生和退役军人、下岗职工、农民工，实现了职业教育对多样化群体的支持。职业教育还面向高校毕业生、城镇青年、退役军人以及农村劳动力开展大量技能培训，促进以掌握一技之长，带动就业创业。从总体上看，职业教育为促进改革发展，实现发展与稳定的有机统一，为以中国式现代化全面推进中华民族伟大复兴创造了良好的社会环境。

第二节　我国职业教育发展取得的重要成就

一、技能人才培养规模持续壮大

（一）整体规模

我国已建成全世界规模最大的职业教育体系。教育部数据显示，目前我国共有职业学校1.12万所，在校生超过2915万人。2021年，高职学校招生

---

[1] 中国教育科学研究院、全国职业高等院校校长联席会议：《2021中国职业教育质量年度报告》，高等教育出版社，2022，第15页。

557万人，相当于10年前的1.8倍；中职学校（不含技工学校）招生489万人。每年，中高职学校向社会输送1000万左右的高素质技术技能人才。截至2022年5月，高职院校累计扩招413.3万人，1万余所职业学校每年累计开展各类培训上亿人次。[①]2022年，首届世界职业教育技能发展大会在天津召开，会上我国发布了《中国职业教育白皮书》，其中提到，从2012年到2022年，我国职业教育体系累计培养了6100万高素质劳动者和技术技能人才。在现代制造业、战略性新兴产业和现代服务业等领域，职业学校毕业生占一线新增从业人员的70%以上。[②]2020年，《IMD世界竞争力年度报告》显示，我国技能劳动力充足性的得分排名由过去的第43位攀升至第14位。

（二）省域规模

从省域层面职业教育来看，职业教育人才培养规模达到新的高度。例如，广东是职业教育大省。截至2022年5月，广东省共有625所职业院校，在校生280.5万人。其中有93所专科层次职业学校，比2011年增长19.2%；在校生125.4万，比2011年增长83.1%；有2所本科层次职业学校，在校生为1.9万人。高等职业教育占高等教育比重较大，在校生占比50.1%。[③]截至2022年8月，山东省共有职业院校520所、在校生257万人。职业院校为山东新旧动能转换"十强产业"提供新增劳动力的70%，并且每年面向区域产业升级和乡村振兴、海洋强省等开展技能培训200多万人次，在疫情严重和企业用工吃紧时期组织动员30多万名职校学生支持上千家企业复工复产。[④]江苏省职业院校每年向社会输送约50万人的技术技能人才，约80%的毕业生在江苏省就业。截至2022年9月，江苏省共有职业院校399所，在校生约180万人。[⑤]

[①]《我国建成世界规模最大职业教育体系 职校1.12万所》，（2022-05-29）。https://m.gmw.cn/baijia/2022-05/29/1302970221.html。

[②] 中华人民共和国教育部：《中国职业教育发展报告》，2022，第13页。https://ghddc.qzct.net/_upload/article/files/97/62/ace3e6134fc2a72136c2fca6eca8/32203148-e118-469b-a8bf-aebb825c0fb1.pdf。

[③] 教育部：《我国已建成全世界规模最大的职业教育体系》，（2022-05-24）。http://www.moe.gov.cn/fbh/live/2022/54487/mtbd/202205/t20220526_630619.html。

[④]《山东：职业教育成为经济社会发展不可或缺的助推力》，（2022-08-18）。http://edu.shandong.gov.cn/art/2022/8/18/art_11975_10303482.html。

[⑤]《江苏399所院校180万在校生，校企合作"共融共生"如何进一步强化？》，（2022-09-21）。https://baijiahao.baidu.com/s?id=1744562419171289955&wfr=spider&for=pc。

表6-1 2021年我国部分省份职业教育发展规模情况

单位：个；人

		广东省	山东省	江苏省	浙江省
中等职业学校	学校个数	382	400	198	249
	毕业人数	260465	221047	181724	159707
	招生人数	335993	293603	235154	182920
	在校人数	903049	839144	641184	556039
高职（专科）院校	学校个数	93	83	89	49
	毕业人数	292180	340792	245065	142901
	招生人数	397303	438547	321579	189608
	在校人数	1254052	1236344	896557	526632
职业教育本科学校	学校个数	2	3	1	2
	毕业人数	0	0	0	0
	招生人数	3293	6069	1019	1638
	在校人数	19104	18240	4278	3533

数据来源：2021年教育统计数据

（三）各级规模

中等职业教育、高等职业教育以及本科层次职业教育是当前我国职业教育的重要组成。从各级职业教育发展来看，职业教育规模稳中有增。2021年，我国中等职业学校在校生约1211万人，职业本专科在校生约1603万人，其中职业教育本科在校生约13万人，职业教育专科在校生约1590万人。[①]职业教育本科招生人数为41381人；职业教育专科毕业生人数约398万人，招生人数约553万人；中等职业学校毕业生人数约341万人，招生人数约454万人。[②]本

[①] 各级各类教育在校生情况。http://www.moe.gov.cn/jyb_sjzl/moe_560/2021/quanguo/202301/t20230104_1038061.html。

[②] 各级各类学历教育学生情况。http://www.moe.gov.cn/jyb_sjzl/moe_560/2021/quanguo/202301/t20230104_1038067.html。

科层次职业学校共有32个，高职（专科）院校共有1486个，中等职业学校（不含技工学校）共有7294个。[①]发展本科层次的职业教育是我国现阶段职业教育改革的重点内容。2014年，我国提出要引导一批普通本科院校向应用技术类型高等学校转型。2019年，我国明确提出要开展本科层次职业教育试点，并在实践中推行。2021年，我国在《职业教育专业目录（2021年）》中增加了本科层次职业教育专业目录。

表6-2 2011年、2021年我国各级职业教育发展规模情况

单位：个；人

		2011年	2021年
中等职业学校	学校个数	3753	7294
	毕业人数	2702302	3407194
	招生人数	2995725	4543445
	在校人数	8552071	12111730
高职（专科）院校	学校个数	1280	1486
	毕业人数	11512	3984094
	招生人数	1287900	5525801
	在校人数	3138830	15900966
职业教育本科学校	学校个数	—	32
	毕业人数		0
	招生人数		41381
	在校人数		129297

数据来源：2011年、2021年教育统计数据

二、专业建设不断优化

党的十八大以来，为适应推动我国经济发展和产业升级，职业教育的专业进行了不断更新，更新率达到70%。面向战略性新兴产业，我国也持续增

[①] 各级各类学校校数、教职工、专任教师情况。http://www.moe.gov.cn/jyb_sjzl/moe_560/2021/quanguo/202301/t20230104_1038068.html。

设了相关对应专业。职业教育围绕高质量发展和产业集群建设对技术技能人才培养的新要求，进一步增强专业建设与产业发展的匹配度。

（一）全国范围专业体系建设

1. "双高计划"推动专业群建设

2019年，我国实施"双高计划"建设项目，各省区市立足区域经济社会发展和产业结构转型升级需要，并行推进省级"双高计划"建设项目。目前全国有27个省（自治区、直辖市）和新疆生产建设兵团启动了省级"双高计划"建设项目，累计立项322所省级"双高"院校，982个高水平专业群。例如，2021年，山西实施省级"双高计划"，重点建设10个左右专业特色鲜明、行业优势突出、社会服务能力强的省级高水平高职学校和专业群，带动全省高等职业教育提档升级。2021年，河北省财政投入1.9亿元支持32所省级"双高计划"学校，建设70个对接服务河北省传统优势产业、重点发展产业及民生紧缺类领域的高水平专业群。山东省财政投入11亿余元，立项建设101个高水平专业群。①专业群的设置有利于从传统的"单人单岗"输出向"多人多岗"转变，适应经济社会对技术技能人才供给的多样化需求，有利于动态调整优化，更有效对接行业产业的变化发展。

2. 新版职业教育专业目录调整

2020年，我国职业教育为卫生健康、护理以及高新技术产业人才培养提供较为有力的支撑，高职院校在卫生健康领域新增医药卫生类专业292个，特别是新增护理类专业点65个；在高新技术产业领域新增人工智能、大数据应用等专业点329个。②2021年，为促进我国现代产业体系建设，充分发挥职业教育技术技能人才培养的重要作用。教育部颁布新版职业教育专业目录，首次将中职、高职以及职业本科专业目录进行一体化设计，满足产业发展对不同层次技术技能人才的目标要求。一体化的设计有利于推进专业人才培养的一体化，为贯通不同层级、衔接不同学段、接续人才培养探索新路径。同时

---

① 中国教育科学研究院、全国职业高等院校校长联席会议编著：《2022中国职业教育质量年度报告》，高等教育出版社，2023，第58页。

② 中国教育科学研究院、全国职业高等院校校长联席会议编著：《2021中国职业教育质量年度报告》，高等教育出版社，2021，第45页。

采用专业大类、专业类、专业三级分类的方式，设置19个专业大类、97个专业类、1349个专业。其中中职专业358个、高职专科专业744个、高职本科专业247个。[①]与原专业目录相比，职业本科专业调整幅度为260%，高职专科专业调整度为56.4%，中职专业调整度为61.1%。[②]

3.动态调整专业布点

2023年，生物信息技术、船舶智能焊接技术等24个专业作为推动促进战略性新兴产业进行了增设，在新一代信息技术、装备制造以及新能源等制造业重点领域增加了1207个专业布点。[③]目前，我国职业教育专业持续优化，现代职业教育体系逐步完善，专业点基本覆盖了国民经济社会发展的各个领域，专业数量达到1382个，专业点达到12万多个，有力支撑我国成为全世界唯一拥有全部工业门类的国家。同时，"一老一小"相关专业布点数有5000余个。[④]国家出台《制造业人才发展规划指南》等专项规划，淘汰落后专业108种，升级和补充专业1007种，更新幅度超过70%，将人才培养结构调整与需求结构变迁动态地对接。

（二）区域专业布局调整

职业教育在人才培养和技术创新方面的重要目标就是服务区域经济社会发展需要，这也是其在专业调整优化的主要原则，保持与经济社会发展的紧密联系。

以北京市为例。20世纪90年代，北京市属院校举办的高职教育专业须经过北京市教委专家组审定，并制定了《北京市高等职业教育专业设置标准》。2002年，北京市率先制定了《北京市高等学校高职高专指导性专业目录》。随

---

① 教育部:《职业教育专业目录（2021年）》,（2021-03-22）。http://www.moe.gov.cn/jyb_xwfb/gzdt_gzdt/s5987/202103/t20210322_521664.html。

② 全面修（制）订职业教育专业目录　推动专业升级和数字化改造　提高职业教育适应性——教育部职业教育与成人教育司负责人就《职业教育专业目录（2021年）》答记者问,（2021-03-22）。http://www.moe.gov.cn/jyb_xwfb/s271/202103/t20210322_521662.html。

③ 《新闻联播》头条:《发展现代职业教育 培养高素质技能人才》,（2023-04-30）。https://baijiahao.baidu.com/s?id=1764527870756370418&wfr=spider&for=pc。

④ 《我国建成世界规模最大职业教育体系职校1.12万所》,（2022-05-29）。https://m.gmw.cn/baijia/2022-05-29/1302970221.html。

后，北京市跟踪市场需求变化，主动适应区域经济、行业发展的需要，及时发布各专业人才就业状况和供求情况，有针对性、科学性地调整和优化专业结构布局，对专业教学资源库进行系统建设，对办学理念先进、产业结构紧密、就业率高的专业进行重点建设，加快对传统专业的升级改造、新兴专业的设置建设，形成与城市功能定位、经济结构相适应以及高品质民生需求相契合的专业群布局。2020年，北京市高职院校专业设置覆盖17个专业大类，一、二、三产专业数分别为410个、283个和68个。专业调整方面，撤销了煤矿开采技术、焊接技术与自动化等7个不符合首都发展定位、产业契合度低以及社会认可度不高的专业。同时增设人工智能技术服务、飞机机电设备维修等47个专业点。2021年，北京市高等职业教育新增46个专业，撤销了6个专业。目前，服务于北京市支柱性产业、高精尖产业以及民生改善需求类的高职专业点各占60%、30%和30%[1]，基本满足了北京市经济结构调整优化、产业升级对技术技能人才的需求。

进入高质量发展阶段，各省市在专业调整方面注重质量建设、特色引领以及时代性开放性。2021年，黑龙江省41所高职院校对接新基建、新技术、新业态和新模式，重构对应产业需求的专业集群244个。四川省高职院校调整专业布局，增设重点产业和新兴产业紧缺的专业284个，撤销淘汰专业100个，约三分之一的专业紧密对接四川省支柱产业，17%的专业紧密对接紧缺行业。[2]河北省在学前教育、护理、家政服务、健康管理以及老年保健与管理5个民生保障类专业上新增专业布点数8个，相关专业布点数增加至33个，扩大招生规模23000余人。[3]2022年，山西省高等职业教育服务国家战略、区域经济发展、社会民生需求，结合学校办学特色，明确专业定位，新增跨境电子商务、无人机应用技术、花卉生产与花艺、现代物流管理等83个专业点，同时撤销药品经营与管理、小学数学教育、体育保健与康复等72个专业点。

① 莫荣主编：《中国就业发展报告（2021）》，社会科学文献出版社，2021，第330页。
② 中国教育科学研究院、全国职业高等院校校长联席会议编著：《2021中国职业教育质量年度报告》，高等教育出版社，2021，第47页。
③ 中国教育科学研究院、全国职业高等院校校长联席会议编著：《2021中国职业教育质量年度报告》，高等教育出版社，2021，第45页。

2023年，山西省出台《关于推动现代职业教育高质量发展的实施意见》，其中提到要面向省域产业发展需求，调整专业布局，新增50个新兴重点专业。

产业学院是近几年我国深化产教融合、推进校企深度合作而发展的新型办学主体。2012年，广东省中山市、东莞市等地大力发展特色专业镇，由此对接一批产业学院，助力专业镇产业发展需求。例如，沙溪纺织服装学院、南区电梯学院、古镇灯饰学院和小榄产业学院。随后在2012年、2014年、2015年，我国先后出台一系列政策文件，作为建设发展具有混合所有制特征的产业学院政策支持。2017年，《国务院办公厅关于深化产教融合的若干意见》中提出，要鼓励企业依托或联合职业学校、高等学校设立产业学院。随着产教融合的深度推进，产业学院的建设对接区域，产业发展需求的"靶向性"越来越明确，建设水平也逐步提升，涉及专业领域更为广泛，实现功能更为多样，治理体系建设更为现代化。广东、福建、浙江等省的产业学院在紧密对接行业、对接产业链方面做出了突出的成绩。广东省还在2020年成立了"粤港澳大湾区现代产业学院职教联盟"，推动126家职业院校和行业企业形成产教融合共同体，进一步推动了专业设置、人才培养与产业发展的紧密联系，互促共赢。[①]

（三）院校专业设置创新

从全国范围看，各省市一些高等职业院校在优化专业设置方面不断取得突破，立足学校专业优势，面向产业发展需求，完善专业布局，创优育人模式。例如，深圳信息职业技术学院瞄准新兴产业，与移动通信领域头部企业——华为技术有限公司建成华为ICT产业学院，与深圳芯火平台，即国家"芯火"深圳双创基地（平台）深圳微纳研究院合作建成"深信'芯火'产业学院"，组建覆盖上游芯片涉及下游移动业务应用全产业链的移动通信专业群。重庆电子工程学院以"双高"重点建设专业群，即"物联网应用技术""信息安全与管理"为核心，带动数字建造、智慧健康、智能物流以及金融科技等12个专业群发展。石家庄铁路职业技术学院对接轨道交通工程与运维服

[①] 蒋新革：《新时代高职产教融合路径——以"入园建院、育训结合"为特征的产业学院育人模式研究》，中山大学出版社，2021，第84页。

务产业链需求，建设与轨道工程建设"设计、施工、检测"、轨道交通运维"电子、机务、车辆、车务、供电"等岗位群紧密对接的铁道工程技术、铁路交通运营管理等7大专业群，人才培养覆盖轨道交通产业岗位群90%以上。

三、毕业生就业质量稳步提升

职业教育在促进就业，维护社会和谐稳定作用显著。以高校毕业生为主体的青年就业是当前我国就业工作的重点。职业教育不仅实现了高就业率，同时在就业质量上也实现了新的突破。这也源于其在培养人的方面不仅仅是局限于"谋业"，不能"矮化"或"窄化"职业教育，要更注重人的全面发展，人的可持续发展。

（一）就业率较高

从就业率来看，从2014届到2021届高等职业教育毕业生半年后的就业率保持较高的稳定性，高等职业教育学生毕业半年后就业率基本保持在90%左右。2020年，即使受新冠肺炎疫情影响，经济承受较大压力，但是各级政府和高职院校仍积极推动各类就业政策，创新就业专项行动，推进"线上+线下"就业服务模式，促进毕业生就业，毕业生就业情况整体稳定。与本科毕业生就业率相比，高职院校毕业生就业率相对较高，这在一定程度上反映了当前经济社会发展对技术技能人才需求较大，而高职教育在人才培养方面供给基本能够顺应经济社会发展。中职毕业生也保持了较好的就业态势，2020届中职毕业生就业率达到88.72%，比2019届中职毕业生就业率上升了0.96个百分点。①

---

① 中国教育科学研究院、全国职业高等院校校长联席会议编著：《2021中国职业教育质量年度报告》，高等教育出版社，2021，第87页。

表6-3 2014—2021届高等职业教育毕业生半年后就业率

单位：%

	2014届	2015届	2016届	2017届	2018届	2019届	2020届	2021届
毕业半年后就业率	91.5	91.2	91.5	92.1	92.0	90.6	90.4	89.2

数据来源：《2019中国高等职业教育质量年度报告》《2021中国职业教育质量年度报告》《2022中国职业教育质量年度报告》

（二）就业收入稳定增长

从毕业生收入来看，从2016届到2020届高职院校毕业生半年后月平均收入稳中有增。2016届毕业生毕业半年后的月平均收入为3078元，2020届毕业生受疫情和经济下行影响，增长率放缓，月平均收入为3974元，比上年增长了4.2个百分点。[1]2021届毕业生毕业半年后月平均收入达到4505元，"双高"院校毕业生毕业半年后月平均收入达到4751元。[2]从专业和行业门类就业收入的情况来看，农、林、牧、渔业毕业生月收入增幅最大，同比增长13.4%，毕业生毕业半年后行业平均月收入可以达到4503元。其次是水利、环境和公共设施管理业，毕业生毕业半年后行业平均月收入可以达到4340元，同比增长9.6%。排名第三的是制造业，毕业生毕业半年后行业平均月收入可以达到4417元，同比增长5.3%。房地产业、科学研究和技术服务业毕业生毕业半年后行业平均月收入最高，分别为4810元和4703元。毕业三年后，高职毕业生的月平均收入涨幅较高。2018届高职毕业生毕业三年后月平均收入能够达到6905元，"双高"院校毕业生毕业三年后月平均收入能够达到7205元。2016届高职毕业生毕业五年后月平均收入能够达到8077元，"双高"院校毕业生毕业三年后月平均收入为8464元。[3]收入整体情况处于较好的态势。与高职相

---

[1] 中国教育科学研究院、全国职业高等院校校长联席会议编著：《2021中国职业教育质量年度报告》，高等教育出版社，2021，第27页。

[2] 麦克思研究院主编：《2022年中国高职生就业报告》，社会科学文献出版社，2022，第45页。

[3] 麦克思研究院主编：《2022年中国高职生就业报告》，社会科学文献出版社，2022，第51页。

比，中等职业教育毕业生月收入相对较低，2020年，中职毕业生就业月收入平均起薪为2440元，但其增长较为明显，同比增长11.88%。部分省份中职毕业生初次就业月收入较高，例如，内蒙古自治区2020年中职毕业生初次就业月收入平均起薪为3253.7元，同比增长24.84%。[①]

（三）就业专业相关度和就业满意度较高

从毕业生毕业后所从事的专业来看，2014届到2018届高职毕业生毕业半年后工作与专业相关度稳定在62%。2020届高职毕业生毕业半年后工作与专业相关度为67.6%，比2019届提高0.2个百分点，基本持平。据麦克思研究院调查显示，2021届高职毕业生工作与专业相关度为63%。相关度最高的专业大类分别是：医药卫生大类、教育与体育大类以及土木建筑大类。具体到专业层面，工作与专业相关度排名前30位的专业也多属于医药卫生大类，这反映了专业人才培养与产业发展需求之间的匹配程度，也与医疗相关职业从业门槛较高也有直接关系。同时，高职毕业生毕业时掌握的基本能力[②]整体呈稳步上升趋势，2021届高职毕业生毕业时掌握的基本工作能力水平为57%，比2017届高职毕业生毕业时掌握的基本工作能力水平高出3个百分点。2021届中职毕业生专业对口率中位数为82.4%。[③]

从毕业生职位晋升比例来看，在2018届高职毕业生中，三年内有59%的毕业生获得职位晋升，"双高"院校毕业生获得职位晋升比例为61%，高职毕业生平均获得晋升次数为1次。从毕业生就业满意度来看，2016届到2020届高职毕业生毕业半年后就业满意度在90%以上。2021届高职毕业生毕业半年后就业满意度为92.5%。影响高职毕业生就业满意度的因素较多，最主要的影响因素是，职业期待符合度、就业形势乐观度、本专业就业机会、月收入以及专业相关度。

---

① 中国教育科学研究院、全国职业高等院校校长联席会议编著：《2021中国职业教育质量年度报告》，高等教育出版社，2021，第88页。

② 麦克思研究院参考美国SCANS标准，将基本工作能力分为35项，五大类型，分别是：理解与交流能力、科学思维能力、管理能力、应用分析能力和动手能力。

③ 中国教育科学研究院、全国职业高等院校校长联席会议编著：《2022中国职业教育质量年度报告》，高等教育出版社，2023，第75页。

近些年，高职院校深化教育教学改革，持续推进产教融合和校企合作，引导学生更为客观、全面地认识职业、熟悉行业，明确职业定位，做好职业规划，因此毕业生对未来所从事职业的期待符合度较高，就业满意度较高。同时，我国在促进高职毕业生就业，打破学历设限等方面不断推进改革创新。例如，2022年，在各地印发的推动职业教育高质量发展的实施方案里，明确提出将高职毕业生纳入公务员招考范围内。在参加事业单位公开招聘时，与同层次普通高校毕业生同等对待，事业单位公开招聘资格条件中的专业条件参考职业教育、技工院校等专业目录设置，全面鼓励公平竞争，能力竞争，切实维护和保障职业院校和技工类院校毕业生平等就业机会。这实际上是教育公平在职业教育领域中的具体体现，推动职业院校毕业生在个人成长方面享有公平的机会和权利，是从法律和政策方面对职业教育的重视和认可的积极引导。另外，2019年我国正式启动"双高计划"，要求被列为"双高计划"建设的高职院校毕业生毕业半年后就业率不能低于95%，或近五年学校就业工作被评为全国就业创业典型。[1]高水平专业群的基本条件同样在就业方面有具体要求，例如，要建立毕业生就业跟踪调查机制，学生就业对口率、用人单位满意度以及学生对就业的满意度都提出了更高的要求。2021届高职毕业生毕业半年后毕业去向落实率为92.7%。[2]"红黄绿牌"专业的设置和公布也是促进就业的一项重要措施。红牌专业是指失业率高，毕业生毕业去向落实率、毕业收入以及就业满意度综合度较低的专业。黄牌专业次之，绿牌专业在就业方面竞争力最强，属于需求增长型专业。例如，数学教育是2022届高职就业红牌专业，烹调工艺与营养是2022届高职就业黄牌专业，铁道机车是2022届高职就业绿牌专业。这一系列的政策推动，进一步促进了接受职业教育毕业生在就业方面的质量提升，增强了职业教育在技术技能人才的支撑力。

---

[1] 全国就业创业典型包括全国毕业生就业典型经验高校、创新创业典型经验高校以及创新创业教育改革示范高校。

[2] 麦克思研究院主编：《2022年中国高职生就业报告》，社会科学文献出版社，2022，第13页。

表6-4 2022届高职就业"红黄绿牌"专业

红牌专业	黄牌专业	绿牌专业
数学教育	烹调工艺与营养	铁道机车
小学教育	房地产经营与管理	铁道工程技术
英语教育	财务管理	铁道供电技术
语文教育	审计	社会体育
法律事务		发电厂及电力系统
		道路桥梁工程技术

数据来源：麦可思-中国2019—2021届大学毕业生培养质量评价

第三节　我国职业教育发展面临的挑战

一、职业教育吸引力仍显不足

党的十八大以来，我国职业教育改革发展取得了较好的成绩，实现了较多的突破，但受多种因素的影响，职业教育吸引力和认可度仍需要进一步提升。职业教育吸引力不足的问题可以从以下方面看出。

（一）技能人才数量不足

技能人才数量不足一方面由于产业发展方向和重心调整对技能人才的需求增加，另一方面也反映了技能人才培养供给不足。目前，我国技能劳动者已经超过2亿，高技能人才超过5000万。但从经济社会发展需求来看，我国技能人才总量仍然不足，技能劳动者占就业人口总量的26%，高技能人才仅占技能人才总量的28%。从全球范围来看，日本每万人就业人员中技能人才有130.2人，是我国的两倍多，高级技工占产业工人的40%，每万名就业者中约有98名高技能人才，是我国的三倍多。德国每万人就业人员中的技能人才为157.6人，高级技工占产业工人总量的50%。[1][2]同时，德国还是欧盟国家中发放欧盟"蓝卡"最多的国家，通过发放欧盟"蓝卡"来吸引更多技术移民，来弥补其国内高技术人才缺口。韩国每万名就业者中的技能人才为188.1人，美国每万名就业人员中的高技能人才约90人。[3]由此可以看出，我国技能人才以及高技能人才的比重仍与发达国家存在较大差距。

从产业结构来看，技能劳动者在促进第二产业发展最为突出。近些年，技能劳动者在第二产业总就业人数的比重持续增加，但总就业人数的比重仍然较低，高技能人才的比重更低。从行业分布来看，我国各个行业技能人才占比仍处于较低水平。制造业对技能人才需求最高，2018年技能人才占比为6.79%；采矿业技能人才占比为1.41%；电力、燃气及水生产及供应业占比为0.65%。从制造业内部细分行业来看，2018年技能人才占比排名前三位的行业是：计算机、通信和其他电子设备制造业，电气机械和器材制造业，汽车制造业。技能人才总量分别是：72.06万人、44.12万人、36.55万人。高技能人才总量分别是：20.71万人、9.06万人、8.98万人。技能人才的总量仍无法跟上行业快速发展的速度。

从区域分布来看，由于我国东部地区集聚大量新兴产业，因此，东部地区技能人才数量增长较快，数量最多。2018年，东部地区技能人才数量为288.55万人，比2010年增长了177.07万人。从省份分布来看，截至2023年2月，广东全省技能人才总量达1850万人，高技能人才631万人，占比34.13%。[4]截至2020年9月，江苏省高技能人才突破435万人。从技能人才需求求人倍率来看，2010年第四季度，我国高级工程师、高级技能人员以及高级技师求人倍率分别为：1.99、1.82、1.75；2015年第四季度，三者的求人倍率分别为：1.99、1.89、1.90；2020年第二季度，高级工程师求人倍率为2.12，

---

① 《高技能人才占比不到35%：技能大师紧缺，如何培养高技能人才？》，(2022-10-13)。https://baijiahao.baidu.com/s?id=1746555771713784102&wfr=spider&for=pc。
② 莫荣主编：《中国就业发展报告(2021)》，社会科学文献出版社，2021，第359页。
③ 莫荣主编：《中国就业发展报告(2021)》，社会科学文献出版社，2021，第359页。
④ 《广东技能人才总量达1850万人，支撑高质量发展》，(2023-02-10)。https://baijiahao.baidu.com/s?id=1757452577082745909&wfr=spider&for=pc。

高级技能人员求人倍率为2.10，高级技师求人倍率为2.18[①]。由此可以看出，我国对高技能人才需求较大，而高技能人才缺口较为严重。

表6-5　我国技能人才占总就业人数的比例

年份	第二产业总就业人数（万人）	技能人才全时当量（万人年）	技能人才占比（%）	高技能人才（万人）	高技能人才占比（%）
2010	4509.70	136.99	3.04	55.39	1.23
2015	6010.50	263.83	4.39	87.89	1.46
2018	4961.90	298.12	6.01	93.46	1.88

数据来源：《中国科技统计年鉴》《中国统计年鉴》

表6-6　我国技能人才的区域分布情况

单位：万人

2010年	技能人才	高技能人才
全国	182.24	58.71
东部地区	111.48	32.23
中部地区	38.15	13.68
西部地区	19.89	7.10
东北地区	12.72	5.70
2015年	技能人才	高技能人才
全国	364.60	87.89
东部地区	243.05	58.88
中部地区	68.09	15.62
西部地区	38.14	9.29
东北地区	15.32	4.10

①莫荣主编：《中国就业发展报告（2021）》，社会科学文献出版社，2021，第359页。

2018年	技能人才	高技能人才
全国	426.20	93.46
东部地区	288.55	63.05
中部地区	81.06	17.65
西部地区	44.20	9.71
东北地区	12.31	3.05

数据来源：《中国科技统计年鉴》

表6-7 我国技能人才的区域分布情况

单位：万人

技能人才总量较多的省区市	2010年		2015年		2018年	
	技能人才	高技能人才	技能人才	高技能人才	技能人才	高技能人才
广东	31.42	10.28	53.43	13.47	80.64	19.08
江苏	23.94	5.85	57.12	13.64	62.34	13.38
浙江	13.82	2.95	40.26	8.37	51.35	9.16
山东	17.29	5.13	35.46	8.82	38.84	8.04
河南	9.04	2.99	18.51	4.22	18.31	3.84
技能人才总量较少的省区市	技能人才	高技能人才	技能人才	高技能人才	技能人才	高技能人才
宁夏	0.37	0.08	0.97	0.20	1.25	0.20
新疆	0.68	0.38	1.11	0.26	1.04	0.25
海南	0.10	0.04	0.56	0.14	0.30	0.08
青海	0.26	0.07	0.21	0.06	0.25	0.04
西藏	0.002	0.001	0.017	0.002	0.040	0.010

数据来源：《中国科技统计年鉴》

（二）部分职业学校存在招生难的问题

部分职业学校招生难也是职业教育吸引力有待提高的重要表现。与高就业率形成较为鲜明的对比，职业学校招生难一直困扰着职业教育的发展。特别是在招生季时，很多学校处于供大于求的状态，甚至一些地区和学校面临生源危机。2018年，山东、广东、河南以及河北等省份均出现招生难的现象。造成职业学校招生难主要有以下原因。

一是受生源数量波动影响。当前人口变化发展趋势是我国经济社会发展面临的重大挑战。2023年5月，二十届中央财经委员会第一次会议中提到，我国人口发展呈现少子化、老龄化，必须全面认识正确看到我国人口发展新形势。从教育实践中看，少子化的趋势，会导致适龄学生整体生源数量的减少，同时会在一定程度上影响职业教育招生人数。2019年，山东普通高考人数比2018年减少了3万。[1]山东从2008年到2012年，高考生源减少了约23万人。[2]2016年，北京高考报名人数为6.1万人，相较2006年的12.6万人，北京高考报名人数在10年间缩减了一半。江苏省高考报名人数为36.04万人，与2010年的52.7万人相比，江苏高考报名人数6年间减少超过16万人。[3]近两年，高考报名人数又有所增加。但数据显示，从2018年起，全国同年高考报名人数与出生人口数差距开始缩小。到2021年开始，全国同年高考报名人数高于出生人口数量16万；2022年，两者差距相差为237万人。生源减少与多种因素有关。例如，适龄学生出生率不高，学生出国留学等出口多样化的原因。但未来由于人口出生率低，适龄生源减少会影响未来高考人数。数据显示，2023年年初，我国小学出现"学位预警"现象，这是由于我国在出台"全面二孩"政策后，2016年、2017年出现出生小高峰所致。但在2018年出生率下降，出生人口为1523万人，比2016年低360万人。2019年、2020年、2021年、2022年出生人口分别为1465万人、1200万人、1062万人和956万人。2022年出生人口是自1950年后第一次出现出生人口少于1000万的现象，比2016年出生小高峰减少927万人。2023年年初，部分幼儿园就出现"招生

① 《好就业、招生难高职院校缘何陷入"招生泥潭"》，(2019-07-26)。https://baijiahao.baidu.com/s?id=1640106565712128032&wfr=spider&for=pc。
② 《山东高考生源4年减少约23万人高校扩招仍在继续》，(2023-04-28)。https://www.52souxue.com/plus/view.php?aid=550516。
③ 《2016年高考报名人数北京10连降》(2016-05-12)。https://www.sohu.com/a/74930908.374969。

荒"的现象。①发展教育是一个系统化、整体性工程，各级各类教育相互联系不可分割，人口规模的变化问题也同样会在职业教育招生上逐步显现。

二是职业教育生源分流的问题。1985年，我国发布《中共中央关于教育体制改革的决定》，其中提到要"根据大力发展职业技术教育的要求，我国广大青少年一般从中学阶段开始分流"。由此，初中毕业生一部分进入普通高中，一部分接受高中阶段的职业技术教育；高中毕业生则一部分升入普通本科，一部分接受高等职业技术教育。但在当时的历史背景下，中等职业技术教育被作为是发展职业技术教育的重点。在生源分流方面，进入中等职业技术教育的录取分数处于中考成绩的较高区间。并且，当时的中等职业学校无论从办学基础设施建设还是到办学质量都处于较为优质的水平。1996年，我国颁布实施《职业教育法》，其中规定我国要根据不同区域经济发展水平和教育普及程度，实施以初中后为重点的不同阶段的教育分流。在2014年，教育部办公厅下发《关于做好2014年高中阶段学校招生工作的通知》中明确提到，应届毕业生要有序分流到普通高中和中等职业学校中，原则上是按50%的比例进行引导分流。同时，高等教育于1999年进行扩招，且普通高中建设水平不断提高，人民群众更多选择让子女接受普通高中教育并期待进入大学进行学习。中等职业教育在发展过程中生源方面受到一定的挤压，自身办学质量提升较为缓慢，发展定位明确度不高，逐步陷入办学困境。且人民群众生活水平进一步提高，他们更愿意且具备一定条件让子女接受更多的教育，同时也受传统文化的影响，并行考量从中等职业教育人才培养的发展轨迹，在选择就业和选择升学方面，整体社会氛围形成偏重选择升学的生态。不少学者和教育实践者对中等职业教育是否有存在的必要，中等职业教育发展何去何从等问题展开了激烈的讨论。在2022年修订的《职业教育法》中，删除分流规定，明确提出"在义务教育后的不同阶段因地制宜、统筹推进职业教育与普通教育协调发展"。确定了职业教育作为不同于普通教育类型教育的重要地位和重要作用。中等职业教育在应对这样的挑战的过程中，一方面将一些办

---

①《2040年参加高考人数或降至600万，上大学会更容易吗？》，（2023-02-25）。https://baijiahao.baidu.com/s?id=1758815631814792625&wfr=spider&for=pc。

学质量较高的中等职业学校，加大投入和提升力度，逐步发展成为高等职业院校；另一方面加强中等职业教育的办学质量提升，在基础设施建设、教师人才队伍建设，专业结构调整等方面做了大量的工作，进一步明确自身发展的定位，提高育人质量和办学竞争力。但即便如此，中等职业教育目前的发展水平仍不能对人民群众有足够的吸引力，同时，数据显示2020年全国普通高中升学率为57.08%[①]，由于中考成绩、高考成绩处于较低水平的孩子进入职业教育的现状仍在一定程度上给人民群众造成焦虑，越发加剧了人民群众选择普通高中、普通大学的倾向意愿。

三是部分学校内涵式建设仍存在一定短板。从专业结构设置上来看，专业结构设置既反映劳动力结构的特征，又反映产业结构调整的方向。部分学校招生专业、专业群特色不鲜明，盲目跟风设置专业，导致办学质量不高，就业同样受到影响。这些学校招生情况不容乐观，甚至一些专业被列为黄牌、红牌专业，最终调整撤销。部分学校专业结构与产业结构契合度不高，不能较好地满足当前产业升级、行业细分、经济社会发展方向对技术技能人才的需求。同时，职业教育专业设置存在职业性与通识性不平衡的问题，由此出现人才培养结果的两种现象，即技术技能人才技能性强，但可持续发展能力弱，学习潜移以及应对技能变化的能力不强；反之则技术技能人才技能性差。另外，一些学校专业设置缺乏引导性与前瞻性，人才培养存在较为严重的滞后性。从办学条件来看，2010年，教育部修订发布《中等职业学校设置标准》，但全国中职学校办学条件存在区域性差异，部分地区的中职学校"小、散、弱、空"的问题依然存在，在占地面积、校舍面积、在校生规模以及专任教师数量等方面仍有较大的提升空间。根据《职业教育提质培优行动计划（2020—2023年）》提出的"到2023年中职学校教学条件基本达标"的目标，各级举办方应高度重视中职学校办学条件不达标的问题，明确并扛起办学履责的主体责任，采取有力有效的措施办法，确保2023年中职学校办学条件基本达标。

四是本科层次职业教育规模有限。与中等职业教育、高职专科教育相比，

---

① 《普职分流：人生的岔路口》，（2023-04-23）。https://www.thepaper.cn/newsDetail_forward_22808432。

186

我国推行本科层次职业教育相对较晚，且在初期采取将普通本科高校向应用型本科院校转变，无论从培养目标，专业设置、教学实践等多个方面都需要一定周期进行调整换项，因此从现有规模来看，相对有限，对于贯通一体化人才培养路径暂时具有一定的限制，在一定程度上难以满足进入职业教育的学生升学需求。

二、职业教育产教融合有待进一步深化

产业融合是职业教育发展的重要方向。党的二十大报告指出，要推进产教融合，优化职业教育类型定位。当前，我国为推进职业教育产业融合出台一系列的政策文件，取得了巨大的成绩，但在肯定成绩的同时，仍然要看到职业教育产业融合存在"学校热，企业冷"的问题，职业教育产教融合的根本问题是企业主体的作用没有得以充分发挥。

（一）从经费保障主体上看

据联合国教科文组织测算，职业教育的办学成本约为普通教育的3倍。党中央、国务院历来高度重视职业教育的经费投入，但职业教育的类型和特征决定了其在经费保障方面需要多方投入。从世界范围来看，各国在发展职业教育方面已形成以政府为主，多方主体共同办学的经费保障体系。目前，我国职业教育经费投入主要来自政府，企业在职业教育方面在经费投入上有所增加，但与一些发达国家相比，仍存在一定差距。例如，德国双元制职业教育在全球享誉盛名。在德国双元制职业教育体系建设和职业教育发展过程中，企业是重要的参与主体。从职业教育的经费保障来看，企业要承担约50%的职业教育成本。2018年，联邦政府用于双元制职业教育的公共支出达68.4亿欧元，企业则承担了77亿欧元经费（相当于双元制职业教育的全部净成本；总成本为256亿欧元）。企业平均每年为每个学员支付1.8万欧元，其中62%为生活津贴。[1]

（二）从教学资源供给上看

职业教育的人才培养既需要让学生在学校中获取相关理论知识和一定实

---

[1] Prasentationen zur dualen Berufsausbildung in Deutschland.www.govet.international/de/54880.php.

践技能，学生更需要在企业实践中获取大量的实践教学，实现学习过程与工作过程的相统一。当前，我国企业参与人才培养的主体作用逐渐增强，特别是现代学徒制试点工作开展以来，企业参与职业教育人才培养工作的积极性有所提升，但与职业教育较为发达的国家相比，仍有一定差距。例如，在德国，企业始终在双元制职业教育中发挥重要作用。通常情况下，学生每周1~2天在学校进行一般知识和专业理论知识的学习，3~4天在企业进行实践学习，且企业通常配备专门的培训人员对学生进行指导和教授。2018年，德国216万家企业中，约有42.72万家企业开展职业教育，占比达19.8%，并且大部分是大中型企业。每年有超过50万新生进入企业接受教育。2014年至2020年，每年企业提供的学习岗位占职业教育整体实践学习岗位的95%以上。2020年，受疫情影响，企业为学生提供约51万个学习岗位，较上年下降8.8%。接受双元制职业教育的学生，经过企业培训后，其受雇率高达96.4%。企业在教学无缝对接、提供实践学习岗位方面做出了巨大的贡献，为培养和储备技术技能人才方面发挥了至关重要的作用。[1]此外，企业会主动探索技术技能人才供给与需求面临的新机遇和新挑战。例如，2011年，德国提出工业4.0的概念，随着不断深入推进，由此引出经济4.0、工作4.0、职业教育4.0等多个概念。企业在提高生产率和获取更多商业利润的同时，对工业4.0背景下人才需求的新标准以及职业教育如何培养相应的人才展开了深刻的讨论和进一步的实践探索。从某种意义上讲，要先于职业学校进行此方面工作的准备和实施。企业是职业教育的方向标。产品的升级换代直接推动人力资源市场的需求变革，进而带动职业教育内容和形式上的更新和进步。

（三）从教师招聘选拔上看

目前，我国职业学校招聘教师一般情况是学校所在各地区或学校自身采取统一笔试，面试进行。招聘教师通常毕业于普通大学，学历水平高，但缺乏实践经验。在选拔标准上，还未能精准对接职业学校的特征与需求。近些年，我国在职业学校教师继续教育方面做了较多的努力，搭建多样化的教师学习发展平台，助力其专业发展，专任教师队伍整体素质得到了较大的提升。

---

[1] Bundesinstitut fuer Berufsbildung: *Datenreport zum Berufsbildungsbericht* ,2020,第56页。

但在招聘选拔方面仍与职业教育较为发达的国家存在一定的差距。

以德国为例。在德国，从事职业教育教师分为两类。一类是在职业学校工作的教师。在职业学校的教师通常毕业于普通大学或应用技术大学，获得学士学位或硕士学位。在学习阶段，除了要学习基础课程，如语言、数学、化学、职业道德等，还要接受1到2门的职业训练课程的学习，同时要学习职业教育学、具体教学方法，并且要在职业学校实习10周。这一学习阶段大约持续10个学期。接下来要进行考试，考试通过后要进入下一阶段的学习——教师培训中心进行学习。这一阶段学习内容主要包括两方面：一是在职业院校具体进行教学实践；二是学习教育学、心理学、教育法、学校管理以及职业教育教学法等相关内容。这一阶段学习大约持续一年半。之后再次进行考试，考试通过后，则具备了在职业院校任教的资格。一般来说，职业学校教师是公务员。职业学校教师主要教授一般及专业方面的基础知识和技能，侧重学生的理论知识架构，为他们在企业实践打下理论方面的基础。专业课程占到所有课程的2/3，一般课程占到所有课程的1/3。教师还需要组织、建构、评估整个教学过程。同时要培养学生的独立性和自主性，同时也要培养纪律性。总的来说，教育目标是支持和促进学生学习和成长。

另一类是在企业工作的实践型"教师"。在企业工作的实践型教师，通常毕业于双元制职业教育，三年的学习时间，至少六年的相关实践工作经验。在德国，较大规模企业的主要部门通常雇用实践型教师，专门负责在企业方面的职业教育培训工作。规模较小的公司，员工除了主要的日常工作外也要承担起企业方面的职业教育培训工作。在职业教育培训方面，他们就是实习生的主要负责人。在手工业工厂工作的实践型教师，一般需要一份"师傅信"。这是手工业领域实践型教师的资格证书。"师傅信"考试主要包括四部分内容：专业实践能力、专业理论知识、经济法律知识以及职业教育知识方面的考试。实践能力考试同样包括四部分内容：第一，预测及目标的制定。具体为评估考核市场环境并制定初级培训的计划，占考试内容的20%；第二，具体培训教学活动的准备工作，占考试内容的20%；第三，具体教学活动的实施。实施安排培训内容，占考试内容的45%；第四，引导教学活动的良好进行，占考试内容的15%。实践能力考试具体形式包括：3小时的笔试，30分钟的报告，15分钟的讨论。2009年，德国又颁发了两项新的双元制实践型教师的资格证书，这两项资格证书不是必须具备，但也是促进提升实践型教师的能力水平的认证。它们分别是：职业与继续教育教师资格证书，目的是更好地认证专业水平；职业教育教师合格证书，目的是加强实践型教师在教育和管理领域的专业技能。有一些特殊情况并不一定需要"师傅信"。例如，有些培训师虽然没有"师傅信"，但是企业方认为这位雇员个人素质和专业水平适合做"师傅"，或者他们有其他证书可以证明他们具备此方面的能力，也可以做培训工作。另外，不同工种对"师傅信"的要求也不同。对于电工、理发师等职业来说，"师傅信"很重要。对于电镀工、铸工等职业，"师傅信"也很重要，但并不强制要求培训师必须具备此证书。对于做冰激凌的工匠、铺地的工人等职业。一般来说，没有工匠师傅考试。通常情况下，如果个人在学徒期间获得了一定的专业资格证书，就可以在公司内部做培训工作。目前我国在推行中国特色学徒制方面，关于企业"师傅"的选拔、培养、激励等一系列管理制度，仍是短板弱项。

三、体制机制建设有待进一步健全完善

加快推进职业教育治理体系与治理能力现代化，需要职业教育实践在体制机制建设方面进一步健全完善。当前职业教育在体制机制建设方面存在一定的短板弱项，主要体现在以下几个方面。

（一）职业教育存在多头管理的问题

我国职业教育采取多元化管理体制，一方面由于职业教育与"跨界"教育的特征有关，涉及经济社会发展领域的各个方面，同时也立足于学校教育的基本办学体制；另一方面由于职业教育与普通教育融合共促的发展趋势。党的二十大报告既对职业教育、高等教育与继续教育协同推进提出了要求，同时对职业教育与普通教育融通融合提出了发展方向。因此，职业教育需要在管理体制机制上要协调好各方的利益，有效发挥好各方的积极作用。2004年，我国建立了职业教育工作部际联席会议制度。主要部门涉及教育部、发改委、财政部、劳动保障部、农业部等多方管理部门。但在具体教育实践中，职业教育主要由教育管理部门与人力资源和社会保障部门进行管理。教育管

理部门和人社部门在管理目标、管理模式以及方式方法上存在不同，且具备较强的独立性，在一定程度上出现多头管理、政出多门、职责交叉、力量分散等问题，统筹管理的合力效力发挥有待进一步提升。同时在区域职业教育发展层面上，教育部门、地方政府、行业企业等多条线管理，也容易导致地方政府统筹职业教育的责任在落实过程中存在壁垒和障碍，市级政府在对辖区内职业学校经费投入等方面统筹能力不足，造成职业学校在布局上存在一定的不合理现象，在专业设置上存在一定的不科学现象，导致重复建设、资源浪费等发展低效能的问题。

（二）促进产教供需精准对接的数字化平台建设水平仍需提升

2017年、2019年我国关于深化产教融合的文件中分别提出要"打造信息服务平台""打造产教融合重大平台载体"。信息化、数字化平台建设有利于打破产教融合的物理空间壁垒，将产业需求方与教育供给方的需求快速精准对接，提高产教融合，供需匹配的效率。但在目前来看，职业教育领域数字化信息平台升级主要应用于在职业学校校园数字化建设、网络教学、智慧教育等方面。在产教融合、校企合作方面进展仍不大。职业学校长期以来习惯于与行业、企业的物理对接，但是在面向新经济、新业态、新技术以及新的职业发展方面，信息沟通容易模糊滞后，不能够快速做出产教融合的反应与连接。从全球范围来看，德国虽然数字化基础设施建设、公共服务等方面在欧盟排名处于中等水平，与美国以及亚洲部分国家相比，甚至存在较大差距。但是信息化、数字化平台在德国职业教育产教融合方面的应用较为广泛且有效。行业协会在德国双元制职业教育发挥重要桥梁作用，连接学校与企业的供需。在行业协会组织下，各地拥有促进校企合作的网络平台。平台既有按照行业、地区等信息进行划分的在企业学习岗位的信息，同时还有学校进行实践学习的需求信息。同时还有一些人性化、智能化的信息和功能及时显示和更新，例如，岗位需求量排名显示；按首字母进行搜索查找功能等。在当前数字化、信息化高度发达、信息快速流动、创新不断涌现的时代，产教融合治理能力与治理体系现代化水平需要有效利用信息化数字化手段，在数字平台建设方面得以进一步提高，有效促进产教深度融合，产教融合命运共同体的建设。

（三）混合所有制办学制度有待优化

当前，混合所有制办学是职业教育发展的重要方向。职业教育需要面向市场、面向产业，呈现高水平开放的发展态势。职业教育既要激发多元主体办学的积极性，又要适应社会主义市场经济体制，实现学校与行业企业两者紧密连接。混合所有制办学的典型代表即为产业学院。目前混合所有制办学主要面临以下几个问题。一是从新型办学主体内部治理来看，要明晰校企双方在权力、职责和利益上的归属；要设计科学、合理的股权结构和出资方式；要优化好资本退出机制；要完善好管理监督机制；要处理好党委会与董事会的关系，在决定和解决学校办学决策中的大事要事上，采取政治方向正确，且有利于学校发展的方式方法。既要走出公有办学的固有模式，促进学校办学创新，激发多主体办学活力，但同时要避免教育产品公共属性与资本逐利属性的冲突。目前在职业教育实践中，已经出现企业参与办学，要求高收费分红；或是企业以参与混合所有制办学为名，实则"卖设备"等情况；同时也出现改革不活，治理体系陈旧，仍是公办职业院校的"老办法"，在实现社会效益的同时，忽略经济效益的提升。二是从政府宏观治理看，混合所有制办学推动的不仅仅是内部治理问题，还包括政府在治理能力的提升与创新。2020年、2021年，山东、江西以及浙江等省印发推进职业院校混合所有制办学的相关政策，均为教育厅等14个或15个部门联合印发。从制度成本上来看，混合所有制办学制度成本较高，需要明确各个管理部门的职责，做好协同治理工作，加强合力作用。只有不断优化提升混合所有制办学的现代化治理能力，完善治理体系，才能充分释放混合所有制办学的活力。

（四）职业教育高考制度仍需进一步完善

2019年，《国家职业教育改革实施方案》一是确立了职业教育是类型教育，二是明确了职业教育与普通教育同等重要。同时提出要建立职教高考制度。党的二十大报告则提出要优化职业教育作为类型教育的地位。职业教育从层次教育转变为类型教育，需要在政策推动、制度健全、标准制定以及育人模式等方面进行调整。推动职业教育高考改革则是优化职业教育类型教育地位的重要抓手。在传统高考制度下，职业教育生源选拔机制始终是处于层次教育范畴之内，学生需要通过普通高校统一考试，随后进入高等职业专科教育或职业教育本科层次。这样的招生选拔机制，既影响了职业教育生源质量，冲淡了职业教育对人民群众的吸引力和认可度，同时也降低了职业教育选择适合生源的精准度，降低了职业教育对技术技能人才培养的效率。因此，职业教育在实现从量变到提质的过程中，推动职业教育高考改革，凸显职业教育对类型教育具有极为重要的意义。目前，我国已在山东、江苏、江西、四川、重庆、福建、安徽等省份进行职业教育高考试点工作。但从具体实践来看，还存在一些问题和不足。从国家层面来看，国家宏观框架设计已出台，但在指导意见和实施细则方面仍有所欠缺。一定程度上会造成各地标准不一，社会对职业教育高考制度改革的认可度不高的问题存在。从省域层面来看，由于目前职业教育高考改革还处于试点探索阶段，在省级层面设立职业教育高考的考试管理和实施机构的省份仍占少数，同时，省级统考的中职学业水平测试也未建立。职业技能测试命题和实施下放至招生学校，规范性与权威性需要进一步加强。从学校供给来看，目前职业教育本科层次的学校相对较少，发展规模尚处于逐步扩大的阶段，学生参加职业教育高考主要以高等职业教育专科学校为主。同时在跨校录取和跨专业录取方面还存在一定的条件限制。职业教育高考改革制度仍需要不断地优化完善，使其成为高职招生的主渠道。

第四节　提升职业教育发展水平的实践路径

一、提升职业学校关键办学能力

2022年12月，中共中央办公厅、国务院办公厅印发了《关于深化现代职业教育体系建设改革的意见》，这是在党的二十大胜利召开之后，党中央、国务院部署教育改革工作的首个指导性文件。文件中提到要"提升职业学校关键办学能力"。提升职业学校关键办学能力是我国职业教育由大变强，由强变优，推动实现中国特色现代化职业教育自立自强的根本和基础。提升职业学校关键办学能力要突出回应、适应、引领新的变化和新的需求，即面向现代制造业、现代服务业、现代农业的急需专业领域；加快发展智慧教育，实现优质资源的扩大共享，服务全民终身学习和技能型社会建设。不断夯实基础，即从基础设施建设、师资队伍建设、教育教学质量建设以及产教深度融合等方面进行全方位高质量的提升。

（一）推动办学条件达标工程

办学条件达标工程是推动职业教育提质培优，构建职业教育现代化体系的基础工程。办学条件不优、基础能力不足直接影响技术技能人才供给的数量和质量，也无法满足人民群众对职业教育的期待和向往。推动办学条件达标工程，一是要加大职业教育经费投入。进一步落实新增教育经费向职业教育倾斜的要求，优化统筹国家、省、市（县、区）各级财政经费投入制度，加大财政经费投入，加大结构倾斜力度。支持和鼓励社会力量、民间资本进入职业教育，健全实现职业教育多元化经费投入保障体系。确立企业在职业教育办学主体地位，加强企业促进发展职业教育的优惠政策和奖励政策体系建设，实现企业在职业教育经费投入的主体作用。创新投入办法，推动社会组织、基金会、捐赠等多种经费投入形式实现。建立与办学规模、培养成本、办学质量等相适应的财政投入制度，建立健全政府、行业、企业及社会力量多元投入机制，加快改善职业教育的办学条件，让职业教育更优质、更公平。二是完善监督奖惩机制。省市县各级政府要承担主体责任，积极解决在校园占地面积、校舍面积、在校生规模、专任教师数量离教育部2010年修订发布的《中等职业学校设置标准》尚存较大差距的中等职业学校的问题。健全达标通报机制，对于办学规模偏小、办学质量差、办学效益偏低、社会不认可、各项指标严重不达标的"空小散弱"职业学校要依法进行合并或终止办学，确保职业教育资金投入的效能。三是加大对中西部职业学校帮扶力度。深化东西部职教对口帮扶、合作共建，秉持"优势互补、资源共享、合作共赢"的原则，深化共建共融，共同提高职业教育发展质量，谱写职教改革新篇章。

（二）持续推进各项职业学校高质量发展计划

各项职业学校高质量发展计划是建立在提升职业学校关键办学能力基础

之上，推动职业学校发展实现阶梯式发展的重要手段。例如，自2019年"双高计划"正式启动实施，高等职业教育取得了突出的成绩。截至2021年，197所"双高计划"建设单位共设置绩效指标108347个，3年总投入超过439亿元，其中中央财政资金投入62.58亿元，带动地方财政投入144.65亿元，举办方投入6.74亿元，行业企业投入54.55亿元、学校自筹170.57亿元，中央财政撬动效应明显。①未来，一是要继续扎实推进"双高计划"。强化质量保障评价体系建设，充分发挥"双高计划"建设单位的头部带动效应。在高质量推进高等职业教育"双高计划"的基础上，立足区域经济社会发展重点、职业教育发展特色，深入推进省级"双高计划"。二是推进实施中等职业教育"双优计划"。集中力量建设一批能够发挥示范引领效应和作用的中等职业学校和专业，逐步夯实中等职业教育在一体化人才培养体系中基础性的地位。三是推动产教融合特色项目的创新发展。在国家层面重大专项的引领带动下，鼓励和支持各地立足职业教育区域发展特色，根据区域经济社会发展方向，统筹各类资源，建设市域产教联合体、产业学院等项目，发挥产教、产城、校地融合的合力，深化产教融合、校企合作，提升职业教育服务产业发展、服务区域发展的能力和水平。持续推进职业教育信息化、资源数字化建设与更新，加强产教融合信息化平台建设，高水平建设智慧教育平台，拓展产教融合数字化的延伸与发展。

（三）加强"双师型"教师队伍建设

"双师型"教师队伍是推动职业教育高质量发展的核心力量。加强建设"双师型"教师队伍，既要在职业学校教师继续教育上发力，又要健全职业学校教师培养、招聘和选拔机制；既要建设职业学校师资力量，又要加强行业企业"导师""师傅"队伍的建设与培养。一是健全完善"双师型"教师认定工作。根据教育部办公厅《关于进一步加强全国职业院校教师教学创新团队建设的通知》，推进职业教育"双师型"教师认定工作，指导各地制定省级"双师型"教师认定标准、实施办法。二是形成职业教育"双师型"教师培养

---

① 中国教育科学研究院、全国职业高等院校校长联席会议编著：《2022中国职业教育质量年度报告》，高等教育出版社，2023，第57页。

培训相结合的专业成长体系。实施全国职业院校教师素质提高计划，遴选一批高校开展职业学校教师专业学位研究生定向培养。依托企业和职业学校建设一批职业教育"双师型"教师培养培训基地，培育一批教学创新团队、名师工作室和技艺技能传承创新平台。职业学校可设立产业导师特聘岗，聘请企业技术人员、高技能人才以兼职任教等灵活方式到校工作。三是拓宽行业企业高级技术技能人才进校任教与学校教师入企实践路径。实施职业学校名校长名师（名匠）培育计划，采取固定岗与流动岗相结合的方式，吸引行家里手到职业学校任教。支持职业学校根据有关规定和岗位需求，自主设置公开招聘条件、创新考试考核方式，职业学校外聘的高层次、高技能人才可实行年薪工资、协议工资、项目工资等灵活分配形式，其薪酬发放数额不纳入绩效工资总量管理，实行单列管理。鼓励职业学校教师经学校批准后到企业实践，以增长教学经验，帮助企业革新创造，允许其从企业获得劳务或咨询、技术、培训等服务报酬，其获取报酬除依法纳税外，无须另行申报批准。四是加强对企业导师队伍建设。优化完善企业导师的遴选、培养培训、激励以及相关利益保护等制度体系，充分发挥其在职业教育人才培养过程中的重要作用。

二、拓宽技术技能人才成长发展通道

拓宽进入职业教育学生成长发展通道是增强职业教育吸引力、认可度，满足人才共建共享教育发展成果，发挥其技术技能人才供给社会功能的重要手段。拓宽学生成长成才通道需要树立系统全面的理念，既要健全职业教育自身系统一体化人才培养体系，又要加强职业教育与普通教育协同融合；既要提高职业教育人才供给和技术创新支撑能力，又要营造有利于技术技能人才成长发展的良好社会生态。

（一）推进人才培养的一体化

推进一体化人才培养，既有利于对接产业链对不同层次技术技能人才的需求，人才培养能够系统规划、持续推进，同时以产业链对接人才链与创新链，形成"链链结合"；又有利于技术技能人才在大专业、大领域内不断地进步与发展，以产业群对接专业群，形成"群群相融"。推进人才培养一体化，一是持续提升各个阶段职业教育的质量。在提高基本办学条件达标的基础上，创新中等职业学校职业教育与通识教育同等重要的课程体系，提高高中阶段中等职业教育的教育质量和育人能力。高等职业教育要紧密对接经济社会发展需求，动态调整专业结构设置，提升专业（群）建设水平。逐步扩大职业教育本科层次发展规模，加大培育高质量工程技术人才在工艺流程、技术开发等领域的创新能力。二是制定一体化培养体系。要充分发挥高职院校办学主体作用，探索开发一体化开发人才培养方案和课程标准，推动一体化教学改革。三是创新一体化人才培养建设方案。以山东、广东、江苏等试点省份的经验做法为案例进行科学分析和研判，进一步创新完善一体化人才培养建设方案。鼓励支持各省因地制宜制定一体化培养建设方案，完善职业教育分类培养与职教高考方案相结合。

（二）推进职普融通

职普融通是拓宽人才成长发展渠道的重要路径。从广义上讲，职普融通不仅为进入职业教育受教育者提供更多受教育的机会，同时也能够增强普通教育受教育者学业专业性与职业性，丰富知识积累和技能储备。推进职普融通要在两种教育类型的各个阶段进行，要完善相关融通机制，促进不同教育者共享优质资源，拓宽成长发展通道。一是建立健全职普融通机制。打破职业学校与普通高校在物理空间上的壁垒，推动实现职业教育与普通教育在学习成果和学分上互换，发挥各类教育特色优势，实现职业学校与普通高校教学资源线上线下共享。畅通职业教育与普通教育在升学通道，构建"立交桥"学习体系，满足人民群众多样化教育需求。二是推动普通本科与职业教育在专业（群）建设发展、促进行业发展以及科学研究与技术创新的互促共进，丰富各自领域，实现从科技成果研发到转化的无缝对接。三是加强中小学与职业教育的融合。推动中小学职业体验、职业启蒙教育，根据中小学生身心发展特点，设置相关课程，让学生对未来进入工作世界的专业、职业与行业领域，有更为充分、全面的了解和早期准备。利用职业教育活动周，扩大职业教育面向中小学、面向社区等的社会影响力，营造职普融通的良好社会氛围。利用职业学校作为中小学劳动教育基地的优势，创新职普融通多样化类型。四是继续推进技能社会建设。加大对高校毕业生技能培训力度，缓解高校毕业生"缓就业""慢就业"带来的人力资源滞后利用的负面效应，畅通人才选拔渠道，推动实行多样化人才选拔模式，实现人才技能掌握多元化，成长发展多平台，实现价值多渠道。

（三）提高技术技能人才待遇水平

提高技术技能人才待遇水平是增加职业教育吸引力和认可度的重要抓手。提高技术技能人才待遇水平既要从薪资水平、社会保障等方面进行提升，还要优化健全技术技能人才评价体系，提升其社会地位，营造尊重人才、认可人才的良好社会氛围。一是加大职业教育与技术技能人才的宣传力度。在内容上，加大对职业教育是与普通教育同等重要的教育类型的宣传力度，加大对人人皆可成才的宣传力度。让全社会认识到职业教育在人才培养供给方面做出的巨大贡献，认识到进入职业教育学习的孩子同样能够实现自身的宝贵价值，认识到技术技能人才、工程技术人才都是人才体系中不可或缺的重要组成。从形式上，充分利用职业教育活动周等社会影响力，创新宣传手段和办法，让人民群众切实走近职业教育，走进职业教育，了解职业教育。二是提高技术技能人才就业质量。从实践中不断提高技术技能人才的薪资水平，健全其社会保障体系，搭建不断拓展技术技能人才的岗位供给平台，促进其实现高质量充分就业，共建共享改革发展的成果。三是健全技术技能人才评价体系。通过健全职业资格评价、职业技能等级认定和专项职业能力考核等内容，完善多层次的职业技能评价制度。

三、加强高水平的职业教育对外开放

1985年，《中共中央关于教育体制改革的决定》中指出，"教育体制改革要总结我们自己历史的和现实的经验，同时也要注意借鉴国外发展教育事业的正反两方面的经验……要通过各种可能的途径，加强对外交流，使我们的教育事业建立在当代世界文明成果的基础之上"。提高国际影响力始终是我国国际合作交流和对外开放政策的一个重要方面。党的十八大以来，我国综合国力和国际地位有了显著的提升，日益走近世界舞台中央。我国已经进入了全面发展、合作共赢、推动构建人类命运共同体的新时代。在教育对外开放领域，我国坚持深化人类命运共同体理念，推动"一带一路"教育行动计划。

未来，将继续以教育对外开放强发展、促交流，提高国际影响力，服务国家战略作为职业教育对外开放的重要目标。

（一）建设具有中国特色的职教品牌

处于新发展阶段，立足新发展格局，我国职业教育对外开放正处于从单向借鉴学习发达国家经验做法发展阶段转为与全球共建职业教育命运共同体。过去几十年，我国学习德国双元制职业教育，学习英国学徒制，不断探索构建具有中国特色的职业教育现代化体系。建设具有中国特色职教品牌意味着中国不仅向全球职业教育发展先进的地区学习，同时也要向全球贡献中国智慧、中国方案，这标志着我国职业教育对外开放迈向更高的水平。建设具有中国特色的职教品牌，一是继续提高职业教育办学质量。健全完善顶层设计，按照职业教育发展方向，针对职业学校办学的短板弱项以及职业教育在应对经济社会发展需求面临的新问题和新挑战，统筹职业教育国家发展战略，突出职业教育区域发展规划，实施专项行动计划，不断提升职业教育办学质量。二是不断创新职教品牌。继"鲁班工坊""丝路学院"之后，培育一批能够体现中国技术、中国工艺、中国产品的职教品牌，进行国际技术交流与人文交流，建设职教"软实力"的撬动力量。三是建设专业数字教育资源库。依托现有专业优势，形成一批具有专业标准、国际影响力的数字课程，教学资源。

（二）创新国际交流与合作机制

当前，职业教育领域的国际交流与合作呈现多样化发展态势。创新国际交流与合作机制，有利于深化互鉴成果，提升对外开放能力，提升国际影响力。创新国际交流与合作机制，一是持续推动"走出去"。继续参与和办好全球范围职业教育各类大会和各项技能大赛。提高世界级会议和赛事作为重要国际交流合作资源的效能，以会、以赛促交流共合作。充分发挥职业教育国际交流合作平台的积极作用。伴随职业教育服务共建"一带一路"，依托现有职业教育"走出去"的平台，创新"中文+职业教育"特色项目，培育一批服务当地中资企业、助力国家发展、实现自我价值的本土技术技能人才。加强技术技能人才和技术服务，促进国际产能合作。主动参与国际职业教育分工，对标国际一流专业标准，推动专业本土标准与国际标准对接融合。二是积极做好"引进来"。吸引国外职业学校、行业企业等进行访问、学习和交流。不断扩大留学生培养规模，提升留学生培养质量，完善留学生培养管理评估，提高我国职业教育办学影响力。持续引进吸收国际优质教育资源，以"太仓经验"为案例，创新推广国际优质教育资源与本土人才培养的有效融合。三是逐步建立国际职业教育政策双向对话机制，加强在重大国际职业教育政策制定和全球性职业教育重大问题中的沟通与协调。深化国际产学研用合作，探索建立中外合作办学机构。[①]

（三）提高教师队伍国际化建设水平

教师队伍国际化水平的建设有利于提高我国职业教育对外开放水平。从目前师资队伍建设情况来看，与普通高校相比，职业教育教师队伍进行专业领域的国际交流合作起步较晚，规模较小，水平有待进一步提升。打造一支高水平国际化的职业教育教师队伍，一是练好基本功。教师提高自身专业能力专业水平，同时要增强英语及其他语言的应用能力，增强对国际规则、国际惯例的学习能力，提高国际对外交流的基本技能，培养一支"双师双能双语"高质量人才队伍。二是积极参与国际项目。鼓励和支持教师参与国际性教学研讨、技能大赛以及科研交流等活动，鼓励和支持教师主持专业领域国际项目，在世界范围内吸收相关领域的专家学者。三是持续拓宽职业学校教师出国访学、研修等路径。搭建有利于教师拓展国际视野，促进专业职业技能与文化交流等多样化平台，促进和支持教师进行国际化的培养与训练，不断提高教师队伍国际化建设水平。

[①] 张雪莲：《发力"双高计划" 拓展高职教育》，《山西日报理论周刊》2022年3月1日，第10版。

第七章　加快建设学习型社会

——推动终身教育新发展

　　2013年，国家主席习近平在致联合国"教育第一"全球倡议行动一周年纪念活动的贺词中指出，中国要努力发展全民教育、终身教育，建设学习型社会，努力让每个孩子享受受教育的机会，努力让13亿人民享有更好、更公平的教育。这为我国推动终身教育的新发展指明了总体方向。党的二十大报告中指出，要"建设全民终身学习的学习型社会、学习型大国。"加快建设学习型社会、学习型大国，是提升全体国民素质、为全面建设社会主义现代化国家深度开发人力资源的客观需要。这也是对我国新时代具有可持续发展教育制度环境和更为健全的实施条件的基本判断。在应对新的一轮科技革命和产业变革，推动国家财富增长和民众福祉提高，越来越依赖知识和创新的积累。我国要成为人力资源大国和人力资源强国，需要推动全民终身教育，为新时代促进人的全面发展和经济社会可持续发展注入强大动力。

第一节　终身教育的基本认知

一、终身教育的概念与主要特征

终身教育不是一个新的话题，但在新的时代赋予了新的内涵和意义。厘清终身教育的基本概念和主要特征，有利于对如何实施终身教育，加快建设学习型社会提供基本科学的判断与遵循。

（一）核心概念的界定

1.终身教育

目前学术界普遍认为，"终身教育"的概念是在1919年首次出现在英国的成人教育文件里。可以说，这是将终身教育纳入现代教育体系的重要标志。1965年，"终身教育"正式被保罗·朗格朗（Parl Lengrand）在联合国教科文组织主持召开的成人教育会议上提出。在这50年的时间里，研究者和实践者始终未能对终身教育形成相对统一且权威的概念。这与当时教育理论发展水平和教育实践探索有着直接的关系。

从目前来看，关于"终身教育"的概念，主要有以下几种代表性的观点。一是从终身教育时间周期来看，终身教育并不是某一阶段性的教育，在时间上是关于人一生的教育，且终身教育是一种思想和原则，是关于生活工作全部的教育的总和。二是从终身教育目的来看，终身教育是个体为了提高生活质量，提升自身成长发展而进行的教育和学习。其中包括正规教育、非正规教育以及非正式教育。三是从终身教育与学校教育的关系来看，终身教育包括学校教育以及学校教育之后的教育综合，并结合第二种终身教育的目的，以及第一种终身教育持续的时间进行论述。这三种观点在表达和侧重上都有所不同，但他们共同的观点是认为"终身教育包括人一生所受的各种教育的总和"。从纵向上看，终身教育从个体出生延续到个体死亡；从横向上看，终身教育融汇人发展的各个阶段及各个方面的教育活动。

2.终身教育与终身学习、学习型社会的关系

除以上从终身教育内涵进行分析外，有另外两个经常与之相伴而提的概念需要大家界定清楚，就是"终身教育"与"终身学习"。"终身教育"作为一种教育思想和教育理念，应该是古已有之的，它伴随着知识的出现而出现。比如，我国先秦时期的思想家庄子曾说过："吾生也有涯，而知也无涯"（先秦·庄周·养生主）；古希腊雅典著名政治家梭伦也说过"活到老，学到老"。目前终身教育思想和教育理念已经成为很多国家教育改革的指导方针，我国亦是如此。何光全、何思颖在《全球视域下的终身教育发展脉络》（《终身教育研究》2019 年第 1 期）一文中认为，"终身教育"（lifelongeducation）与"终生教育"是同一个概念，都是指"从摇篮到坟墓"跨越"一生"的教育。一般认为，"终身"与"终生"之区别，在于"身"和"生"。而从习惯组成来看，"终身"一词的意思是"一生""一辈子"，"终生"一词的意思是"一生"。也就是说，这两个词均含有"一生"之意，并无明显区别。因此，后来人们一般就统一称之为"终身教育"。"终身学习"在时间周期、学习目标，包括学习内容都和"终身教育"等同，但是"终身学习"是从学习者或受教育者的角度来看，而"终身教育"则是从教育者的角度来看。"终身教育"和"终身学习"都对当前促进经济社会发展和人的全面发展具有重要意义。终身学习又特指"学会求知，学会做事，学会共处，学会做人"，这是21世纪教育的四大支柱，也是每个人一生成长的支柱，当然更是终身教育的主要支柱。

"终身教育"与"终身学习"是从不同的角度提出来的，前者是从接受教育的角度而言，后者是从学习的角度提出来的，这是两个概念，不能等同。终身教育强调制度层面，终身学习强调个体层面，学习型社会强调社会形态方面。三者不可分割，也在一定程度上反映了通过终身教育环境和制度的打造，让人民群众形成终身学习的习惯和方式，进而形成学习型社会，发展型社会。终身教育面向人人，终身学习人人可有，学习型社会人人可建，整体突出了终身教育的全民性和全面性。

（二）终身教育的主要特征

终身教育作为一种教育思想、一种教育实践活动，有其内在的本质特征，主要体现在以下几个方面。

1.政府的主导性

作为一种教育形式，首先要明确的是举办教育的主体是谁，而从这个角度而言，从终身教育这一概念提出至今，推动终身教育发展的主体主要是各级政府和组织，举办者也主要是各级政府和组织，换言之，终身教育的举办者应该主要是各级政府和组织。从目前各国和各地区的立法过程以及法律条文也可以看出，终身教育是需要政府主导和驱动的大事，唯有明确政府的责任和义务，才能从根本上保证整个终身教育体系建设能够在有组织管理、有统筹协调、有质量保证的情况下进行。比如，日本在国家和地方政府两个层面确定了各自的角色和职能，以加强终身教育的体制建设。其主要经验有：明确文部省的职能，在文部省设立终身学习局，建立国家级推进机构；确定全国性推进政策；明确地方政府推进终身学习的责任；加强终身学习的宣传普及。我国终身教育的发展历程同样证明，有政府的推动，各地的终身教育发展就会较为顺利，反之亦然。

2.学制的终身性

从传统意义上来说，每一种教育都有其一定的学制，学制也是一个国家根据其教育方针、教育政策对各级各类学校的任务、学习年限、入学条件等所作的规定，这里的学制主要指各级各类学校的学习年限。按照各国教育的相关规定，大部分传统的制度化学校都有学习年限的规定。例如，德国中小学教育分为9年或10年，本科教育通常为4年，双元制职业教育为2~3年不等。终身教育不同于具有较为严格规定的学制化教育，它突破学校教育在学制上的限制，更多着眼于个体的整个生命周期，且与学习过程、学习内容紧密统一。从各国教育的实践来看，终身教育目前主要是形成开放的、弹性的教育结构。例如，日本改革高等教育，扩大社会成员进入高等教育的通道，建立向社会开放的高等教育机构；强调中小学扎根社区，向社区开放；倡导"学社融合"，加强家庭、学校和社区的合作；强化社会教育，特别注意为老龄者接受教育提供帮助；把文化、体育纳入终身学习体系。这样的终身教育其学制没有固定明确的规定，可以说是终身的，从这个角度而言，终身教育的学制具有明确的终身性。

3.对象的全民性

与学校教育相比，终身教育对象更具广泛性和全民性。终身教育面向人人已经在全球范围内达成共识。终身教育的全民性意味着教育对象涵盖所有想要接受教育的个体，其中也包括弱势群体和残障人士。从政府层面来看，终身教育具有一定公共产品属性，政府应尽可能提供公共服务供给，提供各类教育资源和教育途径，满足全民多样化学习需求。从社会办学角度来看，积极鼓励和支持社会力量进入终身教育，丰富终身教育的产品和资源，同样也为拥有不同学习目的的受教育者提供了更为全民性与全面性的教育平台。总而言之，个体只要想学都可成为终身教育的受教育对象，正如习近平总书记所说的"人人可学"的教育就是如此，这体现了教育对象的全民性。

4.时空的广泛性

传统的教育在一定程度上没有脱离时间和空间的限制，而终身教育的一大特征就是摆脱了传统教育的壁垒，突破了制度化的时间、空间限制，有一定的时空广泛性。俗话说"活到老，学到老"，终身教育的这种特性适合任何人在任何时间、任何地点进行学习。其弥补了一些传统教育存在的不便捷性，是传统教育不可比拟的，这种开放、自由的教育模式，可以不受二元价值观点的限制，根据喜好需求、提升需求等进行自由选择，能让学生的主动性变得更强。

5.学习渠道的多元性

从全球范围来看，由于终身教育举办者多元，学习资源供给者多样，相比较于学校教育，终身教育学习渠道更加丰富、多元。政府、行业企业、各类社会组织、基金会等都可以作为终身教育系统学习渠道的建设者和来源者。例如，在德国，0~3岁幼儿书籍阅读可以来自当地图书馆，也可以在进行身体检查的诊所或医院获得。德国的双元制职业教育与继续教育离不开政府、学校、企业以及社会组织提供的各类学习平台和学习资源。德国的行业协会、工人联合会、教会以及基金会都会作为继续教育或职业培训的举办者。在韩国，《韩国教育法》中明确提出，可以利用一切可以利用的设施进行办学。美国则是通过社区学院、高校以及工厂企业进行继续教育。同时，美国在1976年通过的《终身学习法》中对如何实施终身学习作了规定。其中提到要建立教育中介机构以及增加非学校学习的机会。在英国，产业大学、国家推广学院、开放大学都是重要的成人教育机构组成。在英国政府看来，人民的终身教育至关重要，它是英国应对经济社会快速发展的有力举措。公民在完成中小学教育之后，社会还应为其提供终身学习的机会，并且要在制度设计上给予支持和保障。

6.教育内容的实用性

终身教育与职业教育、继续教育、老年教育均有所交集。职业教育、继续教育与老年教育在学习内容上更多地为满足学习者提高生活品质、增加职业能力以及提升自我素质等方面。与学校教育相比，终身教育的学习目标、学习内容更具有实用性和多样性的特点，为学习者提供更为实用的知识与技能，对学习者具有更为直接具体的帮助和提升。例如，德国在第一次世界大战前开展的成人教育，通过举办学习班、学习小组等，教授社会阶层相对较低的劳动人民较为通俗易懂的文化知识和最新的科学知识。随着时代的进步和发展，在20世纪90年代末，德国公民参与继续教育与成人教育主要是为了服务工作，提升工作专业能力，适应和选择新的岗位。德国政府鼓励德国公民进行终身教育也是为了增强工作技能、降低失业率。

二、我国现代终身教育的发展历程

我国现代终身教育的发展历程大致为：终身教育的概念，由20世纪70年代末传播至我国，我国终身教育开始逐步探索酝酿；20世纪80年代中期开始，终身学习思想逐步深入人心；20世纪90年代末期到现在，终身教育体系逐步建立完善，政策制度逐步优化，终身教育在全国范围内进行广泛而深入的开展，形成良好的社会氛围。

（一）终身教育思想在我国的传播

1. 终身教育思想在我国的传播

"终身教育"这个概念来源于西方欧美国家，随后通过联合国教科文组织的大力推广，影响了世界各国的教育发展。传统观念认为，终身教育在我国的导入与传播，首先是通过民间学者自发研究的形式进行的。①学者主要通过撰写文章，将终身教育作为一种全新的教育理论，一个全球值得关注的教育思潮介绍给国人。同时还将终身教育产生发展的背景和意义，当时社会流行的主要观点以及全球范围内推行终身教育的情况作细致介绍。随后，随着联合国教科文组织的《学会生存：教育世界的今天和明天》（1979年版）和《终身教育引论》（1985年版）两份重要报告在我国的相继翻译出版，对终身教育在我国的广泛传播与深入研究产生了重要影响。20世纪80年代，我国学者开始对终身教育进行深入的理论讨论。当时从国际环境来看，第三世界国家逐步崛起，国与国之间的制衡和竞争日益凸显，通过接受教育来提高国家竞争力的共识在全球广为流传，同时各国公民要求打破阶层壁垒，争取公平教育机会的呼声也越来越高。从我国内部社会环境来看，当时我国正处于改革开放初期，经历了十年"文化大革命"，工作重心逐步转移到经济建设上来，而要促进经济社会发展，需要不断提高劳动者的素质，相互促进共同发展的学校教育与社会教育越来越受到重视。随着经济和社会的发展，尤其是进入知识型社会以来，全球不断涌现创新，知识迭代更新速度飞快，终身教育思想更加受到关注，实践的不断探索为20世纪90年代末期终身教育理念进入我国教育政策层面奠定了坚实的基础。

随着成人教育和终身教育的专业组织相继成立，成为中国成人教育、职工教育及终身教育实践活动、理论研究和学术交流的重要载体和推动力量。1981年，全国性专业协会"中国成人教育协会"成立。迄今为止，我国已有中央各部委行业职工教育协会、学会20多个、地方成人教育协会、学会40多个，专业机构、团体30多个；还相继成立了成人高等教育理论研究、农村远距离教育、成人教育科研机构工作、成人教育期刊工作、少数民族成人教育、成人中专教育、农村成人教育、企业教育、扫盲教育、高中后教育等专业协会。与此同时，终身教育专业人才的培养也提上了议程。从世界发达国家的实践来看，专业研究与专业人才培养是推动终身教育的重要手段。由于终身

---

① 最早向国内介绍国际终身教育思潮的文献是《终身教育：一个值得关注的国际教育思潮》《回归教育：一种新的教育理论》。

教育在我国深入开展，1993年，我国第一个成人教育学硕士点在华东师范大学率先设立，开始着手终身教育理论研究与实践专业人才的培养。目前，我国已有20多所高等学校在培养成人教育、终身教育方面的硕士、博士层次的专业人才。

2.国家对构建终身教育体系作出重大部署

1993年，中共中央、国务院颁发了《中国教育改革和发展纲要》，首次在中央文件中正式提出"终身教育"的概念。1995年颁布的《中华人民共和国教育法》明确提出"国家鼓励发展多种形式的成人教育，使公民接受适应形势的政治、经济、文化、科学、技术、业务教育和终身教育"，并规定国家逐步建立和完善终身教育体系。1998年，《面向21世纪教育振兴行动计划》，要求到2010年基本建立起终身学习体系。2002年、2003年是我国终身教育推进的关键之年。2002年出台的《2002—2005年全国人才队伍建设规划纲要》提出了发展终身教育战略思想：构建终身教育体系；在加快普通教育发展的同时，大力发展成人教育、社区教育；形成终身化、网络化、开放化、自主化的终身教育体系；加强终身教育的规划和协调；完善有关法律法规；开展创建"学习型组织""学习型社区"活动，促进学习型社会的形成。2002年11月，党的十六大报告明确提出"构建终身教育体系""形成全民学习、终身学习的学习型社会，促进人的全面发展"。2003年12月，中共中央、国务院又发布了《关于进一步加强人才工作的决定》，其中对发展终身教育进行了部署，提出要"加快构建终身教育体系，促进学习型社会的形成。在全社会进一步树立全民学习、终身学习理念，鼓励人们通过多种形式和渠道参与终身学习，积极推动学习型组织建设和学习型社区建设。加强终身教育的规划和协调，优化整合各种教育培训资源，综合运用社会的学习资源、文化资源和教育资源，完善广覆盖、多层次的教育培训网络，构建中国特色的终身教育体系"。2007年中共第十七次全国代表大会政治报告中提出："发展远程教育和继续教育，建设全民学习、终身学习的学习型社会"的宏伟目标。2009年，党的十七届四中全会提出"把各级党组织建设成为学习型党组织"的目标。2010年7月，党中央、国务院颁布的《国家中长期教育改革和发展规划纲要（2010—2020年）》，提出"到2020年，基本实现教育现代化，基本形成学习型社会，进入人力资源强国行列"的战略目标。2019年发布的《中国教育现代化2035》提出到2035年"建成服务全民终身学习的现代教育体系。……建成人人皆学、处处能学、时时可学的学习型社会"；十九届四中全会提出"构建服务全民终身学习的教育体系"，十九届五中全会提出"完善终身学习体系"。党的二十大报告提出"教育、科技、人才是全面建设社会主义现代化国家的基础性、战略性支撑"，明确要求"推进教育数字化，建设全民终身学习的学习型社会、学习型大国"。

（二）我国现代终身教育的发展历程

我国现代终身教育的发展，经历了传入阶段的缓慢发展期，改革开放以来的探索期与进入新时代以来的快速发展期，其三个阶段的发展历程与当时的社会经济发展水平息息相关。

在改革开放之前，终身教育的理念虽然进入了我国，但是人们认识很少，若要往前追溯，则主要有"以创办学会、陈列所等通俗教育事业、提倡设立公民学堂来教育不识字的成年人、强调以宣讲作为通俗教育的重要形式"为主的清末民初的通俗教育、"以提升民众素养，培养健全国民"为主的民国时期社会教育、"以扫盲和提升工农干部的教育水平"为主的工农教育，真正意义上的终身教育只是逐步为教育界、学术界所认识，这一时期人们对终身教育只是一个模糊认识而已，连接受都谈不上。

随着我国的改革开放，以教育信息化为支撑的广播电视大学的诞生，使得终身教育的理念、开放教育的思想与远程教育的实践一同被社会认可，而这一段发展历史进程，学者吴遵民认为我国改革开放以来终身教育的发展历程经历了酝酿期、初创期、摸索期和发展的深化期四个主要阶段，政府政策的引导、大众的需求、时代的发展以及学术研究的推进使我国的终身教育在理论研究、实践开展及政府政策等方面取得了非常大的成功，同时也逐步探索着中国特色的发展特征。而作者认为，吴遵民所说的四个阶段可以概括为一个阶段即改革开放以来的探索阶段，这一阶段终身教育的实践主要依托广播电视教育即现代远程教育。进入21世纪，随着互联网广泛应用于成人教育，终身教育的发展进入一个快速发展时期，终身教育的理念深入人心，特别是党的十八大以来，终身教育已经成为人民对美好生活追求的一个重要手段与体现。

成人教育作为终身教育的重要组成部分，在20世纪是终身教育的主要形式之一，它与广播电视教育、自学考试三者共同构成了当时校外教育的主要部分。成人教育实质上是一种校外教育的形态，是新中国成立后逐渐发展起来的。在终身教育视野下，人们对成人教育的作用与地位也有了新的思考。人们发现教育补偿只是成人教育的一个功能，而更为重要的是在增强学习者理解、态度和鉴赏能力等方面的功能，以及为个人与社会解决问题提供有效帮助。在1978年恢复正常教育秩序前夕，政府召开了"全国教育工作者会议"，把"新时期教育战线的任务"作为"国民经济十年发展计划"的第一步予以推进与实施，同时对"文化大革命"期间失去学习机会的人进行教育补偿。由于这些教育补偿活动的对象主要针对在职成人，且大部分教育活动都在正规学校以外的业余学校或职工学校进行，当时又正值改革开放初期，国际"成人教育"的概念亦同时传入我国，由于成人教育概念十分契合国内正在开展的校外成人补偿教育，于是经教育界的推广而一时流行。

1978年，中共中央发布《关于教育体制改革的决定》，文件首次明晰地提出了关于成人教育的概念，这也是"成人教育"首次被载入国家级的文件。而"成人教育"正式获得认可，是在1986年国家教委在山东烟台召开的"全国成人教育工作会议"上，这也是成人教育正式与基础教育、职业教育、高等教育并列成为国家教育体系的组成部分。此后，各地方政府也成立了专门的委员会或机构以管理、推进、完善成人教育的相关工作。

我国现代成人教育的概念具有广泛性，对于企业来说，企业会对内部人员进行相关的岗位技能、职业培训等技能性、知识性的课程学习；对于国家来说，会将提升国民文化素养等作为教育内容；对于机关事业单位来说，会进行公务员或事业编制人员的干部在线学习、继续教育学习、在岗教育等，这些都属于成人教育范围，这意味着我国现代成人教育几乎覆盖了校内传统学习和校外终身学习的教育任务。

在终身教育视域下，人们又赋予了成人教育新的概念。除了教育的补偿性功能之外，还有解决个人或个人与社会的问题。为此，政府在1987年公布的《关于改革和发展成人教育的决定》（以下简称《决定》）中，再次强调成人教育与基础教育、职业技术教育、普通高等教育一样具有重要作用。此《决定》不仅强调了成人教育的重要性，为成人教育"正名"，同时也为此后推进成人教育、终身教育体系的构建与完善奠定了基础。终身教育地位的确立与提升，使其内涵也逐渐丰盈。例如，补充传统教育之外公民的受教育权，开发公民终身职业能力，转变了高等教育的方向，打破了课程设置的束缚等。

　　20世纪90年代后，我国对成人教育的改革给予了更多的关注与重视。例如，1993年2月13日，中共中央、国务院颁布了《中国教育改革和发展纲要》（以下简称《纲要》）。《纲要》在第二部分第10条指出"成人教育是传统学校教育走向终身教育发展的一种新型教育制度，对不断提高全民素质、促进经济和社会发展具有重要作用"。成人教育的作用从量变转化为质变，其已经成为人们进行自我完善、自我价值实现的一种方式之一。市场经济日益繁荣，职业分配制度受到了一定程度的冲击，不管是企业还是个人，都在竞争中求生存、求发展，优胜劣汰的选拔机制，使得成人教育成为他们提升自我竞争力的重要方式。不少企业为了推动员工和企业发展，也逐渐开始探索满足岗位需求和职位要求的"补充教育"，这推动了成人教育的改革，与此配套的"现代企业制度"的引入，也为人才的培养发挥了重要的作用。

　　我国成人教育的发展与改革注入了新的活力，而成人教育作为终身教育的重要组成部分，也在很大程度上影响了终身教育体系的构建与完善。尽管成人教育在作为一般学校教育的补充及在进一步实现人的终身教育理想方面发挥了重要作用，但诸多问题仍然长期存在。例如，我国成人教育比较偏重职业技术教育与岗位培训，而忽视了提高民众素质的教养的功能。与此同时，由于理论研究的滞后，以及20世纪80年代末社区教育的兴起及职前职后教育的一体化，成人教育的概念逐渐被淡化，并慢慢有被取代的趋势。1998年国家教委（后更名为教育部）成人教育司与职业教育司合并成立职业与成人教育司，以及地方成人教育委员会撤销就是一个明显的例子。进入21世纪以后，由于义务教育的普及，高等教育大众化程度的提高，以及普通学校教育制度的强化与完善，成人教育的对象逐年减少；加之上述构成成人教育基本内涵的两大功能，成人的精神教养教育与职业技能教育，又随着社区教育的兴起与职前职后教育的一体化而越来越呈现空洞化、虚无化的趋势。包括成人教育概念所表征的是一类人的教育，它与学前、学校等制度化教育无法形成连接与融合，因此成人教育日渐式微，具体体现在2010年发布的《国家中长期教育改革和发展规划纲要（2010—2020年）》中，成人教育一词已被继续教育取代。

中国终身教育的推进与发展虽然已历经50多年的时间，但目前仍然存在不少问题，一是终身教育体系与国民教育体系的关系仍然没有明晰，自党的十六大以来，终身教育体系与国民教育体系就处在并列的状态，2019年中共中央和国务院在联合印发的《中国教育现代化2035》中又进一步提出构建服务全民终身学习的教育体系的方针，如何尽快在理论与实践层面予以清晰梳理，已经成为一个重要的课题。二是作为终身教育重要基础的"校外教育"依然面临体制机制的发展困境。改革开放以后，虽然社区教育、老年教育、职业培训等各种形式的校外教育均取得了长足的进步，但由于顶层政策框架设计有待进一步完善以及校外教育理论研究的提升，各种形式的校外教育普遍面临体制与机制的发展困境。三是校内校外教育资源整合的困惑。终身教育体系构建的本质，就是要统合各种教育资源为人一生的发展提供支持，然而各种教育资源均有不同归属，如何突破体制机制的障碍和利益的纠葛也是一个亟待解决的问题。四是国家层面终身教育法难以制定。终身教育立法的倡议在中国已经提出了十几年，地方立法也有了重大突破，然而因对终身教育的内涵等基本理论问题尚未达成共识，以致国家层面的终身教育法迄今仍然处于空白状态。

三、新时代终身教育的价值意蕴和发展导向

（一）新时代终身教育的价值意蕴

终身教育作为现代教育发展的理想或指导原则，主要强调人的全面和专业、民主和理性、自由和负责的发展，以及充分和脚踏实地的发展；在教育与社会的关系方面，它期望教育成为促进社会文明和进步的正能量，强调通过终身教育和终身学习，人们可以了解自己，了解他人，理解人与社会、人与自然的关系，学会与自己的过去和未来、他人的过去和将来、大自然的现在和未来和谐共存、和谐发展。

现代终身教育的背后是教育平等、教育民主和教育自由的价值观。50多年来，现代终身教育理论和实践对世界的深刻影响在很大程度上归功于其背后这些教育价值观的弘扬。在西方发达国家，这些理想在今天可以逐渐成为现实。正是在西方工业社会日益发达的生产力的基础上，经过100多年的阶级、性别、种族权力斗争甚至血腥冲突才得以交换。而进入新时代，随着我国"构建服务全民终身学习的教育体系"的提出，随着"建设学习型大国、学习型社会"的提出，终身教育已经成为一种人民对美好生活追求的标志，其价值意蕴更多体现的是教育的自由与教育的平等。

（二）新时代终身教育的发展导向

1.政策的引领与完善

政策是一个国家和政府在一定历史时期内为实现政治目标或发展道路而制定的行动计划，指明了国家和民族发展的奋斗方向和规范。中国的终身教育已经从成人教育转向终身学习，国家政策的引导和推动起着决定性的主导作用。改革开放初期成人教育相关政策的颁布，带动了中国成人教育的兴起；社会转型初期的教学体制改革相关政策为中国教育改革吹响了号角；在新时代，教育政策更加关注更广泛的教育对象，相关政策进一步明确了终身教育的发展方向，为社会成员提供了多样化的学习机会，促进了社会经济发展。国家的精准政策为终身教育的发展注入了活力，为地方政府推动和开展终身教育活动指明了方向，也为行动提供了明确依据。在未来的发展阶段，终身教育的有序发展仍然需要国家政策的引导和推动。[1]

2.终身教育理念的普及化

理念是行动的先导。只有树立"终身学习"和"不断创新"的理念，才能适应社会发展的变化，不断了解和掌握世界信息，洞察外部变化，及时取长补短，以旧换新，以积极主动的态度应对社会发展。尽管中国的终身教育已经进入稳步发展阶段，但仍有一些人将学习局限于学历和技能教育，没有真正意识到学习是一个终身的过程、是一个快乐享受学习的过程。这也导致了社会成员不能主动学习，提高学习能力和综合素质，以适应社会快速发展

---

[1] 张桂琴:《新时代终身教育发展的未来走向思考》,《哈尔滨职业技术学院学报》2021年第2期。

的需要。因此，作为政府层面，应尽可能利用各种媒体渠道宣传终身学习的理念，使全体人民逐步理解、不断强化接受终身教育的理念，并根据自己在人生不同阶段的学习和工作需要，自主开展学习和实践活动。终身教育是提高社会成员综合素质的最有效手段。20世纪60年代以来，西方国家大规模推动和开展终身教育实践活动，促进了社会发展，取得了丰硕成果。我国应该借鉴别国发展的成功经验，结合我国教育体系的发展，构建成熟的中国特色终身教育体系，提高我国公民的整体素质，为我国政治经济和社会发展提供优质的人力资源保障。

3. 完善相关法律保障

法律是根本保障。2015年，国家主席习近平给国际教育信息化大会发去的贺信中强调，"因应信息技术的发展，推动教育变革和创新，构建网络化、数字化、个性化、终身化的教育体系，建设'人人皆学、处处能学、时时可学'的学习型社会，培养大批创新人才，是人类共同面临的重大课题"。之后终身教育所倡导的"人人皆学、处处能学、时时可学"的学习理念得到社会认可，终身教育作为国家的一项战略任务也开始确立其在社会发展中的重要地位。终身教育所强调的"实现公民的学习权利和自由"的教育理念颠覆了人们对传统教育的理解，公众作为学习主体的地位得到了认可和重视。但是，有关终身教育的立法，虽在1998年就首次进入中央法案，此后，几乎每年的法案都会提到终身教育立法问题。但是一直到现在，在国家层面依然没有立法。不过，在2001年7月，教育部发布的"十五"规划明确将研究起草《终身教育法》作为工作重点。在国家计划出台终身教育法的同时，一些地方已经开始了立法尝试。2005年，福建省率先出台了全国第一部地方性《终身教育促进条例》。随后，上海、太原、宁波等地相继出台地方终身教育条例，标志着终身教育逐步从最初的理念引导和社会实践转向立法规范的高水平发展。然而，地方性法规不具有解释和维护所有公民基本权利的地位和功能。如果没有国家层面的终身教育立法的出台，地方性法规很难对终身学习的原则、方法、内容和实施做出明确规定。因此，在未来发展阶段，构建终身教育的国家立法保障将不可避免地成为终身教育工作的重中之重。只有在国家层面建立终身教育立法体系，才能有效解读终身学习的战略意义，营造更好的终身学习氛围，促进我国教育公平，提高人民整体综合素质，为我们社会的可持续发展提供高质量的人力资源支持。[①]

第二节　我国终身教育发展的重点内容

一、终身学习立交桥建设仍面临一定的挑战

终身学习立交桥建设仍面临一定的挑战，受终身教育理论的产生、发展以及时代和主客观条件的影响与制约，难免有不完备之处，给终身教育理论的进一步践行和发展带来一定困难。

（一）社会教育责任感和社会责任能力尚需增强

责任既是主体的主观追求，又是社会的客观需要。责任感是责任主体履行责任的意识和态度，是对责任对象和内容需要的自觉意识和体验。终身学习社会环境的形成是一个知、情、行统一的过程。有人认为，从时间上讲，终身教育是贯穿一个人一生的教育，可以从摇篮一直学到坟墓；从空间的角度来看，终身教育是一种无处不在、随处可见的教育。有人认为，就对象而言，终身教育是一种人人都可以学习的教育，不分国家、民族或种族；就目的而言，终身教育是教人们如何做人、做事、生存和学习的教育。

（二）保障措施及规范细则不完善

从理论上讲，终身教育描绘了全面建设一个普遍、终身、资源广泛、形式多样、处处可学、时时可学的学习型社会的美好蓝图。它在世界范围内被广泛接受，并在一些国家产生了重大影响，取得了一定的成果，有效地推动了建设学习型社会的进程。然而，终身教育体系建设尚不完善，缺乏配套政策、法律法规和治理策略，也缺乏具体的保障机制和实施细节。这使人们在

---

① 张桂琴:《新时代终身教育发展的未来走向思考》,《哈尔滨职业技术学院学报》2021年第2期。

实际操作中无所适从，甚至导致操作上的不规范，使终身教育成为资本的工具，加剧了社会竞争，扩大了社会各阶层之间的差距，增加了社会冲突。此外，不可能实现"人人、永远、无处不在"的终身教育发展目标。

（三）学历教育与非学历教育衔接融合转化度有待提升

实施学历教育与非学历教育并重是终身学习体系建设与改革的基本要务，与普通高校、自学考试平台等互联互通，开展合作互认的学历与非学历继续教育学习成果认证、积累和转换实践，激励、提高社会成员的学习积极性是搭建好终身学习"立交桥"的过程。开展学历继续教育时，基础课程统一且方案相对固化，学习者只需在规定时间内完成模板式课程即可获取学历或证书；教学内容仍以标准化抽象知识为主，个性、实用的创新知识较少。这种统一的课程和教学内容供给，未能完全与坚持以人为本的教育发展思想相契合，难以满足不同背景学习者要求教育资源与服务类型多样化的学习需求。例如开放大学虽已围绕学习者终身学习需要，逐步建立学分银行系统，促进不同类型学习成果的沟通与衔接，但在制定学分认证、转换与累积系列标准和规范的落实中还存在偏差，不同教育主体之间对学习者接受的学历教育与非学历教育、学校教育与校外教育、职业教育与普通教育等的认证立交桥难以架构，课程学习成果认证、转换、存取程序复杂，耗费时间较长，衔接融合的壁垒尚未完全打通。

二、开放大学质量有待进一步提高

开放大学作为实现高等教育多元化教育目标的办学组成，始终发挥着不可替代的作用。特别是在2020年新冠肺炎疫情发生后，全球多个国家和地区受到疫情影响，造成不同程度的教育中断。在线教育、在线学习提供了重要的学习途径和学习手段，开放教育肩负起了重要的社会职责，同时也暴露了开放大学在发展过程中的问题和不足。

（一）以学生为中心，服务意识和管理功能有待进一步增强

具有高水平的服务理念和意识是实施教学计划的先决条件，要从根本上提高开放大学的教学服务水平。一是要优化管理体系。优化管理体制需要顶层设计，如《国家开放大学综合改革方案》提出改革国家开放大学管理体制，进一步加强党对学校的全面领导，简政放权。二是要明确"以学生为中心"和"对接就业服务"的教学理念。"以学生为中心"的本质是以学生为本，根据学生的需要为他们服务，尊重他们的学习需求，适应他们的学习方法，培养他们的学习自主性。这是学校工作的生命线，也是开放大学现代化发展的最本质特征。[①]

（二）以社区教育为抓手，社会教育教学资源有待进一步优化整合

社区教育是在特定区域内进行的社会教育。未来若干年内，社区教育对象的重心仍偏向于社区内处境不利人群、弱势人群，社区教育类别重点偏向于社区成人教育，以培养兼备"国家公民"和"世界公民"基本素质的新型中国公民为育人目标，以学习型组织的创建和社区教育机构能力建设为载体，以发展信息技术为核心的现代远程教育为手段，实现由政府管理向公共治理管理机制的转变。基于此，开放大学举办社会教育应坚持"全国一盘棋"的思想，紧扣社区教育这一节点，架构起社会教育主线，实现社会教育教学资源的整合、共享、优化。

第一，整合开放大学教育教学资源，打造具有开放大学特色的社会教育品牌项目。属于学历教育的，紧贴社区、职业等特征设置应用技能型专业；属于非学历继续教育的，加强与社区道德教育、职业教育、老年教育、休闲教育的对接、融合，组织实施"老年教育示范工程""社区教育示范工程""社区大讲堂"等社会教育项目，将社会教育直接送进社区。第二，共享网络平台和数字化学习资源库。充分运用云计算技术实现社区教育共享平台的创建，提升资源利用率，改善不同教学情境下硬件设备和软件资源的供给，构筑起社区居民终身学习的动态补给平台。第三，优化社区教育师资，培养专兼结合的社区教育教师队伍。开放大学应加强社区教育专职教师的培养，优化兼职教师的岗位培训，来落实社区教育师资的专业发展问题，进而更好地促进社会教育的发展。

---

① 安琪、刘珺珺：《我国开放大学教学质量的内涵、困境及提升对策》，《高等继续教育学报》，2021年 第6期。

（三）以终身教育需求为导向，教与学特色课程有待进一步创新培育

开放大学对于社会教育课程的开发既要面向人人促进教育公平，也要满足终身学习的多样化要求，体现教育质量，使教育与社会、教育与社区、教育与人的发展相促进、相协同。一方面，开发区别于学校教育课程的社会教育课程，保证兼具统一性和特色性。开放大学要为全体受教育者提供统一的基础课程，即实施国家课程、必修课程等，保障养成基本的国民素质，保证每个人得到平等的教育权利。同时，开放大学应以社区为载体，在充分研究学习者的基础上，结合学习者的类型层次、素养结构、个性特征、学习需求、爱好取向、困难障碍等，挖掘彰显时代特色和地域特色的社区课程资源，培养学习者参与社会实践的能力，让每个学生在课程中体验到更多的自主权与选择权，实现课程的专业化与多元化相结合。

另一方面，加强社会教育课程教学过程的内容、层次、形式革新。一是优化教学内容，要始终保持与现代终身教育核心价值理念相一致的社会教育课程教学观念，聚焦社会重点与热点问题，以现实性、连贯性来吸引个体的学习兴趣；二是厘清教学层次，以省、市、区县、乡镇四级为单元，根据各层级各地域社区的特点和优势，因地制宜地进行社会教育课程教学，挖掘社区内部各类文化资源，如历史积淀、方言特色等，形成特色鲜明的社区教育教学；三是利用多种教学形式，实现学习共同体、走班制、远程教学、人工智能协调教学等多元教学组织形式的优化组合，促进每个学生的全面发展。

（四）培养培育专业人才，科研发展有待进一步重视

建设一支高素质的教学队伍是学科和专业发展的方向，也是提高教学质量的关键。为了努力营造有利于优秀人才涌现的学校环境，营造引进人才、尊重人才、留住人才的良好氛围，在深化人事分配制度改革的同时，有必要加强教师的培养和管理，特别是在职青年教师的培养。教师应正确把握自己的多元职业角色定位，成为学生学习的激励者、引导者和组织者，成为多元角色的"共同体"。目前，开放大学的研究现状不容乐观，迫切需要建设一支知识储备强、研究能力强、科学素养高的教学团队。首先，我们需要改革教学管理模式。这不仅是学校自身的问题，也是一个需要从根本上解决的制度问题。其次，招聘各类人才，增加师资储备，分批分类管理，让不同职能的

教师充分发挥自身职能。同时，有必要为学生提供足够的学习支持和服务，这可以大大减轻教师的教学压力。最后，我们将深入贯彻"请进来、请出去"的原则，派遣内部教师到发达地区的开放大学或知名大学定期进行在职培训。学校应定期举办以促进远程教育高质量发展为主题的研讨会，支持教师参加相关培训和资格考试，丰富知识，全面提高教师队伍的整体素质水平。①

（五）以多元主体协同合作为动力，供给分担机制有待进一步健全

发展终身教育，需要强化公益属性，发挥市场机制作用，主动服务国家战略、经济社会发展和人的全面发展。教育的第一属性是国家公益性事业，《国家中长期教育改革和发展规划纲要（2010—2020年）》中明确提出教育要坚持公益性和普惠性的方向，这是人们对教育的利益属性和价值特征的基本判断，社会教育也不例外。社会教育的公益性原则并不排斥市场经济，也需要引入部分市场机制以增强活力、提高效率。因此，承认社会教育的公益属性，就要肯定政府对其负有主要的责任；发挥市场机制作用，就要肯定社会教育在一定范围和一定程度上可以运用产业运作方式和市场调节机制。为实现开放大学引领社会教育的崇高职责，学校、政府、企业乃至全社会每个个体都需要有层次地践行不同的努力。

从学校层面讲，开放大学要紧密与普通高校合作，力争把社会教育办成开放大学的亮点品牌，发挥其人才培养、知识创新和文化传承的"母机"作用。基于社会治理，开放大学应在示范区选择条件成熟的社区，协助公办机构完成资源整合，培育社区学习团队，扩大社区教育资源供给，打造能够实现社区居民智能式与互助式学习的运行高效的网络平台，为居民提供体现区域特色、职业技能导向明确的社区教育精品课程，达到居民学习"超市化课程供给、弹性化学习时间、最低化学习成本"的目标。基于开创教育对外开放的新局面，开放大学要积极开拓国际发展空间，服务于"一带一路"倡议，与相关国家的开放大学进行务实合作，在平等互利的基础上，共同面向全球开展远程开放教育活动，积极发展援助国际开放教育，以此展现中国教育自信，丰富开放内涵，提升开发水平和国际影响力，为共同构建教育命运共同

---

① 安琪、刘珺珺：《我国开放大学教学质量的内涵、困境及提升对策》，《高等继续教育学报》2022年第6期。

体作出贡献，建立起安全、高效、完善的中国特色终身教育体系。

三、老年教育存在一定的短板

目前，我国人口变化发展呈老龄化趋势明显。"十四五"时期，我国60岁及以上老年人口总量将突破3亿人，占总人口比重超过20%，进入中度老龄化阶段。到2035年前后，我国老年人口总量将增加到4.2亿人左右，占比超过30%，进入重度老龄化阶段。到21世纪中叶，我国老年人口规模、老龄化率将相继达到峰值。人口老龄化进程给经济社会发展带来风险挑战的同时，也蕴含着发展机遇。[①]积极应对人口老龄化，优化完善老年教育体系，一方面可以满足老年群体对精神文化生活的需求，另一方面促进老年群体进一步发挥自身价值，促进经济社会的发展。但目前从老年教育实践中来看，老年教育仍存在一定的困难和不足，主要表现在以下几个方面。

（一）对老年教育的认识理解存在偏差

第一，对老年教育的重要性认识有差距。有些基层政府、相关机构及普通市民对老年教育的认识相对不足。现阶段重视发展老年教育，不仅仅是满足部分老龄人口的教育需求，更是基于老龄社会的要求，在传统教育体系基础之上构建学习型社会的终身教育体系，也是新时代我国老龄事业的升级换档。第二，对我国发展老年教育的紧迫性认识不够。一部分人认为"待经济大发展之后再抓也不迟"，甚至在不少乡村老年人中，没有形成人生需要"再学习、不停学"的基本认知。第三，对老年教育的特殊性认识不清，抱着发展普通教育的习惯套路。比如，认为扩大老年教育资源供给，唯一路径是多建老年大学，把老年人装进教室像青少年学生一样上课才叫老年教育。

（二）老年教育制度体系有缺项、弱项

老年教育在国家顶层教育制度架构中缺位。按照我国《教育法》的制度设计，现有学校教育体系纵向有学前教育、初等教育、中等教育、高等教育，同时实行职业教育和继续教育制度。第一，在宏观设计层面，老年教育在这一顶层制度架构中没有"户头"，只是作为继续教育的一部分。从受教育人群

---

① 《我国人口老龄化发展趋势的综合影响分析》，(2023–01–13)。http://www.sic.gov.cn/News/455/11780.htm。

的年龄段视角审视，这种顶层的学校制度体系尚未形成"终身教育"的完整"链条"。老年教育在顶层制度体系中缺位，影响社会对老年教育的关注，直接制约国家对老年教育的政策支持和资源配置。第二，在中观运行层面，老年教育管理体制不够完善。《老年教育发展规划（2016—2020年）》提出"党委领导、政府统筹、部门配合参与"的老年教育管理模式，是一项富有中国特色的顶层制度设计。但几年运行下来，有学者发现一些地区"尚未发挥作用，没有形成合力"。第三，在微观执行层面，老年教育在养老服务制度体系中处于边缘。近年来，国家出台与医疗健康及养老产业密切相关的政策法规达到68部，其他涉及养老、医疗、健康的政策性文件300多部，相比之下，国家对老年教育服务政策出台时间迟、支持配套措施比较零散。

（三）老年教育资源供给瓶颈突出

目前在普通教育领域，包括特殊教育学生、留守儿童等小众受教育群体，都已经受到高度关注，相关政策措施完善，人、财、物配置保障到位。虽然老年教育的目标人群已经与在校中小学生大致相当，但政策保障相对不够，资源供给严重不足。就全国而言，《老年教育发展规划（2016—2020年）》确定的目标是，2020年经常性参与教育活动的老年人口比例达到20%，但截至2020年年底，仍有不少省份未达到；就局部区域观察，老年大学"一座难求"的局面在东部经济发达地区，以及中西部的大城市多地上演。有媒体2018年调查发现，河北省老年大学容量4000人，报名人数达2万人以上，录取率仅20%，而一些热门专业的录取率更低。据中国老年大学协会发布的《中国老年教育发展报告（2019—2020）》显示，截至2019年年底，我国老年大学数量约7.6万所，包括远程教育在内的老龄学员共有1300万余人，仅占60岁及以上老年人口的5%。[①]但在公立老年大学已经达到办学容量的极限，资源供给矛盾会更加突出的情况下，优质的民办老年教育机构数量相对较少，社会力量参与老年教育的积极性不足。教育整体资源不足的问题将是我国老年教育发展长期面临的重点难题。

[①]《扩大老年教育资源供给　推动老年教育事业健康发展》,（2023-02-27）。https://baijiahao.baidu.com/s?id=1758960255281977321&wfr=spider&for=pc。

第三节　提升终身教育发展能级的推进策略

一、更新教育观念，牢固树立终身学习理念

终身学习是教育现代化的核心理念。终身学习理念强调教育和学习的整体性、全程性、全民性、开放性、包容性、灵活性和多样性，强调任何人在任何时间、任何地点的学习，强调教育要面向每个人、适合每个人，强调各级各类教育与学习的融会贯通，强调采用灵活多样的学习方法与途径，强调能力特别是核心能力，即学习能力、实践能力和创新能力的培养，强调各种学习资源的统筹共享。《中国教育现代化2035》提出的推进教育现代化的八个基本理念不仅有"更加注重终身学习"，其他的几个理念———以德为先、全面发展、面向人人、因材施教、知行合一、融合发展、共建共享，也与终身学习理念所注重和强调的价值是相同的。联合国教科文组织倡导的终身学习的"四个支柱"：学会认知、学会做事、学会做人、学会共存，与《中国教育现代化2035》中强调的推进教育现代化的基本理念也是相似的。树立终身学习的理念，就是要转变偏重学校教育、忽视继续教育，偏重学历教育、忽视非学历教育，偏重知识学习、忽视能力培养，偏重学科教育、忽视综合学习，偏重课堂教学、忽视社会实践，偏重统一要求、忽视个性培养的观念，积极推进教育和学习的终身化、开放化、融合化、多样化、个性化发展，积极推进各级各类教育的协调发展，积极推进正规教育、非正规教育和非正式学习的融合，积极推进学校教育、家庭教育、社会教育的结合，为人的可持续的学习和发展提供更加有力的支持。[1]

---

① 韩民:《教育现代化与终身学习体系建设》,《教育与教学研究》2020年第8期。

二、满足全民学习需求，加快构建与完善全民终身学习体系

服务全民终身学习是现代教育的重要特征，构建全民终身学习体系是实现教育现代化的重要任务。满足全民终身学习需求，实现全体人民"学有所教"的目标，必然要求构建完备的终身学习体系。因此，要根据《中国教育现代化2035》中提出的推进教育体系现代化的目标，加快构建服务全民终身学习的教育体系。

第一，完善立德树人的体制和机制。立德树人是教育的根本任务，是贯穿人的生涯、贯穿教育的全过程、贯穿各级各类教育、贯穿教育教学各个环节的系统工程，需要从整体上推进。根据人的身心发展与成长规律，统筹建立各级各类教育协调发展、相互衔接的立德树人体制和机制，继续深化教育领域的综合改革，把立德树人贯穿在终身学习的整个过程和各个环节中，实现全员、全程、全方位的教育和学习。按照党的教育方针、德智体美劳全面发展的要求，继续深入推进素质教育，加强核心素养、核心能力培养。建立学校、家庭与社会一体化的育人机制，促进学校教育、家庭教育、社会教育的紧密结合。

第二，进一步促进各级各类教育协调发展。当前我国的教育体系还不能完全满足全民终身学习的需求，存在着明显的短板。从教育阶段看，学前教育、高中阶段教育、继续教育、特殊教育等仍是短板。从教育类型看，与普通教育相比，职业教育相对薄弱；与学校教育相比，社会教育、家庭教育相对薄弱。从地域看，与城市相比，农村的学习资源相对匮乏。从人群看，农村居民、残疾人低学历者、低技能者、老年人等学习机会相对较少。从继续教育看，与学历继续教育和职业培训相比，社区教育发展相对滞后。实现全民终身学习，就要按照《中国教育现代化2035》和《决定》提出的推进各级各类教育协调发展的目标任务，推动城乡义务教育一体化发展，加快普及学前教育、高中阶段教育和特殊教育，更好地统筹职业技术教育、高等教育、继续教育的发展。继续教育要实现学历教育、职业培训、社区教育等的协调发展，更好发挥在技能开发、文化振兴、社区治理、社会保障等方面的积极作用。增强教育的包容性，促进教育公平，为弱势人群提供更多终身学习的

机会，继续努力缩小终身学习机会和质量上的城乡差距、区域差距及人群差距，加快建设面向每个人、适合每个人、惠及每个人、实现全民终身学习的学习型社会。

第三，促进各级各类教育更加顺畅地沟通和衔接。完善招生入学、弹性学习、继续教育和学习成果认定转换制度，为学习者开辟更加开放和多样的就学、升学、转学通道。畅通各级教育之间的衔接，实现从学前教育到义务教育、从义务教育到高中教育、从高中教育到高等教育的升学更加顺畅，更加体现素质教育的要求。加强普通教育与职业教育的沟通，在基础教育中加强职业启蒙和生涯教育，在职业教育中加强通用能力与核心素养的培养。加强职业教育和高等教育中的产教融合、校企合作，完善合作机制和政策体系，促进学校和企业共同育人、共享资源，推动校内学习与职场学习的优势互补，继续推进现代学徒制和企业新型学徒制人才培养。加快推进非学历学习成果的认定，促进各类教育培训机构之间的学习成果互认和衔接。

第四，促进教育和学习资源共享。构建服务全民的终身学习体系，仅仅靠公共教育资源是不够的，必须充分调动全社会各种教育资源，包括社会教育、民办教育、合作办学及家庭教育等教育资源，促进各种资源共建共享与优势互补。按照《中国教育现代化2035》和《决定》的要求，支持和规范民办教育、合作办学，构建覆盖城乡的家庭教育指导服务体系。通过扶持和规范，扬长避短，充分发挥民办教育资源的优势，特别是在学前教育、校外教育、继续教育、网络教育等方面的积极作用。通过加强对家庭教育的指导与服务，增强家庭教育力。充分挖掘社会教育资源，增强社会教育力，更好地发挥博物馆、图书馆、科技馆、体育馆等的终身学习功能，为学习者的德育、智育、体育、美育和劳动教育提供更多支持。充分发挥现代信息技术特别是网络教育和人工智能优势，拓展教育时空，推动教育教学创新。

三、推进制度改革创新，优化全民终身学习制度环境

全民终身学习体系需要有力的制度支持，终身学习制度是教育制度现代化的重要内容。要按照终身学习理念深化制度改革，推进制度创新，建立和完善终身学习制度体系。根据《中国教育现代化2035》中提出的终身学习制

度建设的主要任务，要加快完善更加开放的招生入学制度、更加灵活的弹性学习制度及更加包容的继续教育制度。"落实开放灵活的终身学习体系，取决于对各种教育和工作空间中的知识和能力进行承认、认证及评估的机制"。要加快建立适应全民终身学习的学习成果评价制度，特别是非正规和非正式学习成果的认定、积累、转换制度，加快建立国家资历框架，为终身学习成果认定提供依据和工具。建立适应全民终身学习的资助制度，健全家庭经济困难学生资助体系，探索建立从业人员带薪学习假、个人学习账户、培训券等制度，完善职工教育经费提取和补贴制度。将社区教育纳入公共财政支持范围，建立社区教育财政拨款制度。探索建立社区教育工作者专业化、资格化的相关制度，提高终身学习服务的质量和专业化水平。探索建立终身学习成效、学习型社会建设成效的评估制度体系。

四、深化教育教学改革，加快教育内容与方法现代化

终身学习呼唤创新教育内容和方法，呼唤教育内容和方法的现代化。"采用开放和灵活的全方位终身学习方法，为所有人提供发挥自身潜能的机会，以实现可持续的未来，过上有尊严的生活。"要按照立德树人根本任务、人的全面发展的根本要求，转变教育观念、更新教育内容、革新教育方法，把教育教学的重点从知识传授转向能力与素质培养，促进教育教学的个性化，努力提升教育的质量和针对性，为人的可持续发展奠定坚实的基础。调整教育教学内容，就是要按照"面向现代化、面向世界、面向未来"的基本原则，以立德树人为根本目标，以学会认知、学会做事、学会做人、学会共存为主要任务，把教育教学重点从知识灌输调整到立德树人上来，重点要加强社会主义核心价值观、终身学习能力、实践动手能力、合作能力和创新能力的培养。革新教育教学方法，创新人才培养方式，增强教学的针对性、灵活性、融合性和多样性，推行启发式、探究式、参与式、合作式等教学方式以及走班制、选课制等教学组织模式，加强综合学习和实践学习，培养学生创新精神与实践能力。注重教育教学内容与方法的整合与融合，促进学校教育、家庭教育和社会教育的结合。完善教育评价体系，建立与终身学习和素质教育相适应的更全面的评估框架。

五、提升治理能力和治理水平，建立服务全民终身学习的教育治理体系

国内外终身学习体系建设的经验和教训表明，终身学习体系的建立与完善离不开现代化的教育治理体系。《决定》从坚持和完善中国特色社会主义制度、国家治理体系和治理能力现代化的战略高度，提出了构建服务全民终身学习的教育体系的战略任务，同时也为推进教育治理体系和治理能力现代化指明了方向。《中国教育现代化2035》提出的"形成全社会共同参与的教育治理新格局"发展目标，为建立和完善服务全民终身学习的教育治理体系提供了路径。第一，加快制定终身学习促进法，强化终身学习的法治保障。《决定》强调了法治对治理体系现代化的重要意义。《中国教育现代化2035》也提出，推进教育治理现代化首先要完善教育法律法规体系，健全教育法律实施和监管机制，提高教育法治化水平。制定出台促进终身学习的专门法律是构建服务全民的终身学习体系的必然要求。在我国，虽然制定终身学习相关法律的动议提出已有二十多年，但除上海市等少数地方出台了终身教育促进条例之外，国家层面的相关立法始终未能实现。日本、韩国及我国上海等地方终身教育立法的实践表明，有法可依是终身学习体系及其治理的重要保障。要加快构建服务全民的终身学习体系，就要根据《决定》强调的依法治理和《中国教育现代化2035》提出的完善教育法律法规体系的要求，借鉴上海等地制定终身教育促进条例的经验，尽快出台国家层面促进终身学习的专门法律，为全民终身学习的治理提供有力的法治保障。

建立健全统筹有力的终身学习领导管理体制。终身学习体系服务于全民，涵盖社会各种教育和学习资源，需要广泛参与、共建共享、责任分担、统筹协调、融合沟通。建立在部门分割管理基础上的传统教育治理体系已难以适应发展需要，构建终身学习体系首先需要建立与其相适应的教育治理体系。在这方面，我国一些地方取得的经验值得借鉴。上海市在推进终身教育和学习型社会建设过程中，探索形成了政府主导、多方参与、统筹协调、合理推动的学习型社会建设领导管理体制。

共同参与是终身教育的重要内涵之一。要促进公办与民办之间的教育合作与交流，促进各渠道之间教育与学习资源之间的开放共享。社区教育、教育机构、学校教育等资源面向社会开放，几种资源紧密结合、相互融合，依托现代科技信息技术，促进校内校外的优势资源共享，可以形成良好的社会学习氛围，促进学习型社会的构建。

参考文献

1. 联合国教科文组织21世纪教育委员会编.教育——财富蕴藏其中［M］.北京：教育科学出版社，1996.

2. 谢维和.中国的教育公平与教育发展（1990—2005）［M］.北京：教育科学出版社，2008.

3. 马克思恩格斯选集（第3卷）［M］.北京：人民出版社，1995.

4. 范国睿等.教育治理的战略——教育治理现代化的未来之路［M］.北京：教育科学出版社，2021.

5. 和震，刘云波，魏明等.中国教育改革开放40年（职业教育卷）［M］.北京：北京师范大学出版社，2019.

6. 周海涛等.中国教育改革开放40年（民办教育卷）［M］.北京：北京师范大学出版社，2019.

7. 余雅风，蔡海龙等.中国教育改革开放40年（政策与法律卷）［M］.北京：北京师范大学出版社，2019.

8. 荆德刚.超越远程教育——世界开放大学校长谈疫后发展趋势［M］.北京：国家开放大学出版社，2021.

9. 《习近平总书记教育重要论述讲义》编写组编.习近平总书记教育重要论述讲义［M］.北京：高等教育出版社，2020.

10. 廖楚晖著.教育财政学［M］.北京：北京大学出版社，2016.

11. 闵维方，马莉萍编著.教育经济学［M］.北京：北京大学出版社，2021.

12. 国家发展改革委就业收入分配和消费司编.努力实现更加充分更高质量就业［M］.北京：经济科学出版社，2022.

13. 吴遵民.终身教育发展的中国经验——改革开放40年终身教育的历史回顾与展望［M］.上海：上海人民出版社，2018.

14. 吴遵民.现代终身教育体系论——中国终身教育发展的路径与机制［M］.上海：上海人民出版社，2019.

15. 石伟平，匡瑛等.中国教育改革40年职业教育［M］.北京：科学出版社，2018.

16. 叶阳永.美国基础教育财政研究［M］.北京：知识产权出版社，2020.

17. 何齐宗.终身教育的理论与实践［M］.北京：科学出版社，2020.

18. 黄斌.中国政府间财政转移支付与县级地方义务教育财政支出［M］.北京：中国财政经济出版社，2012.

19. 李祥云.我国义务教育财政公平问题研究［M］.北京：中国财政经济出版社，2019.

20. 张应强等.中国教育改革40年高等教育［M］.北京：科学出版社，2018.

21. 周海涛等.中国教育改革40年民办教育［M］.北京：科学出版社，2018.

22. 范国睿等.教育治理的逻辑——基于管办评分离的教育变革［M］.北京：教育科学出版社，2021.

23. 尚俊杰.未来教育重塑研究［M］.上海：华东师范大学出版社，2020.

24. 联合国教科文组织编.一起重新构想我们的未来：为教育打造新的社会契约［M］.北京：教育科学出版社，2022.

25. 褚宏启.关于教育公平的几个基本理论问题［J］.教育研究，2006（12）：1—4.

26. 朱荣歌，宋佳.美国数字教育公平面临的挑战与破解策略［J］.中国基础教育，2023（5）：70—73.

27. 王蓉，田志磊.迎接教育财政3.0时代［J］.教育经济评论，2018（1）：26—46.

28. 张绘."后4%时代"我国教育经费投入需多维度改革并举［J］.教育科学研究，2017（1）：27—33.

29.胡咏梅,元静."十四五"期间完善义务教育经费保障机制研究[J].教育与经济,2021(1):57—66.

30.王亚男,元静,胡咏梅."十四五"期间优化教育经费投入结构研究[J].教育经济评论,2020(5):5—23.

31.裴家敏,李晓玉.2010—2019年河南省中等职业教育经费投入的问题、成因及对策分析[J].职教通讯,2022(5):78—85.

32.余晖.经合组织国家高中阶段普职结构调整的基本经验与发展态势[J].湖南师范大学教育科学学报,2018(3):97—102.

33.黄崴,苏娜.发达国家义务教育经费收入体制比较及其对我国的启示——以美、英、法、日为例[J].比较教育研究,2009(10):80—85.

34.方颜,褚玉静,朱小川.分层级教育投入的国民经济产出效果研究——基于教育投入的时间滞后效应[J].大连理工大学学报(社会科学版),2018(1):56—64.

35.朱文辉.改革开放40年我国农村义务教育经费保障机制的回溯与前瞻[J].中国教育学刊,2018(12):12—37.

36.田志磊,赵晓堃,张东辉.改革开放四十年职业教育财政回顾与展望[J].教育经济评论,2018(6):73—91.

37.方芳,刘泽云.高等教育投入模式的国际比较研究[J].南京师范大学学报(社会科学版),2018(6):40—47.

38.古翠凤,刘学祝.高等职业教育财政投入不充分不均衡问题探析[J].职业技术教育,2022(27):23—29.

39.中央财政组.更好发挥财政在国家治理中的基础和重要支柱作用——党的十八大以来我国财政政策的理论与实践[J].中央财政,2017(19):4—6.

40.王善迈,王骏.合理划分政府间教育财政事权与支出责任[J].教育财会研究,2019(1):20—22.

41.刘玉君,王成武,应卫平.教育经费投入对经济发展影响的区域差异研究[J].统计与决策,2020(2):121—124.

42.张羽,刘惠琴,石中英.教育投入产出的人文属性[J/OL].(2022-07-29).教育研究.https://kns.cnki.net/kcms/detail/11.1281.

G4.20220728.1642.002.html.

43. 余杰，胡臣瑶，贺杰．教育经费投入强度、结构、体制的宏观分析基于中国与经合组织国家的比较［J］．会计之友，2020（1）：103—111.

44. 杜育红，赵冉．教育在经济增长中的作用：要素积累、效率提升抑或资本互补？［J］．教育研究，2018（5）：27—35.

45. 李鹏，朱德全，宋乃庆．义务教育发展"中部塌陷"：表征、原因与对策——基于2010—2014年区域义务教育发展数据的比较分析［J］．教育科学，2017（1）：1—9.

46. 徐延宇，张金歌．多重制度逻辑下高职院校混合所有制办学困境与应对［J］．高教论坛，2023（3）：73—77.

47. 赵静，罗刚，力豪等．四川省高职院校混合所有制办学改革现状及困境研究［J］．教育科学论坛，2023（3）：30—33.

48. 应晓清．共同富裕背景下高职产教融合的县域产业学院模式建构与优化方略［J］．中国职业技术教育，2023（1）：40—45.

49. 王卓，曾维陆．海南中等职业学校招生困境深因剖析与解困思路［J］．海南开放大学学报，2022（4）：45—53.

50. 杨信．英国现代学徒制发展的历史沿革、特征及启示［J］．教育与职业，2018（19）：94—100.

51. 吴全全，王茜雯，闫智勇．我国高等职业教育经费投入的现状分析［J］．职教发展研究，2023（1）：27—37.

52. 肖化移，李凯娟．英国职业教育产教融合政策的演进、特征及启示［J］．深圳职业技术学院学报，2023（2）：16—21.

53. 郑荣奕，蒋新革．现代产业学院建设：发展历程、组织特征与改革路径［J］．职业技术教育，2021（30）：14—19.

54. 吴遵民，蒋贵友．数字化时代终身学习体系的现实挑战与生态构建［J］．远程教育杂志，2022（5）：3—11.

55. 吴遵民．中国现代终身教育溯源［J］．现代远距离教育，2020（5）：3—9.

56. 吴遵民．新时代老年教育服务体系构建的价值导向与实践路径［J］．中国远程教育，2023（2）：73—82.

57.欧阳忠明，徐卓，王江雁等.终身学习何以贯穿生命历程？——经合组织《2021年度技能展望：终身学习》之思考［J］.远程教育杂志，2022（2）：15—23.

58.刘志.终身教育背景下农村成人教育发展问题研究［D］.湖南农业大学，2009.

59.何光全，何思颖.全球视域下的终身教育发展脉络［J］.终身教育研究，2019（1）：19—26，54.

60.蒋书同，刘燕.论终身教育的本质特征与实践困境［J］.湖南教育（C版），2022（8）：44—46.

61.沈中彦.终身教育"立交桥"视野下的上海市学分制银行制度建设研究［D］.上海师范大学，2017.

62.姜蓓佳.职教高考制度构建研究［D］.华东师范大学，2022.

后 记

教育是国之大计，党之大计。党的十八大以来，以习近平同志为核心的党中央对新时代教育事业发展作出科学完整的战略部署。推进中国式现代化、建设教育强国必须夯实教育高质量发展的基石。在此背景下，寻求加快推进我国教育高质量发展、服务教育强国战略、办好人民满意教育的务实创新之举具有重要的学术价值和实践意义。

《教育高质量发展：新视角与新实践》一书紧紧围绕新的战略使命和历史责任，从经济社会发展全局看教育，从全面建设社会主义现代化强国看教育，立足当下，面向未来，着重讲新时代教育改革创新的新要求，中国教育现代化面临的新机遇和新挑战，从推进教育公平、提高教育投入效益、推动教育体制改革创新、优化调整教育结构、促进人的全面发展、开发人力资源等多个方面、多个角度进行了系统的研究和阐释。

本书在撰写过程中，广泛征求了各级教育部门和大中小学干部师生的意见、建议，特别是得到山西省教育厅原厅长李东福老领导、老专家的热情鼓励、悉心指导和鼎力帮助，山西师范大学党委书记张晓永同志在百忙之中为本书作序，山西人民出版社傅晓红老师精益求精地对本书进行编辑修改。在此，我谨向各位一并表示崇高的敬意和衷心的感谢！

由于笔者水平有限，加之时间仓促，书中难免有不尽如人意之处，恳请广大读者批评指正。

张　峻
2023 年 7 月